旅游新媒体营销

主　编　蒋　艳　戴冬香　杨　蕾

副主编　吉芙蓉　邹金慧　易国才

　　　　黄　武

主　审　周永新　何曙光

北京理工大学出版社

BEIJING INSTITUTE OF TECHNOLOGY PRESS

内 容 提 要

全书遵循"基于工作过程导向"的课程设计理念，兼顾旅游新业态"图文＋短视频＋直播"的内容生产，整合营销知识技能体系。全书共分为九个项目，包括旅游新媒体营销认知、旅游营销市场调研、旅游产品营销调研、旅游新媒体营销定位、旅游新媒体营销创作与策划、旅游新媒体图文营销、旅游新媒体短视频营销、旅游新媒体直播营销和旅游新媒体营销数据分析，全面介绍了旅游新媒体营销的要求、方法与技巧，旨在培养学习者在新媒体环境下旅游营销的系统化思维与实践能力，确保掌握该领域的核心知识与技能。

本书不仅适用于高等院校旅游管理类专业的教学需求，也是旅游新媒体营销从业者及行业爱好者的参考用书及培训资料。

图书在版编目（CIP）数据

旅游新媒体营销 / 蒋艳，戴冬香，杨蕾主编 .

北京：北京理工大学出版社，2025.1.

ISBN 978-7-5763-5008-1

Ⅰ . F590.82

中国国家版本馆 CIP 数据核字第 2025X57W68 号

责任编辑：李　薇	文案编辑：李　薇
责任校对：周瑞红	责任印制：王美丽

出版发行 / 北京理工大学出版社有限责任公司	
社　　址 / 北京市丰台区四合庄路 6 号	
邮　　编 / 100070	
电　　话 / （010）68914026（教材售后服务热线）	
（010）63726648（课件资源服务热线）	
网　　址 / http://www.bitpress.com.cn	

版 印 次 / 2025 年 1 月第 1 版第 1 次印刷	
印　　刷 / 河北鑫彩博图印刷有限公司	
开　　本 / 787 mm × 1092 mm　　1/16	
印　　张 / 16.5	
字　　数 / 413 千字	
定　　价 / 89.00 元	

前 言 Preface

在新一轮数字科技革命和产业变革的背景下，数字化、信息化、智慧化、智能化对旅游业的影响是全面深入和持续不断的，全新的旅游体验将引领产业变革，掀起新媒体营销的新潮流。旅游新媒体营销的前景愈发广阔，它不仅为市场经济注入了新的活力，也为旅游企业的营销带来了前所未有的机遇。因此，众多的旅游企业需要大量的旅游新媒体营销人才。党的二十大提出"巩固壮大奋进新时代的主流思想舆论""加强全媒体传播体系建设，塑造主流舆论新格局"。然而，在商业利益、流量思维的驱使下，旅游新媒体营销环境格局复杂，过度娱乐化、价值导向偏差及诱骗消费者等现象频出。如何满足公众对新媒体信息的真实性、科学性和正面导向性的需求，建立健康的旅游新媒体营销生态系统，是当下的重要课题。

为了紧跟技术、内容及形势的发展，编写团队历经多年探索、调研、优化与调整，在继承传统旅游市场营销精髓的基础上，进行了诸多创新，形成以下鲜明特色：

1. 以课程思政引领，培育高职学生职业素养与职业精神

作为国家在线精品课程及省级课程思政示范项目的配套教材，本书编写以习近平新时代中国特色社会主义思想为指导，紧扣"家国情怀、经世济民、诚信服务、德法兼修"的高素质技术技能人才培养目标，始终贯穿"立德树人"的根本任务。每个项目设计了知识、能力、素养三维目标，并特别设立了"旅游新媒体营销法律微课堂"栏目，精选具有中国特色的案例素材，深入挖掘旅游新媒体营销中的思政元素。通过微课、视频等形式有机融合课程思政，丰富性、多样化的资源有效提升学生的职业素养和职业精神。

2. 以项目任务为载体，突出职业教育的实践性与针对性

本书以旅游新媒体营销工作中的"认知→调研→定位→策划→实施→复盘"流程为主线，进行"项目—任务"式的模块化构建，每个项目都遵循"学习目标"（明确知识、能力、素养三维目标）→"案例引入"（引出问题）→"课堂实训"（岗位能力综合训练）→"同步测试"（应知、应会）→"学习评价"的逻辑结构展开，突出职业教育的实践性与针对性，紧贴旅游新媒体营销的行业需求。

3. 以职业能力为牵引，形成"三驾马车"知识技能体系

在旅游市场营销基础知识的基础上，本书紧密对接旅游新媒体

营销的新岗位、新技术、新业态，以职业能力为牵引，不仅深入讲解旅游新媒体营销的创作与策划、图文营销、短视频营销、直播营销及数据分析等内容，还实现从单纯内容设计向"内容推广"立体维度的转变，从而形成以图文营销、短视频营销、直播营销"三驾马车"为重点和难点的旅游新媒体营销知识技能体系，更加符合职业教育现代化发展的需要。

4. 以"互联网＋教育"理念为依托，创新"一书一课一空间"教学模式

本书积极响应教育信息化与职业教育改革发展的新要求，针对学生的认知特点，实现新形态一体化教材与精品在线课程的深度融合。依托网络教学空间，推广优质教学内容并实现个性化应用，构建了包含微课、动画、视频、图文、课件、习题、实训、案例等在内的多元化、颗粒化教学资源库，以满足数字时代的学习需求，推动线上线下混合式教学、自主学习及翻转课堂等教学模式的改革与创新。

本书由湖南工程职业技术学院蒋艳、郴州职业技术学院戴冬香、湖南工程职业技术学院杨蕾担任主编，由湘潭理工学院吉芙蓉、新疆师范高等专科学校（新疆教育学院）易国才、湖南工程职业技术学院邹金慧及长沙市导游协会黄武担任副主编。由湖南工程职业技术学院周永新和长沙幼儿师范高等专科学校何曙光担任主审。具体编写分工如下：项目一由邹金慧与黄武编写；项目二、项目三由戴冬香负责编写；项目四、项目五由蒋艳负责编写；项目六由吉芙蓉和龙潭（武汉职业技术学院）负责编写；项目七由吉芙蓉与易国才负责编写；项目八、项目九由杨蕾负责编写。全书的总体结构设计、内容优化由蒋艳负责，统稿由蒋艳、王丽丽（湖南工程职业技术学院）、常乐茹（湖南工程职业技术学院）负责。此外，本书在编写过程中得到了长沙市导游协会、享梦游、方特集团、长隆集团、湖南湘江集团等校企合作伙伴的大力支持与协助，在此表示衷心感谢。

鉴于编者水平有限，书中难免存在不足之处，恳请广大读者批评指正。

编　者

目 录 Contents

项目一　旅游新媒体营销认知

 思维导图

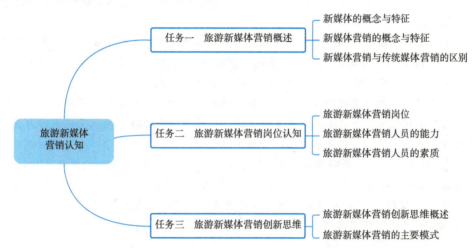

旅游新媒体营销认知

任务一　旅游新媒体营销概述
- 新媒体的概念与特征
- 新媒体营销的概念与特征
- 新媒体营销与传统媒体营销的区别

任务二　旅游新媒体营销岗位认知
- 旅游新媒体营销岗位
- 旅游新媒体营销人员的能力
- 旅游新媒体营销人员的素质

任务三　旅游新媒体营销创新思维
- 旅游新媒体营销创新思维概述
- 旅游新媒体营销的主要模式

 学习目标

⊃ 知识目标

1. 掌握新媒体的概念、特征；掌握新媒体营销的概念、特征。
2. 熟悉旅游新媒体营销岗位的分类、职责及岗位要求。
3. 熟悉旅游新媒体营销人员应具备的能力和素质。
4. 掌握旅游新媒体营销的常用思维。

⊃ 能力目标

1. 建立旅游新媒体营销思维、强化创新意识。
2. 能以案例形式描述旅游新媒体营销模式。
3. 能编制一份旅游新媒体营销岗位说明书。

➲ **素养目标**

1. 树立正确的旅游新媒体营销价值观和社会价值取向。
2. 培养市场意识、创新思维、社会营销理念和团队合作精神。
3. 培养旅游新媒体营销职业认同感。

 案例引入

淄博烧烤，怎么就"出圈"了

2023 年，凭借烤炉＋小饼＋蘸料"烧烤灵魂三件套"，淄博烧烤在社交媒体上突然爆火，特别是在周末，各大平台上出现了"大学生组团到淄博撸串""坐高铁去淄博撸串"等相关话题，引起了广泛的讨论和热议。

淄博烧烤的爆火并非一夜之间，而是经过多次网络传播逐渐引爆。最初关于淄博烧烤的热潮，可能要得益于社交媒体上的"种草"效应。

抖音平台上一位名叫"Mr_木"的博主发布的"淄博烧烤的正确吃法"视频获得了 19.1 万的点赞量，并转发 22.4 万次，吸引了大量的粉丝关注和追捧。而同城热搜榜上的"大学生组团到淄博吃烧烤"更是引爆了网友们的热情，搜索量超过了 500 万。

接着，淄博当地的一些烧烤店也开始在社交媒体上宣传，推广自己的烧烤，其中不乏"扛鼎级别"的牧羊村烧烤，吸引了无数网友的眼球。这些烧烤店纷纷借助社交媒体的力量，展示着自家的特色烧烤，引起了越来越多人的兴趣和好奇心。

截止到 2023 年 3 月，淄博当地"烧烤"关键词搜索量同比 2022 年增长超 370%；"淄博烧烤"关键词全平台搜索量则同比增长超 770%。作为宵夜首选，"烧烤"成为当地深夜订单量最高的品类，20 岁到 30 岁的年轻群体则是烧烤消费的主力军，占比超 50%。

（资料来源：《中国新闻周刊》2023 年 3 月 20 日）

 启示

淄博作为一个历史悠久、文化底蕴深厚的城市，其烧烤成为其独具特色的美食文化。利用新媒体平台不断拓展产品营销渠道，让更多人了解淄博"烧烤灵魂三件套"，同时，也让淄博烧烤的文旅 IP（Intellectual Property，知识产权）带动其他产业的发展。

任务一　旅游新媒体营销概述

一、新媒体的概念与特征

（一）新媒体的概念

"新媒体"的概念最早是由 1967 年美国哥伦比亚广播公司（Columbia Broadcasting System，CBS）技术研究所所长戈尔德马克（P.Goldmark）提出的。他发表了一份关于开发电子录像（Electromic Video Recording，EVR）商品的计划书。在这份计划书中，戈尔德马克首次提到了"新媒体"一词。由此，"新媒体"一词开始在美国流行并扩展至全世界。

动画：新媒体时代的营销重构

在学术界，国内外学者对于新媒体并没有确切的定义，也没有形成统一的认识，但可以从以下几个方面理解：

以数字信息技术为基础，以互动传播为特点，具有创新形态的媒体。

——新媒体产业联盟　王斌

所有人对所有人的传播。

——美国《连线》杂志

新媒体的内涵和外延在不断延伸，在传统互联网和移动互联网之外，还出现了其他新的媒体形态，凡是与计算机相关的都可以被视为"新媒体"。

——熊澄宇

实际上，新媒体是相对于传统媒体而言的一种新兴媒体，可以从狭义和广义两个方面进行界定。狭义上，新媒体可以被看作继报纸、广播、电视等传统媒体之后，随着媒体的发展与变化而产生的一种新的媒体形态，如互联网媒体、数字电视、移动电视、手机媒体等；广义上，新媒体可以被看作在各种数字技术和网络技术的支持下，以互联网、局域网和无线网等为渠道，利用计算机、手机和数字电视等各种终端，向用户提供信息和服务的传播形态，具有媒体形态数字化的特点。

微课：玩转新媒体营销

"新媒体"是一个相对的概念，"新"相对"旧"而言。它的定义会随着时代的发展和科学技术的进步而不断发生变化。新媒体的关键是数字技术和网络技术。各种传统媒体通过数字技术和网络技术进行改造后，就可以成为新媒体，如数字电视基于电视，属于新媒体；电子报刊基于报纸，也属于新媒体。

（二）新媒体的特征

新媒体的发展是十分迅速的，传播功能强大，它能在短时间内传播大量信息，吸引众多用户。其具有以下特征：

（1）传播方式交互性。与传统媒体的单向传播方式不同，新媒体如互联网允许信息传播者与接收者之间进行无障碍交流。每个参与者不仅可以接收信息，还能成为信息的创作者，实现实时互动。此外，新媒体为用户提供了一个双向交流的平台，使用户既是信息的接受者，也是信息的传播者。这种互动性不仅增强了信息的传播效果，还影响了人们的思维方式。

（2）受众覆盖广泛性。在移动互联网建设不断完善的今天，新媒体的覆盖范围不断扩大。仅以手机为例，目前，我国已开通的 4G（第四代移动通信技术，the 4th Generation mobile Communication Technology，简称 4G）及 5G（第五代移动通信技术，5th Generation Mobile Communication Technology，简称 5G）网络，只要凭借一款智能手机，就可以经网络进行相关信息及资讯的上传与分享。在我国，移动手机用户的数量已经突破十亿人次，并且这一人数还在不断上升。因此，利用新媒体传播的信息受众范围十分广泛。

（3）信息传播实时性。传统媒体在发布信息时往往需要经过信息采集、汇总、排版等诸多环节，这在一定程度上会造成信息的滞后。新媒体用户则可以直接通过手机等智能终端进行"现场直播"，实现信息的实时传播。通过新媒体，用户可以随时了解世界各地的人及发生的事，做到"足不出户，便知天下事"。

（4）传播渠道多样化。相较于传统媒体，新媒体在传播渠道上展现了前所未有的丰富性和多样性，如微信、微博等，打破了传统媒体的局限，构建了一个多向、互动、实时的信息传播网络。

（5）传播内容个性化。由于大数据技术的不断更新，很多新媒体平台可以基于用户的使用习惯、个人习惯等特点，通过精密的大数据算法实现信息的精准推送，为每位用户提供能满足其个性化需求的服务。因此，新媒体传播的信息内容具有个性化强的特征，更加贴合用户的独特兴趣和需求。

📖 课堂讨论

表 1-1 所示的所有媒体中，你认为哪些是新媒体，哪些是传统媒体，将答案填写在下列"类型"中。

表 1-1　媒体类型辨别

媒体	类型	媒体	类型
微博		地铁广告屏	
微信		车载电视	
抖音		门户网站	
腾讯网站		电子报刊	
广播电台		今日头条移动客户端	

二、新媒体营销的概念与特征

（一）新媒体营销的概念

新媒体营销是指基于互联网平台进行的新形式的营销，以微博、微信、App（Application，第三方应用程序）、H5（第 5 代超文本标记语言）等新媒体为传播渠道，就企业相关产品的功能、价值等信息进行品牌宣传、公共关系、产品促销等一系列的营销活动。新媒体营销作为企业营销战略的一部分，是新时代企业全新的营销方式。

微课：企业导师谈
旅游新媒体营销

（二）新媒体营销的特征

新媒体营销主要是基于新媒体平台开展的营销活动。因此，新媒体营销的特征与新媒体平台的特征有一定的关联，具体表现在以下几个方面：

（1）形式多样，个性化突出。新媒体营销的主要平台包括微信、微博、直播、短视频等，各具特色，每种平台代表的都是一种不同的营销方式。企业可以通过一种或多种组合方式开展营销活动。

（2）受众广泛，互动性明显。随着移动互联网的发展，使用新媒体的用户范围更加广泛，而新媒体营销更加关注的是对忠实用户的培养，构建用户参与感，让用户更多参与产品设计、研发及销售服务过程，让用户和产品共同成长。互动性是新媒体营销的重要特征之一。

（3）传播高效，裂变式增长。新媒体的传播速度快、传播强度大，呈现裂变式增长，使企业的营销可以在短时间内传播给更多的用户，如企业发布的营销文章等，用户可以通过分享、转发等形式传播给其他用户。

（4）营销效果评测数据化。数据化的表达是新媒体营销的重要特征。首先，数据化是新媒体营销的基础；其次，新媒体营销的效果也可以进行数据化呈现，如企业可以知道有多少人阅读了它的营销文章，转化了多少购买率等。

三、新媒体营销与传统媒体营销的区别

目前，新媒体营销已成为市场营销的主流方式。那么，两者究竟有什么区别呢？表 1-2 为新媒体营销与传统媒体营销的区别。

表 1-2　新媒体营销与传统媒体营销的区别

项目	新媒体营销	传统媒体营销
传播者	所有用户	权威的媒体或机构
传播平台	微信、微博、视频平台、社区论坛等	电视、广播、杂志、报刊等
营销特点	双向传播、直接销售、反馈周期短	单向传播、多层次销售、反馈周期长
优势	信息量大、成本低、传播速度快、覆盖面广、互动性强、营销目标精准	权威性强、机制成熟
劣势	严谨性、权威性偏弱、信息较杂乱	信息滞后、时效性差、单向传播、互动性弱

 课堂讨论

新媒体营销与自媒体、微媒体营销有什么区别？

任务二　旅游新媒体营销岗位认知

微课：走进旅游新
媒体营销

一、旅游新媒体营销岗位

旅游企业的新媒体岗位一般可分为新媒体营销/运营专员、新媒体营销/运营主管、新媒体营销/运营经理、新媒体营销/运营总监四个层级。由于旅

游企业的规模不同，所设置的新媒体岗位层级也会有所不同。一般来说，1 000人以上的旅游企业，新媒体岗位的四个层级都有；500～1 000人的旅游企业，新媒体岗位一般有三个层级，即新媒体营销/运营专员、新媒体营销/运营主管或新媒体营销/运营经理、新媒体营销/运营总监；500人以下的旅游企业，新媒体岗位一般只有两个层级，即新媒体营销/运营专员、新媒体营销/运营主管或新媒体营销/运营经理。若该旅游企业涉及的网络营销业务较少，就仅设新媒体营销/运营专员岗位。

结合企业招聘的相关内容，下面对四个层级的旅游企业新媒体岗位分别总结了其岗位职责和岗位要求。

（一）新媒体营销/运营专员

新媒体营销/运营专员的岗位说明见表1-3。

表1-3　新媒体营销/运营专员的岗位说明

岗位名称	新媒体营销/运营专员
岗位职责	1. 负责本企业各新媒体平台的运营与推广工作，负责策划并执行日常活动及后续的追踪、维护； 2. 分析用户画像，及时掌握新闻热点，与用户进行互动； 3. 提高本企业用户的数量和活跃度，并对营销/运营现状进行分析和总结
岗位要求	1. 新闻、营销、广告、设计、管理等相关专业； 2. 至少具有一年及以上的工作经验； 3. 熟悉互联网，在新媒体营销/运营工具运用方面经验丰富； 4. 擅长新媒体推广工作，具备团队合作精神、创新精神和严谨的工作态度； 5. 具备新媒体运营思维，具有良好的文学表达能力，书面和口头沟通能力强，熟悉网络语言的写作特点； 6. 具有较强的网络感知能力，学习能力强，兴趣广泛

很多规模较大的旅游企业，也会根据其对新媒体营销/运营专员的具体需要对招聘的新媒体岗位做进一步的细分，有的按照平台进行划分，可分为微信、微博、抖音、小红书等营销/运营专员；有的按照工作内容进行划分，可分为文案写作、活动策划、短视频剪辑、营销、推广等。

（二）新媒体营销/运营主管

新媒体营销/运营主管的岗位说明见表1-4。

表1-4　新媒体营销/运营主管的岗位说明

岗位名称	新媒体营销/运营主管
岗位职责	1. 负责品牌和产品营销、媒体计划和宣传文案的编写，广告及市场营销活动的创意和策划； 2. 根据市场调研报告进行策划定位及推广策略分析，设计市场营销活动方案； 3. 参与日常的社交媒体运营，负责撰写活动策划方案、媒体传播方案等，熟悉媒体信息； 4. 制订公司品牌推广活动策略及相应工作的计划、实施和分析等
岗位要求	1. 大学本科以上学历，新闻、中文等相关专业三年以上工作经验，具有旅游行业从业经验者优先； 2. 具备良好的文字驾驭能力和视角独到的文案创作能力，较强的编辑整合能力，能够独立思考并有所创新； 3. 具备灵敏的市场反应能力及准确的市场把握能力，具备一定的全局把控能力和统筹分析能力，能够独立提案； 4. 熟悉各种社交媒体运营流程，具有活动及组织策划经验； 5. 具备高度的敬业和团队合作精神，有较强的责任心和使命感，工作细致负责

（三）新媒体营销 / 运营经理

新媒体营销 / 运营经理的岗位说明见表1-5。

表1–5　新媒体营销 / 运营经理的岗位说明

岗位名称	新媒体营销 / 运营经理
岗位职责	1. 负责旅游企业新媒体整体营销 / 运营工作，对本部门绩效目标的达成负责； 2. 负责对新媒体整体营销 / 运营的内容撰写进行指导和相关方案的监督执行； 3. 负责新媒体推广策略的制定、执行指导和监督管理； 4. 负责新媒体运营数据的分析、提升成效； 5. 负责本部门的筹划建立、员工招聘、考核、管理，部门规划和总结
岗位要求	1. 具有五年以上相关工作经验； 2. 具备营销 / 运营策划、品牌策划推广、网络营销等系统的理论知识和丰富的实践经验； 3. 具有较强的数据分析能力和商业变现、管控能力； 4. 具有优秀的文案写作能力，能撰写各类文章； 5. 具备丰富的业务管理经验和团队管理能力

（四）新媒体营销 / 运营总监

新媒体营销 / 运营总监的岗位说明见表1-6。

表1–6　新媒体营销 / 运营总监的岗位说明

岗位名称	新媒体营销 / 运营总监
岗位职责	1. 负责制订各新媒体平台的年度经营目标、预算及年度、季度、月度计划； 2. 负责制订各新媒体平台的整体规划和运营管理目标，并组织落实； 3. 组建并管理运营团队； 4. 根据运营推广数据分析结果，优化传播方案，提升新媒体账号影响力、粉丝数量及活跃度，提高公司品牌的曝光度、知名度与美誉度； 5. 维护与合作伙伴、供应商、相关媒体、政府机构、社会组织等良好的关系； 6. 负责工作方案的落地执行质量； 7. 加强团队绩效管理、团队建设及专业能力，提升部门工作效率
岗位要求	1. 具有五年以上的相关工作经验，具有旅游行业同等岗位三年以上工作经验者优先； 2. 具备敏感的商业和市场意识，具有良好的分析问题及解决问题的能力，具有优秀的资源整合能力和业务推进能力； 3. 数据驱动，擅长挖掘机会点并进行策略优化和落地； 4. 对用户有深刻洞察，能站在用户角度思考； 5. 逻辑思维清晰，具有出色的沟通表达能力、商务谈判能力和团队管理能力，注重过程和结果

二、旅游新媒体营销人员的能力

从事旅游新媒体运营的人员应符合一定的基本能力要求，主要包括以下几个方面。

（一）文案写作能力

新媒体运营，"内容为王"。内容可以说是新媒体运营的关键，没有优质的文案，何来引人入胜的内容。所以，优秀的新媒体运营人员一定要具有扎实的文案写作能力，逻辑缜密，同时能够自由切换语言风格以适应不同的营销环

微课：旅游新媒体企业访谈

境和素材。好的文案能使用户产生强烈的代入感，能吸引流量，并能在潜移默化中实现流量的变现。

（二）活动策划能力

旅游企业新媒体平台上的每次精准推送都是一场精心的活动策划。活动策划就是要解决活动推给谁看、推什么内容、该怎样组织、活动预算多少、活动如何执行落地、要达到什么样的效果等问题。虽然新媒体的运营形式一直在变化，但是一个好的创意加一份好的策划依然是旅游企业新媒体活动最稳定的框架。因此，活动策划能力对于旅游新媒体从业者来说是非常重要的一项能力。

（三）热点跟进能力

新媒体的用户以年轻人居多，这与传统媒体的用户截然不同。热点对年轻人有很强的吸引力，所以，旅游新媒体运营人员也应该关注热点并及时跟进。这就需要旅游新媒体运营人员对网络信息有一定的敏感度，也就是"网感"——在发生热点事件时，能快速抓住热点创造内容的能力。若是本企业与热点有关联度，就快速"蹭热点"，提升企业知名度；但若是本企业与热点没有关联度，也绝不可一味地追求生硬结合。

（四）社群管理能力

新媒体运营一直以来都有一个非常重要的部分就是社群管理。社群是旅游企业用户的群体。这个群体的对象是谁？群体的需求是什么？怎样培养用户的黏性？如何有针对性地与用户交流互动？这些问题都需要旅游新媒体运营人员具备出色的社群管理能力才能迎刃而解，才能为旅游企业创造更多富有黏性的用户群体。

（五）人际沟通能力

旅游企业新媒体运营绝不是一项独立的工作，必须进行多方面的沟通。这个多方面的沟通包括旅游新媒体运营人员内部的沟通、旅游新媒体运营人员与其他部门人员的沟通、旅游新媒体运营人员与合作企业的沟通，以及旅游新媒体运营人员与用户的沟通等。

（六）工具应用能力

旅游新媒体运营人员的运营工作每天都需要与很多新媒体工具打交道。虽然无法与专业的设计师和程序员相媲美，但是他们要能熟练使用新媒体工具可以提高工作效率。例如，当旅游新媒体运营人员需要制作一幅精美的海报时，会合理运用"图怪兽""创客贴"等工具在线编辑生成海报；当旅游新媒体运营人员需要给微信公众号的图文消息排版时，会借助"135编辑器"快速排版……为了提高这种能力，旅游新媒体运营人员不仅需要不断强化熟练程度，也需要不断学习和更新工具。

（七）数据分析能力

与传统媒体运营相比，新媒体运营之所以可以精准定位，依靠的就是数据分析。对于初级的旅游新媒体运营人员来说，每天都要关注后台数据，如阅读量、访问量、转化率、活跃用户量等，不仅需要了解每条曲线出现峰谷的原因，预测未来的趋势，还能将这些看起来枯燥乏味的数据解读出一个个有趣的"故事"；而对于中高级的旅游新媒体运营人员来说，除要精通数据本身的分析，还要善于对新媒体团队的业绩、绩效等进行考核和较量。数据分析能力不是一朝一夕可以练就的，不仅需要善于借助数据分析工具，也需要培养旅游新媒体运营人员的长期意识。

旅游新媒体运营人员的能力

【××文旅企业】文旅新媒体运营

湖南—长沙；2年及以上；大专及以上。

岗位职责：

（1）短视频运营：负责文旅项目的短视频创意策划、剧本及分镜头脚本的撰写；熟悉短视频平台各类用户的特点，负责视频内容创作素材的收集、管理和制作；负责项目下各个自媒体账号的搭建、管理，并能通过视频内容引导客户主动咨询。

（2）直播运营：负责组织策划系列直播活动，熟悉整个直播流程，对直播数据结果负责。

（3）社群运营：负责社群客户的运营，并完成对公域流量转私域的用户管理。

通过上述岗位职责的描述，说一说该旅游新媒体运营人员需要具备哪些能力呢？

三、旅游新媒体营销人员的素质

从事旅游新媒体营销的人员应符合一定的职业素质要求，主要包括以下几个方面。

案例：诚信务本立市　共营长红长沙

（一）思想政治素质

在新媒体时代，媒体舆论环境日趋复杂，作为旅游企业新媒体营销人员必须不断强化自身的思想政治素质，始终保持政治上的清醒和坚定，面对重大政治原则和大是大非问题，必须旗帜鲜明、态度坚定，绝不触碰法律底线、纪律底线、政策底线和道德底线。否则，将会给企业新媒体平台带来很大的风险，小则账号被限制，大则被永久封号，甚至还要承担法律责任。所以，旅游企业在招聘和员工培训环节，都应大力引导其提高思想政治素质，树立科学的世界观、人生观和价值观。

（二）文化素质

一方面，从事旅游新媒体营销工作仅掌握新媒体营销方面的知识是远远不够的，而要成为懂旅游的"杂家"，这凸显了旅游新媒体营销人员需要具备广博的知识结构；另一方面，知识更新速度加快，新媒体营销工具不断更新，作为旅游企业新媒体营销人员必须坚持终身学习的理念，让学习真正成为提高员工素质、提升业务水平的自觉行动。

（三）业务素质

业务素质是旅游新媒体营销人员从事新媒体工作的业务能力，主要表现在扎实的新媒体理论知识、高尚的职业道德素养和与时俱进的创新能力。在新媒体不断发展的过程中，旅游新媒体营销人员想要做出内容优质的作品，实现效果更好地传播，就必须顺应时代发展，不断提高自身的业务素质。

（四）身心素质

这里所说的身心素质包括身体素质和心理素质。对于旅游新媒体营销人员来说，这两项素质非常重要。

一方面，新媒体营销作为一项高强度的工作，写文案、视频剪辑、策划活动等都需要消耗大量的脑力；另一方面，新媒体营销工作需要熬夜、长时间使用计算机等，没有好的身体素质很难担任新媒体营销工作。

同时，新媒体营销人员还需要具备良好的心理素质。80%的新媒体营销岗位招聘中，都会标明："能够承受较大的工作压力"。以短视频为例，看一个短视频可能只需要几十秒，但想要做出一个高质量的短视频，运营人员需要在脚本、拍摄、剪辑等方面付出更多的心血和时间，这本身就是一种压力。除此之外，后台数据的信息和处理也需要良好的心理素质。

任务三　旅游新媒体营销创新思维

一、旅游新媒体营销创新思维概述

新媒体营销的火爆吸引了越来越多的企业和个人进入，在竞争日益激烈的新媒体营销市场，想要保持或获得自己的竞争优势，就需要不断创新思路。特别是对旅游行业来说，旅游市场的发展和用户需求的变化是非常迅速的，只有拥有不断适应环境变化的创新思维，才能获得更好的发展。一般来说，旅游新媒体营销需要具备以下几种创新思维。

微课：旅游新媒体
营销创新思维

（一）用户思维

用户思维是新媒体运营的核心思维。它不仅是一种思维方式，更是对市场和消费者的深刻洞察。用户思维就是"以用户为中心"，是指企业或个人在进行营销活动时，从用户的视角出发，深入挖掘他们的需求、"痛点"和期望。这不仅是为了提供更具针对性的产品或服务，更是为了在激烈的市场竞争中脱颖而出。

为了实现这一目标，企业需要时刻关注行业动态，了解消费者的喜好和习惯，以便及时调整自己的产品和服务。在这个过程中，企业也要注重用户共创，即让用户主导产品创造，用户既是消费者，也是创造者。用户的创造性被激发出来后，企业才能在更大程度上帮助用户做连接、赋能，如抖音等平台的崛起就是用户创造力量最好的证明。同时，企业也要做好用户服务，用最真诚的服务直抵客户内心，只有这样才能在激烈的竞争中立于不败之地。

（二）内容思维

新媒体时代，企业需要用独特的思维方式和策略吸引用户的关注与信任，这种思维方式称为内容思维。内容思维提倡用内容吸引用户，通过用户的反馈对产品进行修正，体现为用户服务的宗旨。

内容创作的形式多样，不仅有文字、图片或短视频，还包括在社交媒体上与用户的互动和话题讨论等。这些内容元素相互交织，共同构成了企业的品牌形象。通过创造有趣、有价值的内容，企业能够提升品牌知名度和用户忠诚度。这种由内而外的营销方式，能有效地增加用户的黏性和参与度。

优质的内容不仅要能吸引用户的眼球，更要直抵他们的心灵。因此，在创造营销内容时，不仅要注重形式，更要关注内容的价值和意义。如火遍全网的淄博烧烤，在营销时就注重突出烧烤本身的品质和特色、诚信的地域文化及当地政府的贴心服务，使淄博在众多的旅游目的地中脱颖而出。

从哈尔滨爆火出圈看文旅融合新潜能

2024 年开年，哈尔滨已成功接棒淄博，进阶"顶流之城"。据哈尔滨市文化广电和旅游局提供的大数据测算，截至 2024 年元旦假日的第三天，哈尔滨累计接待游客高达 304.79 万人次，旅游总收入更是达到惊人的 59.14 亿元，游客接待量与旅游总收入均创历史峰值……

哈尔滨城市 IP 的打造离不开政府的统筹规划。2023 年年初，当地政府就开始用互联网思维打造流量经济，借助新媒体多维度进行宣传，并邀请一些文旅头部博主为冰雪旅游引流。

在发展冰雪旅游的过程中，哈尔滨始终聚焦"冰城"文化品牌，打造了哈尔滨冰雪大世界、哈尔滨太阳岛国际雪雕艺术博览会、中央大街七彩冰雕大世界、哈尔滨冰灯游园会等一众品牌，这也是哈尔滨最大的优势和特色。

与此同时，哈尔滨文旅局非常"听劝"，在网友的建议下不断调整宣传方向，"欢迎来到北境""霍格沃茨哈尔滨分校"等符合年轻人喜好的短视频密集发布，为冬季旅游积累了人气。

黑龙江文化和旅游厅厅长何晶坦言，"我们更关注视频底下的那些评论，游客在评论区评论什么不满意，需要什么，我们就上什么。"

可以说，为了让游客玩得舒适、快乐，哈尔滨在细节上下足了功夫，这些看似微不足道的举措，却极大提升了游客的旅游体验。

（资料来源：《中华英才半月刊》2024 年 1 月 19 日）

点评：哈尔滨为何会火出圈？这是一座敢于创新、敢于突破传统的城市。如今的哈尔滨，眼界更广，胸怀更宽，不仅重视冬季冰雪旅游的发展，更持续推进从"一季繁荣"向"四季绽放"转变，以不断点燃东北旅游市场振兴的"火炬"。

（三）跨界思维

在新媒体营销领域中，跨界思维是一种卓越的战略思考方式。它要求寻求非业类的合作伙伴，即跨界与合作，使这种合作中的各个方面实现资源共享、协同发展、互助双赢，并通过两个品牌的独特创意，优势相辅相补，不断满足不同消费者的多样化、多方位消费需求。

更为重要的是，跨界思维为企业提供了一种跳出传统思维框架的方式。在与其他产业的交流与碰撞中，企业能够汲取到不同的创意与智慧，从而激发出自身的创新潜能。这种变革的力量，不仅能够推动企业不断向前发展，更能在竞争激烈的市场环境中保持领先地位。同时，也需要注意的是跨界营销的实质是以传统营销模式为依托，实现多个品牌从不同的角度诠释同一个用户特征。

（四）数据思维

在当今新媒体时代，数据思维已成为新媒体营销中不可或缺的思维方式。数据思维的力量在于其客观性和科学性，企业可以通过深入挖掘用户数据，了解消费者的行为习惯、偏好和市场趋势。通过数据分析，企业可以精准地找到目标受众，制定出更符合消费者需求的营销策略。

除此之外，数据还能对营销活动的成效进行实时监控和评估。如旅游企业通过对公众号推文、短视频等的阅读量、转发量、渠道转化率等关键指标的分析，可以及时发现并修正营销策略中的不足之处。这种数据驱动的优化过程，不仅能够提高营销活动的投资回报率，还能帮助企业实现资源的合理配置和高效利用。

（五）变现思维

在新媒体行业中，当企业或个人拥有一定数量的"粉丝"后，就可以通过广告、平台分成、知识付费等方式变现。企业通过新媒体运营，对"新粉"不断地进行促活和留存，其最终目的是让活跃的留存用户付费，真正做到将"粉丝"的流量转化为收益，也就是变现的过程。所以，对于新媒体从业人员来说，变现思维极其重要。

小资料

新媒体营销的变现方式

新媒体营销的变现方式主要包括广告变现、电商变现、知识变现和社群变现等。

（1）广告变现。广告变现是新媒体较为常见的变现方式，即通过发布广告获取收益，付费方大多是企业用户。

（2）电商变现。电商变现是新媒体营销变现的主要方式之一。电商在新媒体平台或淘宝网开设店铺售卖与自己定位相符的产品，并吸引用户购买就是典型的电商变现。

（3）知识变现。知识变现也称为知识付费变现，根据内容形态的不同，知识变现可分为内容打赏变现、演讲培训变现及付费咨询变现三种类型。

（4）社群变现。社群变现主要包括付费会员制社群变现和社群交流活动变现两种类型。

二、旅游新媒体营销的主要模式

（一）事件营销

事件营销是指通过策划、组织和利用具有新闻价值、社会影响及名人效应的人物或事件，吸引媒体、社会团队和消费者的兴趣与关注，以求提高企业或产品的知名度和美誉度，树立良好的品牌形象，最终促成产品或服务销售的手段和方式。在进行事件营销时，营销者需要结合企业自身的情况，选择合适的营销策略，如名人策略、体育策略、实事策略等。

微课：新媒体营销的主要模式

1. 名人策略

名人策略是指营销者利用名人的人气，扩大营销活动的影响力，并通过宣传推广，将营销活动打造成具有新闻价值的事件。营销者需要结合具体情况，根据产品或品牌的特点选择合适的名人进行事件营销。

2. 体育策略

体育策略是指通过为体育赛事提供产品、举办区域性体育活动或大型赛事的区域性活动等方式营销产品或品牌，从而提高其知名度。如 2024 年 4 月在张家界武陵源举办的马拉松赛事，赛道串联起了包括张家界国家森林公园、宝峰湖、百丈峡在内的多个著名自然人文景观，让赛事成为一张对外宣传张家界的体育名片。

3. 实事策略

实事策略是指针对一些突然发生的特定的事件举办特定的活动，以达到营销的目的。实事策略中的实事可以是自然事件、政治事件，也可以是社会事件，但是这些事件都需要营销者具有前瞻性的眼光，对预知的事情提早采取行动，抢占先机，对突发事件快速反应。如2023年7月，某歌手在湖南衡阳连续举办三场演唱会的"声浪"在各大社交平台霸榜，近十万名观众从全国各地涌入衡阳观看演出的同时，也对衡阳进行沉浸式打卡。这不仅增强了衡阳市民的自豪感，也提升了衡阳市的影响力，是一次成功的城市形象宣传。

（二）口碑营销

口碑是指用户对产品或品牌的评价。在用户的自主传播下，口碑可以影响其他用户对产品或品牌的看法及态度，甚至可以促成其他用户的购买行为。口碑营销就是以上述传播模式为核心的营销模式。口碑营销最重要的特征就是可信度高，一般情况下，口碑传播都发生在朋友、亲戚、同事等关系较为亲密的群体之间。

对于旅游行业来说，游客的口碑就是最好的广告。旅游景区可以通过设计令人向往的旅游产品、加强旅游产品创新、提升旅游目的地形象等方式，形成口碑营销。

（三）病毒营销

病毒营销又称病毒式营销，是新媒体营销中较为常见的一种营销模式。病毒营销是利用公众的积极性和人际网络，让营销信息像病毒一样深入人脑，并在短时间内将信息传向更多的受众。如拼多多的"好友帮砍"就是典型的病毒营销，其规定用户邀请足够数量的好友砍价就可以免费获得产品，从而利用用户的人脉圈子，一传十、十传百，实现病毒般的快速传播。

对于旅游行业来说，使用病毒营销时首先要注意选择的新媒体渠道，不同的新媒体渠道具有不同的特点，适用于不同的人群；其次要使用简单的传播方式将内容传播给目标人群，如旅游者转发、点赞景区发布的内容，就可以获得免景区门票的机会，这样，也可以快速地将想要传播的信息传递出去。

（四）借势营销

借势营销是将营销目的隐藏在营销活动中，将产品融入用户喜欢的环境，使用户在该环境中了解产品并接受产品的营销模式。

借势营销主要可以借势节气、节日进行营销，如我国的二十四节气，每个节气都有不同的习俗及文化，借势节气可以拉近企业与用户之间的距离；元旦、春节、元宵节、端午节和中秋节等也是借势营销的重要时间节点。需要注意的是，营销者借势节气、节日进行营销时应考虑产品与节日之间的共通点。此外，也可以借势热点事件进行营销。热点事件是指社会上新近发生或正在发生的、引起广泛讨论的事件，并在各大新媒体平台上都能看到关于此事件的话题。企业如果能合理借势热点事件进行营销，不仅能节约大量的宣传成本，同时，也能带来较好的营销效果。

（五）IP营销

知识产权（Intellectual Property，IP）是指人们就其智力劳动成果所依法享有的专有权利，通常是国家赋予创造者对其智力劳动成果在一定时期内享有的专有权或独占权。IP营销是指品牌通过打造独有的情感、趣味等品牌内容，持续输出价值，汇集用户，使用户认可品牌的价值观，对品牌产生信任，从而获得长期用户流量的营销模式。

案例: 北京环球影城爆火：超级IP+饥饿营销，品牌营销如何更出彩？

旅游 IP 其实就是具有简单、鲜明、有特色的、能吸引游客并赋予旅游目的地个性及生命力、能代表旅游目的地的元素或符号。它可以是一个故事的再现，也可以是影视、游戏或传说的再现，还可以是建筑元素，或是人物、动物、卡通形象等，如上海迪士尼、北京环球度假区等，这些自带势能的卡通形象和人物等就成为连接旅游消费者和景区的情感桥梁，源源不断地吸引消费者进行体验。

《去有风的地方》如何带火大理旅游！

2023 年伊始，一阵清新治愈的风，从冬天吹到春天，把都市人的心吹往云南，吹向大理——由华策影视和瞰心晴工作室出品的田园治愈剧《去有风的地方》成为开年爆剧。电视剧播出后，作为《去有风的地方》的取景地之一，本就是热门旅游地的云南省大理白族自治州又火了一把，成为开年热度最高、话题性最强的地区之一。

据大理白族自治州文化和旅游局统计，2023 年春节假期期间，大理共接待游客423.93 万人次，同比增长 219%；实现旅游业总收入 31.6 亿元，同比增长 162%，市场整体呈现"人山人海""一房难求"的兴旺景象。大理古城、双廊文化旅游区等多个景点接待游客同比增长超过 10 倍，餐饮、民宿等乡村旅游产业迎来发展利好。

娓娓讲述暖心故事，生动展现自然风光、人文风情与历史积淀，《去有风的地方》成功点燃了观众的旅游热情，为当地拓展文旅产业边界、优化旅游空间布局提供了有力支撑，这是"IP＋文旅"融合发展的成功。

（资料来源：《新华社》2023 年 2 月 14 日）

点评：首先，《去有风的地方》是凭借团队创作出的优秀作品，剧中场景都是经过数次的采风考察所选定的，最终成为大理"最好的旅游宣传片"，也被称为有口皆碑的"品智"之作。其次，大理本身就是热门旅游地，有了电视剧的"种草"，更让人们对大理这个地方产生向往之情。

（六）跨界营销

跨界营销是指某品牌联合其他行业的品牌，推出合作品牌主营业务的产品。这是较为常见的一种营销模式。跨界营销的本质是利用不同品牌之间的化学反应制造话题，而能够制造话题的跨界品牌往往具有"反差感"，能够引发用户的想象和讨论。企业通过选择与自身品牌关联不大，甚至与自身产品看起来对立冲突的品牌制造反差，引起话题讨论，开展跨界营销。

对于旅游行业来说，开展跨界营销同样重要。如某国产运动品牌服装在敦煌雅丹魔鬼城举办三十周年主题派对时，与以往传统的时装秀不同，它以"三十而立·丝路探行"为主题，结合雅丹地貌的自然起伏打造出一条天然的沙漠秀道。将沙漠实景秀场与敦煌丝路 IP 关联，并将千年前的敦煌元素融入服装和鞋履上，以国潮创新的方式让具有三十年历史的品牌焕发生机，赋予了传承中国传统文化的深层内涵，同时，也对敦煌进行了一次很好的营销。

查找资料，举例说明旅游企业在新媒体营销过程中运用了哪些营销模式？

 **项目总结**

旅游新媒体营销认知	新媒体营销的概念	新媒体营销是指基于互联网平台进行的新形式的营销，以微博、微信、App、H5等新媒体为传播渠道，就企业相关产品的功能、价值等信息进行品牌宣传、公共关系、产品促销等一系列的营销活动
	新媒体营销的特征	形式多样，个性化突出；消费者范围广泛，互动性强；传播快速、高效，呈现裂变式增长；营销效果评测数据化
	旅游新媒体营销岗位	旅游企业的新媒体岗位一般可分为新媒体营销/运营专员、新媒体营销/运营主管、新媒体营销/运营经理、新媒体营销/运营总监四个层级
	旅游新媒体营销人员的能力	文案写作能力；活动策划能力；热点跟进能力；社群管理能力；人际沟通能力；工具应用能力；数据分析能力
	旅游新媒体营销人员的素质	思想政治素质；文化素质；业务素质；身心素质
	旅游新媒体营销创新思维概述	用户思维；内容思维；跨界思维；数据思维；变现思维
	旅游新媒体营销的主要模式	事件营销；口碑营销；病毒营销；借势营销；IP营销；跨界营销

 课堂实训

一、实训任务

旅游新媒体营销岗位认知

通过课后查找资料、旅游企业实地调研等方式，以小组的形式为某旅游企业编制一份旅游新媒体营销岗位说明书。

二、实训目标

了解旅游新媒体营销岗位的市场需求及岗位要求，掌握旅游新媒体营销岗位职责与任职资格。

三、操作思路

1. 教师提醒通过招聘网站搜索引擎查找所需信息及旅游企业实地调研的注意事项。
2. 以小组为单位，收集旅游企业相关的岗位信息或进行旅游企业实地调研，样本数量不少于3个。
3. 小组对收集的岗位信息进行总结、提炼，编制岗位职责说明书。
4. 教师对每小组所编制的岗位职责说明书进行点评，并展示优秀作品。

同步测试

一、单项选择题

1. 以下属于新媒体的是（　　　）。
   A. 微信　　　　　　B. 广播　　　　　　C. 报纸　　　　　　D. 电视

2. 新媒体营销的特征不包括（　　　）。
   A. 形式多样，个性化突出　　　　　　B. 消费者范围广泛，互动性强
   C. 传播快速、高效，呈现裂变式增长　　D. 营销效果评测不能数据化

3. 拼多多的"好友帮砍"是（　　　）。
   A. 病毒营销　　　　B. 事件营销　　　　C. 饥饿营销　　　　D. 口碑营销

二、多项选择题

1. 相比传统营销而言，下面属于新媒体营销变化的有（　　　）。
   A. 从"效果"到"精准"　　　　　　B. 从"覆盖"到"互动"
   C. 从"软"到"硬"　　　　　　　　D. 从"轰炸"到"影响"

2. 旅游新媒体营销人员需具备的能力包括（　　　）。
   A. 文案写作能力　　B. 活动策划能力　　C. 社群管理能力　　D. 热点跟进能力
   E. 数据分析能力

3. 旅游新媒体营销人员的素质包括（　　　）。
   A. 思想政治素质　　B. 文化素质　　　　C. 业务素质　　　　D. 身心素质

4. 旅游新媒体营销常见的模式有（　　　）。
   A. 借势营销　　　　B. 病毒营销　　　　C. 口碑营销　　　　D. 事件营销
   E. 跨界营销

三、思考与练习

1. 什么是新媒体？什么是新媒体营销？
2. 旅游新媒体营销的特征有哪些？
3. 旅游新媒体运营人员需要具备哪些能力？请分别举例。
4. 旅游新媒体营销一般有哪些创新思维？请举例说明。

学习评价

按照表 1-7 对本项目的学习过程进行考核与评价。

表 1-7　项目一 旅游新媒体营销认知学习评价表

评价指标		评价标准			评价方式		
		优	良	合格	自评（15%）	互评（15%）	教师评价（70%）
工作能力（45%）	分析能力（10%）	能正确辨别新媒体，准确分析新媒体营销的特征，创新旅游新媒体营销思维	能正确辨别新媒体，准确分析新媒体营销的特征，理解旅游新媒体营销思维	能正确辨别新媒体，准确分析新媒体营销的特征			
	操作能力（25%）	能通过招聘网站搜索引擎查找旅游新媒体营销岗位信息，为企业编制一份合理的旅游新媒体营销岗位说明书；能以案例形式描述旅游新媒体营销模式	能查找旅游新媒体营销岗位信息，为企业编制一份旅游新媒体营销岗位说明书；能以案例形式描述旅游新媒体营销模式	能查找旅游新媒体营销岗位信息，为企业编制一份旅游新媒体营销岗位说明书；能描述旅游新媒体营销模式			
	合作能力（10%）	能与其他组员分工合作；能提出合理见解和想法	能与其他组员分工合作；能提出一定的见解和想法	能与其他组员分工合作			
学习策略（10%）	学习方法（5%）	格式符合标准，内容完整，有详细记录和分析，并能提出一些新的建议	格式符合标准，内容完整，有一定的记录和分析	格式符合标准，内容较完整			
	自我分析（5%）	能主动倾听，尊重他人意见；能很好地表达自己的看法；能从小组成员的想法中提出更有效的解决方法	尊重他人意见；能较好地表达自己的看法；能从小组成员的想法中提出可能的解决方法	尊重他人意见；能表达自己的看法；偶尔能从小组成员的想法中提出自己的解决方法			
成果作品（45%）	作品规范性（15%）	作品完成完全合乎要求，非常规范	作品完成合乎要求，规范	作品完成基本合乎要求			
	作品创新性（15%）	作品具有很好的创新性	作品具有较好的创新性	作品具有一定的创新性			
	作品展示（15%）	逻辑性强、层次分明、思路清晰，整体形象大方、举止得体	思路较清晰，整体形象较大方、举止较得体	思路基本清晰，举止基本得体			

项目二　旅游营销市场调研

思维导图

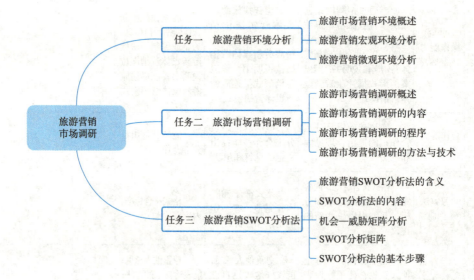

旅游营销市场调研
- 任务一　旅游营销环境分析
  - 旅游市场营销环境概述
  - 旅游营销宏观环境分析
  - 旅游营销微观环境分析
- 任务二　旅游市场营销调研
  - 旅游市场营销调研概述
  - 旅游市场营销调研的内容
  - 旅游市场营销调研的程序
  - 旅游市场营销调研的方法与技术
- 任务三　旅游营销SWOT分析法
  - 旅游营销SWOT分析法的含义
  - SWOT分析法的内容
  - 机会—威胁矩阵分析
  - SWOT分析矩阵
  - SWOT分析法的基本步骤

学习目标

⊃ 知识目标

1. 掌握旅游市场营销环境的含义、特征及分类。
2. 熟悉旅游市场调研的概念、类型、方法。
3. 掌握旅游市场调研问卷的制作及程序。
4. 掌握 SWOT 分析法的含义、内容、方法及基本步骤。

⊃ 能力目标

1. 能够准确描述旅游市场营销宏观环境和微观环境的主要内容。
2. 能够针对不同的调研项目设计并制作调查问卷、访谈提纲，能进行调研计划的设计和实施，并撰写旅游市场调查报告。

　　3.能够运用 SWOT 分析法对某旅游企业或旅游产品开展分析与判断。

⊃ 素养目标

1.树立市场意识和创新思维。

2.具有质量意识和服务意识。

3.增强社会责任感、担当意识和奉献精神。

理解贵州：当夏日"松弛感"成为一个省份的辨识度

　　作为旅游大省贵州的省会城市，贵阳本身的 5A 级景区数量不多，往往成为不少外省游客赴黔旅游的"中转站"。如何将旅游"中转站"打造成有影响力的旅游"目的地"，贵阳做出了自己的探索。其重要抓手就是不断丰富"年轻态、新玩法"，打造个性化、时尚化、"嗨起来"的旅游体验。

　　统计数据显示，贵阳旅游客群中"00 后"和"90 后"占比高达 75.2%。而现在的贵阳，无论是利用自然禀赋开发的山地徒步、漂流溯溪、秘境旅拍、桨板咖啡，还是基于城市人文开发的实景剧本杀、城市漫游（Citywalk），层出不穷的新玩法使每位年轻游客都能找到属于自己的玩乐天堂。

　　贵阳还是一座充满青春活力的"爱乐之城"。由"野生音乐会"发展而来的"贵阳路边音乐会"席卷全贵阳市，演出范围也从路边发展到湖边、草地上、温泉边、广场上、校园里，零门票、零商业的贵阳路边音乐会以音乐拉近与普通人的心，成为到贵阳旅行的必打卡项目之一。同时，各大音乐节也扎堆贵阳开唱，音乐的旋律回荡在城市的每个角落，留住游客的当然还有贵阳的美食。社交媒体上，有网友笑称"一个月还没吃出贵阳""每天要干 8 顿饭"。酸汤牛肉火锅、豆米火锅、豆豉火锅……各类火锅"开花"，每次都是对选择的考验。"好吃的贵阳人"更是把"好吃"变为"一起吃"，穿行在民生路、蔡家街、虎门巷等老街小巷中，随便一找就是惊艳美味。青云路、二七路小吃街等地还汇聚了全贵州省地道小吃，可以"一口吃遍贵州"。

　　（资料来源：《澎湃新闻》2024 年 7 月 24 日）

　　从上述案例中，可以看到贵阳旅游业的快速发展得益于其不断探索与各方面的努力。那么，贵阳的旅游发展都受到了哪些因素的影响？分析这些影响因素中属于旅游市场营销环境的部分，并谈谈它们是如何影响当地旅游业的发展的？

任务一　旅游营销环境分析

一、旅游市场营销环境概述

市场上，任何企业个体都生存于一定的环境之中，企业的营销活动不能脱离周围的环境而孤立进行。随着市场经济的深入发展，中国正逐步从世界旅游大国迈向世界旅游强国。旅游企业的市场经营活动具有强烈的社会性，其市场营销行为受到内部与外部、可控与不可控因素的综合影响。旅游市场营销环境是指一切影响和制约企业营销活动的外部力量与其他相关因素的集合，是影响旅游企业生存和发展的各种外部条件。

微课：认识旅游市场营销环境

（一）旅游市场营销环境的分类

1. 宏观环境和微观环境

按照环境对企业营销活动影响因素的范围划分，可以将其划分为宏观环境和微观环境（图2-1）。

图2-1　旅游市场营销环境示意

宏观环境通常是指影响旅游企业营销活动的社会性力量与因素，主要包括政治、法律、经济、社会文化、科学技术、人口及自然环境等。它主要以间接的形式，以微观营销环境为媒介作用于旅游企业的市场营销行为，在特定场合，也可直接影响企业的营销活动。

微观环境是指与旅游企业营销活动直接相关的各种参与者，主要包括旅游供应者、旅游中间商、顾客群、竞争者、社会公众及旅游企业内部影响营销协作的各部门。微观环境往往与旅游企业有着直接的经济联系，影响着企业为目标市场服务的能力。构成旅游企业营销微观环境的各种制约力量存在于企业周围，与企业形成协作、竞争、服务、监督的关系。旅游市场营销工作的成功，不仅取决于能否适应客观环境的变化，还取决于能否适应和影响微观环境的变化。

旅游市场营销的宏观环境和微观环境虽然分别存在于不同的空间范围，但是两者在旅游整体市场营销活动中缺一不可。微观环境受制于宏观环境，微观环境中的所有因素均受到宏观环境的各种力量和因素的影响。企业为实现自己的营销目标，最大限度地满足消费者的需求，必须千方百计地将微观可控因素与宏观不可控因素协调起来。这种协调必须通过充分发挥旅游企业的营销能动性，恰当地运用旅游市场营销的可控因素，自觉地适应客观环境的要求来实现。这种以旅游市场营销的可控因素主动自觉地适应不可控因素的过程，便是旅游市场营销环境动态平衡的过程。可见旅游市场营销的宏观、微观环境是相互协调和相互适应的关系。这种协调与适应的目的是更好地满足目标市场消费者的需求，实现旅游企业整体市场营销的可持续发展。

2.长期环境和短期环境

按照环境对企业营销活动影响的时间划分，可分为长期环境和短期环境。

一般来说，长期环境是指对旅游企业营销活动的影响时间在一年以上的环境；短期环境是指对旅游企业营销活动的影响时间在一年以内的环境。

（二）旅游营销环境的特征

旅游营销环境是一个多因素、多层次且不断变动的综合体，其特点主要有以下几个方面。

1.客观性

旅游企业的营销活动不可能脱离它所处的环境而发生，只要从事营销活动，就会受到各种因素的制约。旅游企业在从事市场营销活动时，虽然能认识、利用营销环境，但无法摆脱各种环境因素的影响和制约，也无法控制营销环境。因此，旅游企业必须随时准备应付所面临的各种客观存在的挑战并把握环境变化带来的机遇。

2.多样性和复杂性

旅游市场营销环境中涉及很多因素，比如有宏观环境中的政治法律因素、经济因素、社会文化因素、人口因素等，也有微观环境中的竞争者、供应商、顾客群等，还包括企业自身内部的诸多因素。这些因素对旅游企业营销活动的影响比较全面，影响的方式也不同。

3.关联性

旅游市场营销环境中的因素虽然众多，但是各个因素并非彼此孤立，而是相互依存、相互影响、相互制约。这些因素对于旅游企业营销活动所产生的影响不仅是单个因素的作用，而且是各种相关因素综合影响的结果。所以，在分析旅游企业的营销环境时，不能只关注单个因素的影响，还要重视各个因素的综合影响。

4.差异性

旅游营销环境的差异性主要体现在两个方面：其一，不同的旅游企业受不同环境的影响；其二，同样的环境因素，对不同旅游企业的影响不同。由于环境因素的差异，旅游企业必须采取不同的营销策略才能应对和适应这种情况。例如，中国酒店行业曾受亚洲金融危机的影响出现了全行业亏损，很多酒店为了争取客源纷纷采取了低价竞争的策略，酒店行业效益整体下滑，而凯莱国际酒店集团率先采用现代价值竞争的手段，提供额外的服务项目，以物超所值的产品和服务赢得了消费者的信任，有效地提高了企业的经济效益。

5.不可控性和可影响性

对于旅游市场营销环境中的大多数因素，旅游企业都只能适应而无法改变，至少在短时间内是如此。例如，旅游企业无法从整体上去改变旅游者的消费偏好，无法大幅度提升旅游消费者的支付能力等。

一般来说，对于旅游市场营销环境的宏观因素，单个旅游企业是根本无法控制的，只能在很小的程度上对某些方面进行影响。而对于微观环境中的外部因素，旅游企业也是不能控制的，只能积极进行引导，或在一定程度上对其进行影响。旅游企业能够控制的只有微观环境中的内部因素。旅游市场营销环境虽然不可控制，但是并非对这些因素完全无能为力。例如，可以向政府提出请求，出台相关政策约束行业中的不正当竞争行为，或惩戒旅游者的不文明行为；也可以通过广告和宣传树立更加光明的旅游形象，从而提升旅游者的关注度。

6. 难预测性

旅游市场营销环境中的很多因素企业都无法控制，因为它们的发展变动又受到其他很多因素的影响，所以往往难以预测它们的变动。例如，自然灾害的发生会影响旅游景区的经营，而自然灾害多数无法预测；虽然经济发展中存在的一些问题企业可以掌握，但是却往往难以预测经济危机的发生。

（三）分析旅游市场营销环境的意义

（1）分析旅游市场营销环境有利于旅游企业制定正确的营销策略。营销环境是旅游企业营销活动的制约因素，营销活动依赖于这些环境才能正常进行。正确认识营销环境可以为旅游企业正确细分市场、选择目标市场提供依据，有助于旅游企业发现市场机会、避免风险，从而制定恰当的市场营销策略。

（2）分析旅游市场营销环境可以充分调动旅游企业的主观能动性。虽然旅游企业市场营销活动必须与其所处的环境相适应，但是营销活动绝非只能被动地接受环境影响，营销管理者可以采取积极、主动的态度能动地适应这些营销环境。通常，市场环境中存在着有利因素和不利因素，前者称为机会，后者称为威胁。在对待这些机会和威胁时，旅游企业可以充分发挥主观能动性，采取相应的措施应对。

（3）分析旅游市场营销环境是旅游企业生存和发展的重要保证。旅游企业的生存和发展依赖于它与环境的适应程度，营销者的任务就在于及时关注并研究旅游企业内外部营销环境的变化趋势并识别由此带来的机会和威胁。通过对营销环境的调研和分析，不失时机地抓住机会、减少威胁，并据此不断地调整自己的营销目标和营销策略，迎接挑战，才能生存和持续发展。

二、旅游营销宏观环境分析

旅游营销宏观环境主要包括政治法律、经济、社会文化、科学技术、人口、自然环境等。每个旅游企业都处于这些宏观环境因素的包围之中，不可避免地受到其制约和影响。这些宏观因素和发展趋势为旅游企业的发展提供了机会，同时，也对旅游企业的生存构成威胁。

（一）政治法律环境

旅游企业的营销活动都是在一定的政治法律环境下进行的。旅游业的发展不仅与本国的政治法律环境相关，而且与客源国的政治法律环境密切相关。政治法律环境是由法律、政府机构和在社会上对各种组织及个人有影响和制约作用的压力集团及法律构成的，政治因素调节着旅游企业营销活动的方向，法律则为旅游企业规定旅游营销活动提供行为准则。政治与法律相互联系，共同对旅游企业的旅游市场营销活动发挥影响和作用。政策法律的干预手段会影响居民的旅游需求，同时影响旅游企业的营销手段。

1. 政治环境

政治环境是指给旅游企业市场营销活动带来或可能带来影响的外部政治形势和状况，一般可分为国内政治环境和国际政治环境。政治环境引导旅游企业营销活动的方向，稳定的政局会给旅游企业营销活动带来积极作用，而动荡的政局则会导致社会秩序混乱，旅游业会受到严重影响。这方面的内容主要有政治局势、国家有关政策和国与国之间的关系等。

（1）政治局势。政治局势是指一国政局的稳定程度，如与邻国的关系、边界安定性、社会安定性等。政治不稳定会构成企业的政治风险，长期稳定的政局可以为旅游业发展创造良好的环境。例如，2023 年在北京举行的第三届"一带一路"国际合作高峰论坛，峰会主旋律为"高质量共建'一带一路'，携手实现共同发展繁荣"。非洲各国都以这次峰会为契机，高质量共建"一带一路"，为中非全面战略伙伴关系注入新动力。在这种形势下，此次峰会就带来了很多新的教育、贸易、文化、旅游等各方面的合作机会。

（2）国家有关政策。国家有关政策对旅游企业的发展产生重要的影响。企业必须要在政策的框架内开展经营活动，在一定程度上，国家的政策会抑制或刺激旅游产业的发展，从而影响旅游企业市场营销活动的方向。比如，国家执行"黄金周"高速公路免费的政策，就刺激了居民旅游的欲望，影响了旅游企业的营销手段，拉动了旅游消费。

（3）国与国之间的关系。旅游目的地国家与客源地国家之间关系的好坏，直接影响着旅游营销效果的好坏。国之交在于民相亲，民相亲在于人来往。2015 年，全国旅游工作会议明确提出了"旅游外交"。"旅游外交"已经成为新时代中国特色大国外交的重要组成部分，并拉开了中国与相关国家互办、共办"旅游年"的序幕，创立了以旅游活动支持国家外交大局的新模式。中俄、中美、中印、中韩、中澳、中瑞、中丹、中哈、中国—中东欧、中国—东盟、中国—欧盟、中国—加拿大等多个"旅游年"相继举办。

2. 法律环境

法律环境主要是指国家有关部门及地方政府颁布的各项法律、法规和规章等，特别是有关经济、旅游立法。经济立法的目的是维护经济秩序、保护竞争、保护消费者的利益、防止环境污染。从 1979 年以来，我国陆续制定和颁布了不少法令，和旅游企业营销直接有关的有《中华人民共和国环境保护法》《中华人民共和国专利法》《中华人民共和国商标法》《中华人民共和国广告法》《旅行社条例》《旅游投诉处理办法》《导游人员管理条例》《中华人民共和国外商投资法》等。

案例：携程旅游"花式"自救与复苏

（二）经济环境

旅游市场营销的经济环境是影响旅游企业营销活动的主要宏观环境因素，包括国内生产总值、经济增长幅度、个人收入状况、外贸收支状况等。

1. 经济发展

（1）国内生产总值。国内生产总值（Gross Domestic Product，GDP）是指在一个季度或一年，一个国家或地区的经济中所生产出的全部最终产品和劳务的价值。人均国内生产总值（Real GDP per capita）是一个国家或地区在一定时期内（通常为一年）所生产的最终产品和劳务的市场价值，按人口平均计算的值。它是衡量一个国家或地区经济发展水平和富裕程度的重要指标，常用于国家或地区间的比较。

世界旅游组织研究表明，根据人均 GDP 发展水平，旅游大致可划分为观光游、休闲游及度假游三个发展阶段。当人均 GDP 超过 1 000 美元时，旅游行业将进入观光游为主发展阶段；当人均 GDP 达到 2 000 美元时，休闲游将获得快速发展；当人均 GDP 超过 3 000 美元时，旅游出现爆发性需求，旅游方式以度假游为主；当人均 GDP 超过 5 000 美元时，则其旅游发展水平将进入成熟的大众休闲度假旅游经济时代，休闲需求和消费能力日益增强并出现多元化趋势。我国 2011 年就进入到旅游发展的大众休闲度假游需求爆发阶段。

（2）经济增长幅度。经济增长幅度对人们的收入及盈利预期会产生直接影响，同时，也会影响企业的盈利水平，进而对旅游的总量规模和结构层次产生影响。例如，由于美国经济增长减缓，世界著名某投资银行和市场分析家大卫·所罗门把他对亚洲各航空公司在某年对未来两年中的盈利预期调低了 17%。其中，中国国泰航空公司的盈利预期被减少 16%，新加坡航空公司被降低 4%，泰国国际航空公司被降低 7%。

2. 消费者收入与消费结构

（1）个人收入状况。经济条件是人们进行旅游活动的必要条件之一。个人收入，尤其是个人实际可自由支配收入，更是决定旅游购买者购买能力的决定性因素。据统计，在经济发达国家中，每个国民的旅游支出约占个人收入的 1/4。因此，个人收入是衡量当地市场容量、反应购买力高低的重要尺度。一般来说，高收入的旅游者往往比低收入的旅游者在旅游过程中的平均逗留时间长、花费高。不同收入的旅游者选择的旅游活动类型、购买的旅游产品也有很大差异。

恩格尔系数是衡量一个国家、地区、城市、家庭生活水平高低的重要参数。恩格尔系数是食品支出与家庭消费总支出的比率，即恩格尔系数 = 食品支出金额 / 家庭消费支出总金额。恩格尔系数越小，食品支出所占比重越小，表明生活越富裕，生活质量越高；恩格尔系数越大，食品支出所占比重越大，表明生活越贫困，生活质量越低。由此可见，随着经济的发展和人们生活水平的提高，旅游消费支出占家庭消费总支出的比重是一个逐步提升的过程，而恩格尔系数则呈现反方向变化。

（2）外贸收支状况。国际贸易是各国争取外汇收入的主要途径，而外汇的获得又会决定一国的国际收支状况。当一国的国际收支出现逆差时，会造成本国货币贬值，使出国旅游价格变得高，这时旅游客源国政府会采取以鼓励国内旅游代替国际旅游的紧缩政策。如美国 1985 年外贸赤字达 1 000 多亿美元，财政赤字达 2 000 多亿美元，为此，美国参议院批准自 1986 年起购买国际机票征税。相反，当国际收支大幅度顺差时，本国货币升值，出国旅游价格就降低，这时旅游客源国会放松甚至鼓励国民出国旅游并购买外国商品。

（三）社会文化环境

社会文化环境是指由社会地位和文化素养的长期熏陶而形成的生产方式、价值观念和行为准则，是一个社会的教育水平、语言、宗教与民族特征、风俗习惯、价值观、人口、社会组织等的总和。教育水平不仅影响人们的旅游水平，而且影响旅游企业的市场调研与促销方式。掌握当地语言，易于人们的感情沟通，对营销活动十分有利。宗教与民族影响着人们的价值观、行为准则与认识事物的方式，从而影响着人们的消费行为。风俗习惯对消费方式影响重大。此外，价值观念、审美观念、人口、家庭规模、生活方式及社会团体的行为等都对旅游企业的营销产生直接和间接的影响。

微课：旅游营销社
会文化环境分析

社会文化渗透于所有的旅游市场营销活动中，而旅游市场营销活动又处处蕴含着社会文化。如旅游市场营销对象的思想文化，表现为消费者的教育水平、宗教信仰、价值观念、审美观念等对生活方式、消费习惯、消费需求的影响；又如旅游市场营销主体的营销方式、营销成果也是社会文化的具体体现，社会文化贯穿旅游营销活动的始终。旅游消费者和营销者的文化水平往往决定旅游营销的成败。有些国家，尽管人口和经济收入相近，但旅游市场情况可能有很大差别。这种差别很大程度反映在社会文化方面。因此，旅游营销必须适应社会文化因素，并随社会文化因素的变化而变化。反映在具体的旅游营销活动中，特别是开展国际旅游营销活动中，旅游企业不能以本国、本地文化为参照，而要自觉地考虑异国、异地社会文化的特点，使旅游营销与社会文化因素之间互相适应。例如，一个漂亮女性形象的广告，在许多国家都可以被接受，但在伊斯兰教国家却会遭到抵制，在某些中东国家甚至无法进行电影、电视广告宣传。

（四）科学技术环境

影响人类前途最大的力量是科学技术。当前世界科技发展迅猛，呈现出新的趋势和特点，主要表现在以下三个方面。

（1）科学技术推动旅游市场发展，如交通技术的飞速发展使旅游者的出行更加便捷，旅游需求量也随之增加。

（2）新技术的发明和应用，给旅游企业开发新产品创造了条件，增加了旅游供给产品的吸引力，提高了旅游服务水平和质量，提高了服务效率和服务的准确性，也给旅游企业创造了新的市场，带来了新的消费利润。如声控技术和光学技术在旅游人造景观上的运用，强化了模拟功能，增加了旅游景点对旅游者的吸引力，刺激了旅游需求量的增加。但同时也给老产品构成了威胁，给旅游企业带来了生存危机。例如，互联网的出现，弱化了旅行社的代理功能，使不少旅行社面临生存危机。

（3）科学技术改变了人们的生活方式。例如，携程、去哪儿、同程、途牛等在线旅行社（Online Travel Agent，OTA）携互联网技术闯入传统旅游业，为旅游者提供实时旅游资讯查询和机票、酒店、旅游线路的快捷预订，为旅游者带来前所未有的旅行便利。互联网+、大数据、云计算、物联网、虚拟现实（Virtual Reality，VR）、增强现实（Augmented Reality，AR）、混合现实（Mixed Reality，MR）、人工智能等科学技术已经渗透到旅游行业，正在不知不觉中改变旅游业的今天，推动着旅游业的创新与发展。

（五）人口环境

旅游市场是由具有购买欲望和购买能力的人所构成的。旅游企业市场营销活动的最终对象是旅游者。人口环境主要包括以下内容。

1. 人口规模

人口规模决定着市场容量的大小，人口数量与市场容量和消费需求通常成正比。但是，人口规模过度增长也会影响经济的发展并使购买力下降，进而限制旅游企业的发展。从世界总人口与国际旅游人次的变化来看，随着世界总人口的增加，国际旅游人次也呈现不断增长的趋势。

2. 人口分布

从人口地域分布与旅游市场的关系看，随着地理距离的增大，旅游费用和时间逐渐增多，客源逐渐衰减。远距离会给出游造成一定的阻碍，但从另一方面看，"距离产生美"，远距离有时候也会产生较强烈的吸引力。例如，海南的居民选择旅游目的地比较倾向于西北或东北地区，很少选择沿海的度假型城市。

3. 人口结构

人口结构主要是指性别结构、年龄结构、职业结构、家庭结构。这些因素从不同方面对人产生不同的影响，导致其旅游市场需求呈现明显差异。例如，在选择旅游产品时，女性较多选择性价比高的旅游产品，而男性更多考虑体验感或产品品质，对价格却不太看重；儿童向往儿童乐园，而老年人则倾向节奏舒缓、体力消耗小的旅游活动。

4. 其他因素

其他因素包含健康状况、受教育程度等。健康状况不同的旅游者对交通工具、住宿设施等的要求有很大差异。例如，有很多旅行社推出类似于疗养旅游、抗衰老之旅、糖尿病康复之旅、抗癌之旅的旅游产品。随着受教育程度的提高，大众对精神生活的追求也有明显提升，从而对旅行要求也有所不同。

（六）自然环境

世界各国不同的自然环境，如地形、气候、自然资源、环境状况等都对旅游企业的营销活动产生影响。尤其是旅游业与自然环境存在着非常密切的关系，如自然资源、气候条件的变化均会对旅游业产生较大的影响，旅游业的开展必须以自然环境为依托。自然环境是由一些为企业营销所必需的或能受到营销活动影响的自然资源所构成。旅游者，特别是休闲度假旅游者在进行目的地选择时，自然资源是其考虑的关键因素之一。这些自然资源也是旅游活动中重要的旅游吸引物，是旅游业的重要支柱，也是旅游企业开展旅游市场营销的主要依托。

自然资源的好坏直接影响着旅游产业发展的速度，同样的，旅游产业的发展也会对自然环境有影响。例如，旅游产业的发展会导致旅游者数量的逐年增多，从而给自然资源带来不同程度的破坏，影响旅游景观的品质。为了控制污染，政府往往要求旅游企业购置高价的控制污染设备，这样就可能影响企业的经营效益，旅游企业要善于化危为机。因此，旅游企业在旅游项目的开发上，应着力推出具有环保作用的生态游、低碳游、慢旅游等，开发和销售绿色产品；在开展旅游活动时还应当加强对旅游者的环保教育，倡导循环利用资源，减少一次性物品的使用等，增强旅游者的环境保护意识，使经济效益和环境效益相结合，保持人与自然环境的和谐，不断改善人类的生存环境。

 分享点评

我国旅游业迎来发展新机遇

随着国内经济的稳步发展和人们生活水平的不断提升，旅游业已经成为我国重要的经济支柱产业之一。近年来，我国旅游业迎来了新的发展机遇，这既是对我国旅游资源的深度挖掘和整合，也是对旅游产业的全面升级和提质。

政策的扶持与引导为旅游业的发展注入了强大动力。国家出台了一系列政策措施，支持旅游业创新发展，如加大旅游基础设施建设投入，优化旅游公共服务体系，推动旅游与文化、体育、农业等产业的深度融合。河南某旅行社也表示这些政策不仅为旅游业的快速发展提供了有力保障，也为旅游企业提供了广阔的市场空间和发展机遇。

随着人们生活水平的提高，旅游已经成为人们休闲娱乐的重要方式。特别是近年来，随着旅游消费观念的转变和旅游方式的多样化，越来越多的人选择出游，旅游消费呈现快速增长的态势。这为旅游企业提供了更多的发展机会，也推动了旅游产业的持续繁荣。

同时，科技创新也为旅游业的发展提供了新的动力。随着互联网、大数据、人工智能等技术的广泛应用，旅游业正在经历一场深刻的变革。这些技术不仅为旅游企业提供了更加便捷、高效的营销手段和服务方式，也为旅游者提供了更加个性化、智能化的旅游体验。科技创新正在不断推动旅游业的转型升级和提质增效。

旅游业的发展还面临着一些挑战和问题。例如，旅游资源的过度开发和不合理利用、旅游市场的无序竞争和游客权益保护等问题仍然存在。因此，需要进一步加强旅游业的监督和管理，推动旅游业的可持续发展。

（资料来源：搜狐网，2024年5月30日）

点评：从上述案例中可以看出，政府的政策扶持与引导、科技创新为旅游业的发展注入了强大动力，同时，旅游消费需求的不断增长也推动旅游业的可持续发展。可见，旅游市场营销环境极大地影响了旅游行业的发展。

三、旅游营销微观环境分析

旅游营销微观环境是与旅游企业市场营销活动直接发生关系的具体环境，是决定旅游企业生存和发展的基本环境，主要由旅游企业内部环境、旅游中间商、旅游供应商、顾客群、竞争者和公众六大要素构成。

（一）旅游企业内部环境

旅游企业市场营销活动的进行不是孤立的过程，它要与自身内部的诸多职能部门如董事会、财会、采购、客房、餐饮、娱乐等部门的工作紧密联系和相互配合。因此，旅游企业自身内部环境的优劣，反映了一个旅游企业应对激烈竞争和适应市场变化与环境变化的能力。旅游企业的内部环境由企业组织结构、企业文化、企业资源等组成。

企业组织结构主要是指企业管理系统和操作系统的具体组织形式，包括企业所有制形式、职能部门结构、部门的人员结构、管理结构的设置、投资与经营管理的权责等方面。企业组织结构是企业这个有机体的"骨架"，是从事市场营销工作的基础和依托。

企业文化是企业内部生产关系的外在表征，包括企业职工共有的信念、期望和价值观，企业法人的形象，企业内部管理的规章制度，领导与职工的关系等方面。企业文化是企业这个有机体的"大脑"，它决定或影响企业的组织结构和企业资源的开发利用。

企业资源是企业的人力、物力、财力和各种管理技术与管理能力的总和，它是企业这个有机体的"血液"，影响市场营销工作的可进入性和效率。

微课：旅游营销旅游中间商分析

（二）旅游中间商

旅游中间商是指在旅游生产者与旅游者之间参与商品流通业务，促使买卖行为发生和实现的集体或个人。它包括经销商、代理商、批发商、零售商、交通运输公司、营销服务机构和金融中间商等。这些旅游中间商一方面要将有关产品信息告知现实和潜在的旅游者；另一方面又要帮助旅游者克服空间障碍获得旅游产品。

旅游中间商购买旅游产品的目的主要是在转卖过程中获取利润。因此，旅游中间商对产品的市场行情非常了解。另外，他们从获利角度出发，每次批量很大，所以，对购买力市场的需求情况很熟悉。在旅游业，旅游中间商是一批旅游专门人才，他们的工作人员一般都受过旅游的专业训练，懂业务、有经验、最了解市场，也能掌握消费者的心理。他们能够给旅游者提供最有价值的信息，帮助旅游者选择最理想的旅游产品。这些特点决定了中间商对旅游产品的挑剔性，但从某种意义上来说，旅游中间商可以帮助旅游产品供给者提高产品的质量。另外，通过旅游中间商进行市场调研、促进销售、开拓市场、洽谈业务、资金融通和风险承担，可以使旅游企业节约费用，降低风险、成本和售价，提高旅游企业的竞争力和市场渗透力，提高市场覆盖率和市场占有率，更好地满足目标市场的需求，提高经济效益，实现旅游企业的营销目标。

（三）旅游供应商

旅游供应商是指向旅游企业及其竞争者提供旅游产品生产所需资源的企业和个人。其包括提供能源、设备、劳务、资金等。旅游供应商所提供产品和服务的质量决定着旅游企业最终向旅游者提供产品和服务的质量、成本和利润，进而影响旅游企业营销目标的实现。例如，对旅游饭店来说，其供应商主要有旅游用品商店、水电部门、公安部门、卫生部门等；对旅行社来说，它的供应商就是旅游景区、交通部门、宾馆、饭店等相关企业。一般来说，旅游企业对旅游供应商的影响可以通过产品订购的稳定性、及时性、质量的一致性等保证。例如，携程旅行网与全球 234 个国家和地区的 34.4 万多家酒店，国内、国际各大航空公司，近 20 家海外旅游局和 16 家国内旅游局等上下游资源方进行深入合作，还与超过 300 家金融机构和企业事业单位达成合作，是同业与异业合作的典范。其经营理念就是秉承以客户为中心的原则，以团队间紧密无缝的合作机制，以一丝不苟的敬业精神、真实诚信的合作理念，建立多赢的伙伴式合作体系，从而共同创造最大价值。

（四）顾客群

1. 个体购买者

个体购买者是指旅游产品和服务的直接消费者，包括观光旅游者、度假旅游者、商务旅游者、会议旅游者等，其旅游目的是满足个人或家庭的物质和精神需要，这种顾客一般属于散客。旅游市场营销活动要根据个体消费者购买行为的特点，设计各种档次、各种类别、各种特色的旅游产品以适应不同层次消费者的需求。

2. 组织购买者

组织购买者是指企业或机关团体组织为开展业务或奖励员工而购买旅游产品和服务的购买者，如企业为创建企业文化组织员工假日出游而购买旅游产品。组织购买者应是旅游市场营销的重要目标市场。虽然组织购买者数量少，但是购买的规模比较大，如单位在宾馆会议室召集所属下级单位开会用餐，一次性购买量就比散客大很多。另外，由于单位购买的目的是为公不是为私，属于生产性消费，费用由单位承担，在价格上不像散客那么注重，所以组织购买者对旅游商品和服务的需求受价格变动的影响较小。在这种情况下，旅游企业如抓住某组织各部门出游业务，其效益就比较可观。但经营组织旅游，一定要注重旅游产品的质量，质量的好坏决定了活动组织的成败，营销时要注重对旅游产品质量、档次的强调。

（五）旅游竞争者

旅游企业在市场营销过程中，不仅要密切注意购买者行为，还要十分重视对竞争者行为的研究。对一个企业来说，一定时期内所表现出的大容量的市场需求，常常会由于大量竞争者的蜂拥而入，使市场变得相对狭小，甚至消失；本企业的市场供应，也常常由于竞争者推出了相似或更优的产品而不能取得相对优势，甚至竞争失败。可见，企业对竞争对手进行辨认和跟踪，并采取相应的竞争策略十分必要。从购买者决策过程的角度分析，任何一个企业在向目标市场提供服务时，都有可能遇到以下四种竞争者的困扰。

微课：旅游营销
旅游竞争者分析

1. 愿望竞争者

愿望竞争者（Desired Competitors）是指向消费者提供与本企业不同类型产品，以满足消费者其他需要的产品供应者。每个理性的消费者都有许多需要和欲望，只有认识到这些需要与欲望的存在，并感受到迫切时才会考虑购买问题。但在一定时期内，每个消费者的实际购买力相对于其尚未满足的需要与欲望而言总是有限的，因而无法同时满足所有的需要和欲望。于是，一个消费者想要满足的需要与欲望由于经济条件和其他因素的制约，在客观上形成一个按轻重缓急排列的购买阶梯。例如，某消费者，迫切感到要买代步工具，不得不暂时放弃也很需要的买衣服的想法。这样，本来素不相干的代步工具与衣服的生产者、经营者之间，就在实际上由于消费者的这一抉择而形成了一种竞争关系，彼此成为对方的消费者购买愿望的竞争者。

2. 一般竞争者

能向消费者提供与本企业不同品种的产品，争夺满足消费者同种需要的产品供应者，称为一般竞争者（Generic Competitors），这是一种平行的竞争关系。例如，某消费者，在经过一段时间的紧张工作之后，迫切想要外出旅游，这样便使不同特色的旅游目的地（如山岳型、海岸型等）为满足其旅游的需要而形成一般竞争者的关系。

3. 产品形式竞争者

能向消费者提供与本企业产品不同形式的产品，争夺满足消费者的同种需要的产品供应者，称为产品形式竞争者（Product-form Competitors）。即各个竞争者产品的基本功能相同，但形式、规格、性能等不同。例如，消费者到达某个旅游目的地之后，需要解决住宿问题，这样不同档次的酒店之间便形成了产品形式竞争者的关系。

4. 品牌竞争者

能提供与本企业性能几乎相同但品牌各异的产品供应者，称为品牌竞争者（Brand Competitors），也称为"企业竞争者"。这是企业最直接而明显的竞争对手。这类竞争者的产品内在功能和外在形式基本相同，但品牌不同。例如，某外国旅游者来我国旅游，欲住五星级酒店，这样，便使能提供五星级服务的酒店（如假日、希尔顿等）之间形成品牌竞争。

虽然每个旅游企业都可能遇到这四类竞争者，但是在实际进行竞争决策时，往往只能把目光集中于主要对手。一般来说，企业应优先考虑对付品牌竞争者，它构成的威胁最大；其次考虑解决产品形式竞争者带来的问题；再次考虑企业与一般竞争者之间的矛盾；最后，考虑与愿望竞争者之间的关系。这样，有利于把握竞争重点，缩短战线，集中优势力量获取竞争胜利。

（六）公众

公众对旅游市场营销活动的成败产生实际的或潜在的影响。企业的生存和发展依赖于良好的公众关系和社会环境，"得道多助，失道寡助"。旅游企业营销所面对的公众，是指对实现企业目标有显现或潜在利害关系和影响力的一切团体、组织与个人。旅游企业所面临的公众主要包括以下七类。

案例：乐游旅游：乡村振兴，公益助学

1. 融资公众

融资公众是指影响旅游企业获取资金能力的财务机构，包括银行、投资公司、保险公司、信托公司、证券公司等。

2. 媒介公众

媒介公众主要是指报社、杂志社、广播电台、电视台、出版社等大众传播媒介。

3. 政府公众

政府公众是指负责管理旅游企业的业务和经营活动的有关政府机构，如旅游行政管理部门、市场监督管理、税务、卫生检疫、司法、公安、政府机构等。

4. 群众团体

群众团体主要是指消费者权益保护组织、环境保护组织及其他有关的群众团体。

5. 社区公众

社区公众是指旅游企业所在地附近的居民和社区组织。

6. 一般公众

一般公众也称为一般社会公众，他们既是企业产品的潜在购买者，又是企业的潜在投资者。旅游企业应力求在他们心中树立良好的企业形象。

7. 内部公众

内部公众是指旅游企业内部的所有职工。由于旅游产品生产与消费的同一性特点，使外部顾客参与旅游服务的生产过程，旅游企业职工同时扮演生产者、销售者、推销员、服务员等多种角色。旅游市场营销的宗旨和实践是满足旅游者的需求，这需要通过企业职工高水平的服务实现，因此，在强调"外部营销"的同时，要做好旅游企业的"内部营销"工作，即通过招聘、培训、激励和沟通，使职工（企业的内部"顾客"）得到满足，真正成为企业的主人，从而更大程度地发挥他们工作的主动性、积极性和创造性。美国费城的罗森布鲁斯国际旅游公司提出"员工第一、顾客第二"（Employees Satisfaction，ES）经营管理理念的风靡，是内部营销、全员营销的最好诠释。

"村超"赛事红火 贵州文旅另类出圈

2023 年的端午期间，贵州"村超"这场民间自发组织的足球赛事迅速走红，吸引上千万网友的观看，让榕江县乃至贵州省迎来了一股体育文旅消费热潮。

据了解，"村超"的成员主要由贵州榕江县城北新区城乡接合部的三宝侗寨及其周边的村寨，他们不是专业的足球运动员，而是理发师、餐馆老板、卡车司机等，比赛的奖品也只是鸡、鸭、猪肉等农产品，大家积极参与到"村超"仅仅是源自对足球的热爱和对快乐的追求。

然而，恰恰是这种纯粹且接地气的特质让"村超"有了广泛的群众基础，再通过各个短视频平台持续让"村超"的内容在互联网发酵，直接让用户主动或被动地接收到相关信息。许多用户便会主动完成从"种草"到"拔草"的全过程，即在比赛期间前往观看比赛并深度体验当地的风土人情。在"村超"关注度日益增加时，当地文旅部门也迅速抓住机会，推出各类型旅游套餐，为游客们提供出游体验和服务。最终，这场当地农民们圈地自萌的民间体育运动变为全民参与的现象级乡村文体活动，极大程度地刺激了贵州的部分乡村的文旅消费。根据公开数据，在 2023 年端午期间，仅榕江县的旅游综合收入就达到了 4.44 亿元。

"村超"赛事成为贵州新名片的同时，贵州文旅产业也迎来了巨大的增量。端午假期期间，去榕江看一场"村超"并顺道在贵州游山玩水，成为很多外地游客的首选。在携程平台上，端午假期黔东南州度假产品订单同比增长超 150%，其中贵州的侗族大歌、非遗蜡染、长桌宴等特色民俗文化也被更多人熟知。

（资料来源：腾讯网，2024 年 1 月 17 日）

课堂讨论： 从旅游营销环境的宏观、微观两个方面分析贵州"村超"赛事另类出圈的原因。

任务二　旅游市场营销调研

据统计，2023 年，国内出游人次 48.91 亿，比 2022 年同期增加 23.61 亿，同比增长 93.3%。其中，城镇居民国内出游人次 37.58 亿，同比增长 94.9%；农村居民国内出游人次

11.33 亿，同比增长 88.5%。分季度看，其中一季度国内出游人次 12.16 亿，同比增长 46.5%；二季度国内出游人次 11.68 亿，同比增长 86.9%；三季度国内出游人次 12.90 亿，同比增长 101.9%；四季度国内出游人次 12.17 亿，同比增长 179.1%。

国内游客出游总花费 4.91 万亿元，比 2022 年增加 2.87 万亿元，同比增长 140.3%。其中，城镇居民出游花费 4.18 万亿元，同比增长 147.5%；农村居民出游花费 0.74 万亿元，同比增长 106.4%。

（资料来源：中华人民共和国文化和旅游部，2024 年 2 月 9 日）

**课堂讨论**

结合案例谈谈旅游数据的调研和统计的价值。

一、旅游市场营销调研概述

（一）旅游市场营销调研的定义

美国"现代营销学之父"菲利普·科特勒将"市场营销调研"定义为：企业系统设计、收集、分析和提出数据资料以及提出与公司所面临的特定的营销状况有关的研究结果。

美国市场营销协会 1960 年将"市场营销调研"定义为：系统收集、记录和分析有关产品及服务的营销问题信息。

根据以上有关"市场营销调研"的定义，将"旅游市场营销调研"定义为：在一定的市场营销条件下，旅游企业运用科学的方法，系统地、客观地收集、整理、分析有关营销信息，并得出与该旅游企业所面临的特定营销状况有关的调研结果的活动过程。

（二）旅游市场营销调研的原则

1. 客观性原则

营销调研人员自始至终应保持客观的态度，不允许凭上级或调研人员的主观臆断、偏见、隐瞒事实或夸大事实。为保证调研结果的客观性，旅游调研人员应当以一丝不苟的工作作风，采用科学的方法设计方案、界定问题、收集数据、分析数据，从中提取有效的、相关的、准确的、可靠的、有代表性的信息资料。

2. 及时性原则

旅游市场环境瞬息万变，调研人员要及时捕捉信息，若拖延时间，则根据收集资料得出的调研结果就失去了价值，不能对旅游企业决策体现应有的参考价值。

3. 经济性原则

在进行旅游市场调研时，要明确目的，有针对性地开展工作，避免浪费人力、物力和财力，尽量用少的花费取得相对满意的效果。

（三）旅游市场营销调研的意义

1. 旅游市场营销调研是旅游企业科学制定营销策略的基础

旅游企业营销策划活动是在对外部环境、旅游者、竞争对手充分认知的基础上展开的。因此，旅游市场营销调研工作是旅游企业进行市场研究的有效手段，是旅游企业科学制定营销规划的基础，也是旅游企业市场营销活动的开端，能够帮助营销者认清市场动态。

2. 旅游市场营销调研有利于优化营销策略

在旅游市场营销调研的基础上，旅游企业能够充分认知外部环境、旅游者、竞争对手，综合理解调研结果，能有效地规避营销风险，做出有利于旅游企业的营销策略调整。

3. 旅游市场营销调研有利于发现新的市场机会

在旅游市场营销调研的基础上，旅游企业积极利用外部环境因素，能够规避强大的竞争对手，发现旅游者新的需求，发掘新的市场机会，并能结合自身资源优势做出有益于旅游企业发展的决策。

二、旅游市场营销调研的内容

旅游市场营销调研的直接目的是为营销决策提供现实依据，其调研内容与营销活动息息相关，主要包括以下几个方面。

（一）旅游市场营销环境调研

旅游市场营销环境调研是指对旅游企业或旅游业运行的外部大环境的调研，其目的是通过调研帮助营销决策者了解旅游企业经营环境的性质。营销环境的调研主要包括政治法律环境调研、经济环境调研、社会文化调研、技术发展状况调研、自然环境状况调研等。

1. 政治法律环境调研

政治法律环境调研是对旅游企业所在国家的政策、法令及政治形势的稳定程度等方面的调研。其包括国家的有关方针政策、制度体制、法律法规等。

2. 经济环境调研

经济环境调研主要是调研旅游企业所处的经济环境及可能对旅游企业造成的影响。其包括综合经济指标、工商农业、财政、金融、基础设施、国内生产总值（Gross Domestic Product, GDP）、产业结构、人口结构等方面的情况。

3. 社会文化调研

社会文化调研主要是调研旅游企业所处的社会文化环境及其可能对旅游企业造成的影响。其包括社会生活方式、风俗习惯、宗教信仰、价值观、教育水平等。

4. 技术发展状况调研

技术发展状况调研主要是调研与旅游企业生产和服务相关的技术水平及未来发展趋势，同时，还应了解同质产品与服务的技术水平，包括新发展、新发明、新创造、新技术、新工艺、新产品开发情况等。

5. 自然环境状况调研

自然环境状况调研主要是调研旅游企业所在地区的自然环境。其包括区位条件、自然资源、气候、交通，以及人口分布、数量、结构等。

（二）旅游市场需求调研

旅游市场需求调研是旅游市场营销调研的核心部分，通过对特定旅游需求的定量分析，帮助营销决策者有针对性地调整企业和产品的市场份额。旅游市场需求调研内容主要包括旅游者规模及构成、旅游动机、旅游行为等。

1. 旅游者规模及构成调研

旅游者规模及构成调研主要包含以下内容：

（1）经济发展水平与人口特征；

（2）收入与闲暇；

（3）旅游者数量（旅游者国籍、年龄、性别、职业、入境方式及地区分布、民族特征等）；

（4）旅游者消费水平与构成（吃、住、行、游、购、娱等方面）及滞留时间等；

（5）旅游者对旅游产品质量、价格、服务等方面的要求和意见。

2. 旅游动机调研

旅游动机调研主要探究促使旅游者产生需求的动力来源，如身体健康、文化、交际、地位与声望等。

3. 旅游行为调研

旅游行为调研主要包括客源地旅游者何时旅游、去何地旅游、由谁决策旅游及怎样旅游等。

（三）旅游市场供给调研

旅游市场供给调研是一定时期内为旅游市场提供的旅游产品或服务的总和。对其研究是为了明确旅游企业及竞争对手的总销售量所占比例，主要包括旅游容量、旅游企业形象、旅游吸引物、旅游设施、旅游目的地的可进入性、旅游服务状况等方面的信息。它是旅游企业了解市场竞争状况、发现市场潜力的主要依据。

（四）旅游竞争者调研

旅游企业要在市场营销中取胜，就必须对竞争对手保持高度的关注，随时掌握竞争对手的各种动向。旅游竞争者调研主要包括对竞争者的属性，各类产品的市场占有率及变动趋势，竞争对手的营销策略、售后服务的方法等进行调研。

（五）旅游市场营销策略调研

1. 旅游产品（Product）调研

旅游产品是旅游企业一切经营活动的基础。旅游产品调研主要涉及旅游产品需求的特点，旅游产品的市场占有率和销售潜力；旅游新产品的开发与组合；旅游产品的生命周期；旅游者对旅游产品的隐性需求或意见等。

2. 旅游价格（Price）调研

价格高低与旅游需求的关系密切。旅游企业必须制定正确的价格策略才能获得长久和更高的利润。价格调研包括旅游产品定价现状及变化趋势，旅游者的心理价格状态，旅游产品的供给弹性和需求弹性，替代品和互补品的供给和弹性等。

3. 旅游分销渠道（Place）调研

要提高销售的效率，降低销售费用，旅游企业必须选择合适的产品分销渠道。调研内容包括销售渠道的数量、分布和营销业绩，即销售渠道的宽度和长度；旅游中间商的业绩及对旅游产品的要求；市场上类似产品销售的权威机构等。

4. 旅游促销（Promotion）调研

营销的实质是需求管理。促销的实质是沟通信息，也就是建立起旅游企业与旅游者的良好沟通关系。旅游促销调研包括促销对象调研、促销方法调研、促销投入调研、促销效果调研、企业形象调研、公共关系调研、人员推销调研和企业推广调研等。

（六）旅游企业内部调研

旅游企业在经营管理的过程中会积累丰富、可靠的信息，这些信息能够反映企业经营的实际情况。旅游企业内部调研主要包括以下内容。

1. 销售信息

旅游企业一定时期内的旅游者数量，旅游者的平均消费水平和消费倾向等。

2. 市场定位

市场定位主要包括旅游企业形象、社会地位、服务规格及档次、软硬件设施水平等。

3. 人力资源状况

旅游企业人力资源状况主要包括职工规模、素质、工资待遇、创造力等。

4. 财务状况

旅游企业财务状况主要有资金、成本、利润等方面的信息，这是旅游企业营销必不可少的参考数据。

微课：旅游市场
调研程序

三、旅游市场营销调研的程序

有效的旅游市场营销调研分为下面五个步骤，如图 2-2 所示。

图 2-2　旅游市场营销调研程序示意

（一）确定调研项目

在旅游市场营销决策的过程中，存在很多不确定的因素，需要调研的问题很多，但是不可能通过一次调研解决所有问题，只能在其中找出最关键、最核心、最迫切、最重要的问题作为调研的主要内容。市场调研只有目标明确、内容具体、范围合理，才能取得良好的效果。旅游企业的营销人员往往根据企业的调研目的，选择适当的调研项目，确定相应的调查范围和合理的调研频率，并采取科学的调研方式和类型。

（二）制订调研计划

调研计划是旅游市场营销调研的行动纲领，它的制订需要综合考虑调研目标、企业各方面条件的制约、调研对象的特征，并需要决策者对各种调研方法和工具有深入的理解。制订调研计划是调研活动中非常关键的一个步骤。调研计划内容包括调研目的要求、调研对象、调研内容、调研地点和范围、调研提纲、调研时间、资料来源、调研方法、调研手段、抽样方案，以及提交报告的形式。资料收集应确定是收集第二手资料，还是第一手资料，或是两者兼顾。

调研机构的设置包括调研活动负责部门或人员的选择与配置。调研活动主体的选择是利用外部市场调研机构还是由企业自己进行调研。调研活动的人员选择和配置是市场调研活动成败的关键。调研计划的制订，整个调研活动的进行，取决于市场调研组织的决策者和管理者，以及调研人员的素质。所以，调查人员必须具备善于沟通的能力，敏锐的观察与感受能力，以及丰富的想象力、创造力、应变能力，还应具备基本的统计学、市场学、经济学、会计财务等知识。

选择外部市场调研机构，首先由调研活动负责人或部门，对外部调研机构进行选择，选择的标准如下：

（1）调研机构能否对调研问题进行符合目标的理解和解释。

（2）调研人员的构成，其中包括其资历、经验及任务分工。

（3）调研方法是否有效并具有创造性。

（4）过去类似的调研经验、调研事项以及调研成果。

（5）调研时间及调研费用是否与企业要求相符合。时间安排包括调研活动的起始时间、活动次数安排及报告成果的最终完成和交接时间。费用预算包括调研活动费用的预算与计划。

（三）实施调研计划

调研计划的实施包括收集信息资料、分析处理信息和得出结论三个步骤。调研计划确定后，即开始系统地收集资料和信息。对于市场调研活动来说，收集信息通常是耗时最长、花费最大且最容易出差错的过程，整个调研活动的效果与准确性、误差大小均直接与这个过程有关。这个阶段的主要任务是系统地收集各种资料包括一手资料与二手资料，有的调研仅需二手资料或一手资料，但对大多数调研活动来说两者都是需要的。一手资料可通过询问法、观察法、实验法或问卷法直接从旅游者处得到；二手资料可通过各种记录、凭证、报表、客户订单等资料，或是从政府有关部门、市场研究或咨询机构、期刊、文献等外部渠道获取。

资料收集完成后，旅游市场调研人员应对资料进行整理、分析，从资料中提取与目标相关的信息。信息分析主要有两种方法：一是统计分析方法，常用的是计算综合指标（绝对数、相对数及平均数）、时间数列分析、指数分析、相关和回归分析、因素分析等；二是模型分析法，模型是专门设计出来表达现实中真实的系统或过程的一组相互联系的变量及其关系。分析模型主要包括描述性模型和决策性模型。

描述性模型中常用的是马尔可夫过程模型和排队模型。马尔可夫过程模型可用来预测未来市场份额变化的程度和速度；排队模型用来预计顾客的消费决策与等候的关系。决策性模型中常见的是最优化模型和启发式模型两种。最优化模型一般通过微分学、线性规划、统计决策理论以及博弈理论辨别不同决策方案的价值，力求从中进行最优选择。启发式模型则应用启发性原则，排除部分决策方案，以缩短找寻合理方案所需的时间。

（四）提交调研报告

调研人员根据调查情况和分析结论写出调查报告，以供决策者参考。调研报告是调研工作的最终成果，是调研人员与营销调研结果的使用者进行沟通的主要形式。市场营销调研报告的内容和质量，决定了企业经营者据此进行营销决策的有效程度。

一般来说，调研报告可分为专题报告和一般性报告两种类型。专题报告又称为技术性报告，在撰写时应注意尽可能详细，凡在原始资料中的事实都要列入，以便其他专业人员参考。这种详细的专题报告使营销人员能够清晰地了解调研报告的适合程度及准确程度。一般性报告又称为通俗报告，广泛地适合那些只关心调研结果而对调研技术无兴趣的营销人员，如旅游企业的主管或公众。一般性报告应力求条理清晰，能吸引人，避免过多引用术语。

虽然不同的旅游组织、不同的调研机构在调研报告的格式规范或风格偏好上存在一些差异，但是每份调研报告都包括一些必要的内容，并且在结构安排上必须保证能够准确而且简洁地将信息传递给决策者。调研报告的编写要求内容客观、文字简练、重点突出、层次清晰、结论明确。其格式一般如下：

（1）引言：介绍调研项目的基本情况，简述调研目的、调研对象和过程。

（2）正文：正文是调研报告的主体部分，着重报告调研的方法、调研结果分析及对策建议。

（3）附录：附录主要用来论证和说明与正文有关的资料，如资料汇总统计表、原始资料来源、附录图表、公式及附录资料。

（五）跟踪调研

调研的结论需要付诸实践，接受实践的检验。因此，有必要进行跟踪与反馈，即对调研结果进行追踪，并及时反馈，修正原有的调研结论，以提高决策的准确性。一般来说，后续的跟踪调研活动有两个方面的内容：第一，跟进并了解调研数据和报告被使用的情况；第二，将营销调研的结果有序保存或跟进研究，从而有助于旅游企业对某些关键问题进行持续的追踪，形成系列调研。

分享点评

2023 年国内旅游市场总体情况分析报告（节选）

2023 年对旅游业来说是不同寻常的一年。全年国内旅游市场高潮迭起、活力满满、强势复苏，据文旅部数据显示及测算：2023 年，国内出游人次 48.91 亿，同比增长 93.3%；国内游客出游总花费 4.91 万亿元，同比增长 140.3%；国内出游人次和国内旅游收入分别恢复到 2019 年的 81.38%、85.69%。出入境旅游方面，据中国旅游研究院数据，2023 年我国出入境旅游人数超过 1.9 亿人次，较 2022 年增长 2.8 倍以上。

整体而言，2023 年中国旅游市场主要指标增长较为显著，以贵州、云南、河南、江苏为代表省份其旅游数据已超越 2019 年，旅游经济加速回暖，旅游业在稳增长、调结构、扩内需、促消费、增就业、强信心等方面的作用进一步彰显。

1. 国内旅游人数同比增长约 93%

2023 年是旅游行业强势复苏的一年，被压抑三年的出游需求得以释放，旅游逐步成为人们的一种生活方式，掀起国民出游新热潮。据文化和旅游部统计，2023 年，国内出游人次 48.91 亿，比 2022 年同期增加 23.61 亿，同比增长 93.3%，涨幅明显，恢复至2019 年（60.1 亿人次）的 81.38%，国内旅游市场复苏加速。

从各季度国内旅游接待人数情况来看，第三季度为传统旅游旺季，受暑期旅游热利好驱动，国内旅游人数最高（具体为 12.91 亿人次）；第一季度和第四季度基本持平，均超 12 亿人次；第二季度最低。全年来看，在文旅市场供需两旺的背景下，各季度之间的差异缩小，呈现"淡季不淡，旺季更旺"特征。与 2022 年相比，各季度国内旅游人次均有所增长，且呈现逐季递增态势，四季度增长显著，增幅高达约 1.8 倍。

从城乡划分来看，城镇居民依然是国内旅游的主要客源市场。2023 年城镇居民国内旅游人次 37.58 亿，同比增长 94.9%，占国内旅游总人次的 76.84%；农村居民国内旅游人次 11.33 亿，同比增长 88.5%，占国内旅游总人次的 23.16%。对比 2016 年至 2023 年近八年数据，2023 年城镇及农村居民出游人次均呈爆发式增长，确立了常态化发展的局势。但因行业遭受重创后市场需要一定的恢复周期、居民出游心理与行为改变等因素影响，与 2019 年相比，仍存在一定的差距。

2. 国内旅游收入同比增长 1.4 倍

2023 年，国内旅游收入（出游总花费）4.91 万亿元，比 2022 年增加 2.87 万亿元，同比增长 140.3%，增幅显著，扭转了自 2020 年以来的低迷局面。同时，与 2019 年相比，2023 年国内旅游收入恢复至 2019 年同期的 85.69%，差距明显缩小，彰显了国内旅游消费的活力与潜能。

从城乡和农村居民旅游消费看，2023 年城镇居民旅游消费 4.18 万亿元，同比增长 147.5%，占国内旅游总收入的 85%；农村居民出游消费 0.74 万亿元，同比增长 106.4%，占旅游总收入的 15%。从 2016 年至 2023 年的旅游消费数据可知，城镇居民旅游消费持续占据主导地位，城镇居民与农村居民旅游消费的差距较大，除出游人数基数差异外，还与城镇居民人均可支配收入远超农村居民人均可支配收入密切相关（2023 年全国城镇居民人均可支配收入 51 821 元，农村居民人均可支配收入 21 691 元，两者相差 30 130 元）。

3. 国内旅游人均消费约达千元，超 2019 年水平

2023 年人均每次旅游消费 1 003.88 元，比 2022 年同期增加 197.56 元，同比增长 24.5%。其中城镇居民人均每次旅游消费 1 112.29 元，同比增长 26.89%；农村居民人均每次旅游消费 653.92 元，同比增长 9.17%，城镇同比增幅高于农村。对比 2019 年至 2023 年数据可知：2023 年国内人均每次旅游消费达千元，超越 2019 年，为近五年来最高。

从具体的城镇和农村居民细分情况看：2023 年城镇居民人均每次旅游消费突破 1 100 元、农村居民人均每次旅游消费突破 650 元，城镇及农村居民人均每次旅游消费均为自 2019 年来最高。此外，依据 2024 年 2 月中国社会科学院发布的《旅游绿皮书：2023～2024 年中国旅游发展分析与预测》，旅游消费的增加以"住""吃"为核心，"购物"消费则以工艺品类、收藏纪念类和食品类商品最受青睐。

（资料来源：迈点网，2024 年 3 月 9 日）

点评：中国旅游市场的主基调将从"重塑恢复"向"创新繁荣"转变，旅游发展逐步进入由"供给迎合需求"到"供给创造需求"的新阶段。因而，对各地政府、文旅部门和文旅企业主体的"供给质量与供给创新"要求越来越高，竞争亦趋向激烈。上述分析报告从哪些方面分析了 2023 年国内旅游市场总体情况？有何重要作用？

四、旅游市场营销调研的方法与技术

（一）旅游市场营销调研的方法

根据旅游调研的目的和具体的研究目标，选择合适的调研对象，采用适当的调研方法和技术，才能获取完整可靠的信息。旅游营销人员常用的调研方法主要有文案调研法、询问法、观察法和实验法四种。

微课：旅游市场调研的方法和技巧

1. 文案调研法

文案调研法也称为间接调研法，是指通过收集旅游企业内、外部各种现有的文献资料和数据信息，也就是二手资料，从中摘取与市场调研问题有关的情报进行分析研究的一种调研方法。这种方法相对快捷和低成本。虽然所得资料可能存在内容与调研目标不一致、准确性和时效性较差等问题，但是它具有较高的可操作性，并能为收集第一手资料提供背景依据。二手资料的主要来源：旅游企业内部积累的各种资料，如旅游报刊及一些内部文件；国家机关公布的国民经济发展计划、统计资料、政策法规等，以及一些内部资料；旅游行业协会和其他旅游组织提供的资料，或旅游研究机构、旅游专业情报机构和咨询机构提供的市场情报与研究结果；旅游企业之间交流的有关资料；国内外公开出版物，如报纸、杂志、书籍上刊登的新闻报道、评论及调查报告。

　　对资料进行处理，整理出对调研问题有价值的信息是非常重要的步骤，一般采用以下方法。

　　（1）文献筛选法。根据旅游市场营销调研的目的有针对性地查找有关资料，经过分析筛选出与旅游企业市场营销相关的信息。例如，某国外旅游企业要收集近几年我国各地区旅游者出境游的情况，就可以通过中华人民共和国文化和旅游部官方网站进行旅游统计数据的查询，也可以通过《中国旅游统计年鉴》查出不同地区、不同城市旅游者出境旅游情况。文献筛选法具有查找方便、传播广泛的特点，是旅游企业获取信息的最主要来源。

　　（2）报刊剪辑法。调研人员从各种报刊中分析和收集旅游营销信息，以及时发现市场机会，争取和占领市场。信息社会突出的特点是信息量大、信息更新速度快，因此，从日常的新闻报道中很容易发现有价值的信息。

　　（3）情报联络法。旅游企业在国内外某些地区设立情报联络网，进行商业情报资料收集工作。一般由旅游企业派遣专门的调研人员在主要营销区域设立情报资料收集站，获取有关旅游市场供求趋势、旅游者购买行为、旅游产品价格等方面的信息。

　2. 询问法

　　询问法是调研人员根据拟订的调研提纲，以访谈询问的方式向被调查者了解旅游企业的一种方法。其一般包括面谈法、电话调查法、邮寄调研和网络调研四种方法。

　　（1）面谈法。面谈法适用于收集探索性数据和描述性数据，既包括人员面谈，也包括座谈询问。在进行人员面谈询问时，可以采用入户询问和拦截询问两种形式，户外调研多以拦截询问为主。

小资料

面谈调研人员的操作技巧

　　面谈调研人员要做好调研工作，要注意以下两个方面的技巧。

　1. 面谈轻松氛围的营造技巧

　　（1）了解被调研者，注意满足被调研者的心理需要。如介绍自己，简介展开调研的背景或意义。

　　（2）面谈时间最好约定在被调研者不太忙的时段，在时间上为被调研者营造轻松氛围。

　　（3）如果是个别面谈，场地最好选择在有第三者在场的场所。

　　（4）真诚关心被调研者，以交心的方式调研，才能获得真实的信息。

　　（5）与被调研者建立认同感，谈论共同熟悉的话题，用平常的语言与之交流。

　　（6）发现被调研者的优点，适度赞扬对方以获得对方的好感。

　　（7）利用人们对才华的敬仰心理，调研人员可适当展示自己的才华。

　　（8）问题不宜过多、过杂。

　2. 面谈的技巧

　　（1）在调研的过程中，调研人员要始终保持精神饱满、自信乐观，以热忱感染他人。

　　（2）精心设计访谈的开场白。

　　（3）问话的语气、措辞、方式要适合被调研者的特点。注意不要使用过于专业的调研术语，以防止对方不理解。

（4）对于被调研者的发言，应耐心、细致地领会和引导，以提高对方发言的积极性。

（5）熟练掌握各种技巧，学会采取不同的对策、策略消除被调研者的拒答或不合作。

（6）语速不宜太快，否则被调研者可能跟不上节奏。

（7）面谈时间不宜太长。

（8）时刻引导话题，以防离题太远。

（2）电话调查法。电话调查法是由旅游市场调研人员以电话为媒介与受访者进行信息交流，从而达到资料收集目的的一种调研方法。相比面谈法，电话调查法不需要与受访者面对面，可以以较低的成本和较多的受访者进行交流，操作过程简单，易于控制；但是无法判断受访者回答的真实性，容易被拒绝，且容易产生误听误答等情况。

（3）邮寄调研。邮寄调研就是把预先设计好的问卷以邮寄的形式寄出去，在一定时间段内收回问卷的方式。此方法调研范围广、成本低、信息较为真实，但问卷回收率低、回收时间长。

（4）网络调研。如今科技发达，网络平台、手机第三方应用程序（Application, App）更是方便快捷。将问卷上传至平台，通过网络平台或手机 App 填写问卷，这种方式的调研范围广，样本数量也多，而且问卷回收后还有简单的统计分析。

3. 观察法

观察法是指调研人员根据调研目标和要求，对有关对象进行观察、记录，直接收集一手资料的调研方法。在观察时，既可以耳闻目睹现场情况，也可以利用照相机、录音机、摄像机等仪器对现场情况做间接的观察，以获取真实的信息。观察法的优点是被调研者往往是在不知不觉中被观察、调查的，所收集的资料较为客观、可靠、生动、详细。但是此方法成本较高，且只能观察事实的发生，不能了解行为发生的内在因素，因此，应与其他方法结合使用。

4. 实验法

实验法是指将调研对象置于特定的环境下，通过测量外界因素变化和检测结果变化发现它们之间的因果关系的一种调研方法。此种方法适用于获取因果性调研数据，其优点是管理上易于控制、方法科学、资料真实。但由于客观市场营销环境异常复杂而严重影响实验结果的推广。

（二）旅游市场营销调研的技术

1. 抽样技术

通常旅游企业要完成一项市场调研，要么对市场总体逐一进行全面调研，要么从市场总体中，抽取一部分单位数量作为样本，根据样本信息推断总体情况而进行非全面调研。也就是说，从调研对象的范围上看，调研可分为市场普查和抽样调查。

（1）市场普查。市场普查是对全部调研对象进行逐一调查和数据收集。市场普查是一种一次性调查，其目的是把握在某一时间段、一定范围内所有调研对象的基本情况，以取得全面而准确的统计资料。如在人口统计中，经常采取的方法就是市场普查。这种方法收集的信息全面，但是耗费的时间长且工作量大。

（2）抽样调查。在营销调研中，旅游企业需要调研的总体包括数量众多的个体，若采用大规模的普查，将在时间和成本上耗费巨大。因此，在旅游市场营销的研究领域中，旅游企业大量使用的是抽样调查。抽样调查是指根据调研目标从调研对象总体中抽出一定的个体即样本，并根据样本的特征推测总体特征的一种调研方式。抽样调查具有降低成本、节约时间的优点，规模相对较小，经过精心选择的样本在很大程度上能够反映出总体的特征。

抽样方法可分为随机抽样和非随机抽样。一般情况下，在抽取同等规模的样本时，随机抽样的费用略高，而且需要较长的时间收集资料。但总体来说，两种抽样方法各有所长。在旅游市场营销调研的过程中，两种抽样方法经常被调研者使用。通常，选择何种抽样方法取决于旅游企业研究的目的、资金的制约、时间的限制及总体分布等特点。

2. 问卷技术

调查问卷又称调查表，是指以书面问答的形式了解调研对象的反应和看法，由此获得资料和信息的一种调研方式。调查问卷的设计是旅游市场调研中的一项基础性工作，直接关系到调研能否达到预期的目的。

（1）问卷结构。调查问卷是收集调研数据的一种重要工具，是调研人员根据调研目的和要求设计的，由一系列问题、备选答案、说明及编码组成的书面文件。调查问卷的结构一般包括标题、前言、正文和结束语四个部分。

（2）问卷类型。旅游市场调研问卷中的问题是核心内容，是问卷的主体，主要的问题类型有开放式问题和封闭式问题两大类。

①开放式问题是一种可以自由地用自己的语言回答和解释有关想法的问题。即问卷题目事先没有规定答案，可以自由回答，不加任何限制。使用开放式问题，调研对象能够充分发表自己的意见，活跃调研气氛，尤其是可以收集到一些设计者事先估计不到的资料和建议性意见。但在分析整理资料时由于调研对象的观点比较分散，可能难以得出有规律性的信息，并会导致调研人员的主观意识参与，使调查结果出现主观偏见。

②封闭式问题一般包括两项选择题、单项选择题、多项选择题、程度性问题等，要求调研对象选择合适的答案。两项选择题由调研对象在两个固定答案中选择其中一个，适用于互相排斥的二择一式问题。单项或多项选择题是对一个问题预先列出若干个答案，让调研对象从中选择一个或多个答案。程度性问题是当涉及调研对象的态度、意见等有关心理活动方面的问题时，通常用表示程度的选项加以判断和测定。量表应答式问题是程度性问题中经常用到的。

（3）问卷设计原则。调研问卷的设计应遵循以下几个原则。

①必要性原则：为避免调研对象在答题时出现疲劳状态，随意作答或不愿合作，问卷篇幅一般尽可能短小精练，问题不能过多。每个问题都必须和调研目标紧密联系，并需要考虑题目之间是否存在同语重复、相互矛盾等问题，否则会使调研对象因感到时间太长而敷衍了事或拒绝回答。

②准确性原则：问卷用词要清楚明了，表达要简洁易懂，一般使用日常用语，避免使用调研对象有可能不熟悉的俗语、缩写或专业术语。当涉及调研对象因有可能不太了解的专业术语时，需对其作出阐释。语言表达清晰准确，避免用"一般""大约"或"经常"等模糊性词语，否则容易误解，影响调查结果。

③客观性原则：避免用引导性问题或带有暗示性或倾向性的问题。调查问句要保持客观性，提问不能有任何暗示，措辞要恰当，避免有引导性的话语。如避免在问卷题目开始加入"普遍认为""权威机构或人士认为"等字眼。

④可行性原则：设计提问时，要考虑到调研对象的自尊，问题不应是调研对象不了解或难以答复的问题，避免涉及私人生活的、有威胁的、令人窘迫的问题。对于一些敏感问题、个人不愉快的经历或不愿真实回答的问题，应采用委婉的方式提问。在调查时，不要对任何答案作出负面反应。

⑤逻辑性原则：问题设置应紧密相关、条理清晰，体现问卷的整体感和逻辑性，所提的问题最好按类别进行"模块化"。在安排上应先易后难，从一个引起调研对象兴趣的问题开始，再问一般性的问题、需要思考的问题，而将敏感性问题放在最后。

（4）问卷设计流程。在设计调查问卷时，首先要确定调研目的、数据分析方法等因素，再确定问题类型。如为什么要调查？对哪些对象进行调查？调查需要了解什么？即要确定调查团队的调研目的、调研内容和调研对象。其次，要分析样本特征，即分析了解各类调研对象的基本情况，以便针对其特征准备问卷。调研问卷设计的流程如图 2-3 所示。

确定主题收集　明确提问方式　斟酌措辞　确定问题顺序　设计问卷结构　审查与修改　试查

图 2-3　调研问卷设计的流程

值得注意的是，一般旅游企业在开展大型调研活动前，最好预先在小范围内进行问卷测试。其目的主要是发现调研问卷中存在的歧义、解释不明确的地方，寻找封闭式问题额外选项，以及了解调研对象对调查问卷的反应情况，从而让调研团队对调查问卷进行修改与完善，以保证旅游企业问卷调查活动目标的顺利实现。

提高问卷回收率的方法

　　邮寄问卷和留置问卷都不是现场就回收问卷的方法，而是要隔一段时间再由调研人员前往回收或受访者交回问卷。这就需要想办法提高受访者回交问卷的积极性，可以使用的方法有以下几个：

　　（1）调研的问题是受访者感兴趣的问题，他们一般会希望自己的意见被看见，从而可以提高问卷的回收率。

　　（2）阐明调研能为受访者或他的相关者或整个社会带来利益，或受访者的回答对于该次调研成功具有重要的意义。

　　（3）明确约定问卷回收的时间和方式。

　　（4）明确回交问卷可以得到报酬或利益。

　　（5）由知名度较高且受人尊敬的机构主持调研。

任务三　旅游营销 SWOT 分析法

一、旅游营销 SWOT 分析法的含义

　　SWOT 分析法又称为态势分析法，是一种广泛应用的综合分析方法，一般用来全面分析旅游市场营销环境。SWOT 分析法是对企业自身情况和生存环境进行综合分析的方法，即通过对旅游企业内部环境中优势与劣势的判断，以及与旅游市场营销外部环境的机会与威胁相结合

进行综合分析，并在此基础上做出正确的市场营销战略选择。这种方法的最大特点是把企业微观环境和宏观环境结合起来考虑，明确企业自身的优势和劣势，明确其所面临的机遇和风险，从而为企业制定营销战略打下基础。

SWOT分析法广泛应用于旅游企业战略研究中。其中，S代表企业内部优势（Strength），W代表企业内部劣势（Weakness），O代表企业外部机会（Opportunity），T代表企业外部威胁（Threat）。其中，优势—劣势（SW）的组合分析是企业内部环境分析的重心，机会—威胁（OT）的组合分析是企业外部环境分析的焦点，而旅游企业市场营销战略的制定则取决于对其环境进行SWOT分析的综合结果。

二、SWOT分析法的内容

1."S"优势分析

微课：旅游市场环境的SWOT分析

旅游企业的优势主要是指能够超越竞争对手，并能更好地服务于消费者的能力或资源。这些能力和资源一般可分为两大类：一类是有形资源，包括旅游资源、地理位置、产品品质、人力资源、财力和物力等，它是旅游企业实施市场进入战略所需生产能力决策的物质基础与依据；另一类是无形资源，包括旅游产品的市场占有率、旅游产品的开发能力与技术、企业的营销能力，以及个性化的旅游服务、信息、组织、作风和企业文化等，它是企业营销活动的助推器。

2."W"劣势分析

旅游企业的劣势是指旅游企业与竞争对手相比存在的不足或弱点，这些会削弱企业服务顾客的能力。通常，旅游企业的劣势所涉及的内容一般包括老化的旅游产品和旅游线路，导游人员、服务人员对待旅游者态度恶劣，旅游景点不符合风俗习惯等。但是，当劣势被企业及时识别与控制后，就可以减少、消除，甚至转化为优势。

3."O"机会分析

市场机会是指在营销环境中所出现的，对旅游企业的营销活动具有吸引力的，能使旅游企业获取竞争优势或更多营销成果的因素，是旅游企业在旅游市场中的发展机遇和有利条件。这种机会可以来自企业外部不可控的环境变化，也可以来自企业直接控制的环境因素。企业应及时抓住这些机会以获得营销活动的成功。对旅游企业市场机会的分析，可以按其吸引力的大小及每一个机会获得成功的可能性加以分类，并重点关注环境给旅游企业带来的一些重要机会。

4."T"威胁分析

环境威胁是指营销环境中出现的不利于旅游企业发展或对旅游企业形成挑战的因素，它们不利于企业销售额和利润的增长。对于环境威胁，旅游企业要采取果断行动，以降低或消除它可能带给旅游企业的损失。旅游企业如果未能采取果断的营销活动，这种不利趋势将会侵蚀企业的销售额及利润，甚至企业的市场地位。旅游企业营销人员应善于识别企业所面临的威胁，并按其严重程度和出现的可能性进行分类，着重防范和处理对旅游企业造成重大损害的威胁因素。

分享点评

文旅发展新动向，新的机遇或许就在眼前？

随着全球化的推进和生活水平的提高，旅游业已成为全球经济发展的重要动力之一。随着消费升级和产业变革的加速，传统的旅游业已不能满足人们日益增长的需求，文化旅游（简称"文旅"）行业作为旅游业的重要组成部分，正迎来新的发展机遇！

1. 文旅行业的发展现状

根据大数据统计，如今的文旅行业呈现出个性化、定制化、多元化、智能化、绿色化、社区参与式旅游及产业升级和融合等发展趋势。消费者对于旅游体验的需求不断升级，更加注重个性和定制化体验。

同时，科技、体育、艺术等领域的深度融合也为文旅行业带来了新的发展机遇。一些旅游目的地开始注重环保和可持续发展，推广使用清洁能源、减少废弃物排放等环保措施，如山地滑车等无动力项目就是此中典范。此外，社区参与式旅游和共享经济等新兴业态也逐渐成为文旅行业的发展热点。

2. 文旅行业的新动向

（1）新技术应用：随着科技的不断发展，新技术在文旅行业的应用也越来越广泛。例如，VR、AR、大数据等新技术可以为消费者提供更加智能、便捷的旅游服务，提升旅游体验。

（2）新业态涌现：文旅行业正在与其他产业进行深度融合，形成新的业态。例如，文化旅游与体育的融合，出现了户外运动、极限挑战等新的旅游项目，尤其是高空蹦极、悬崖秋千等网红项目，备受年轻人的青睐。

（3）新模式发展：社区参与式旅游和共享经济等新兴业态为文旅行业带来了新的发展模式。这种模式可以让当地社区和消费者更深入地参与旅游活动，促进文化交流和社区发展。

3. 文旅行业的未来机遇

（1）政策利好：政府对于旅游业的发展越来越重视，出台了一系列支持旅游业发展的政策。例如，加大对旅游业的投资力度，推动旅游产业升级和融合发展等。

（2）市场升级：随着消费升级和产业变革的加速，旅游业的市场需求也在不断升级。个性化和定制化的旅游产品更受消费者的青睐，为文旅行业带来了新的市场机遇。

（3）消费升级：消费者的消费能力和消费需求不断升级，对于旅游体验的需求也日益增长。文旅行业可以通过提供更加高品质、个性化的旅游产品和服务满足消费者的需求，进一步拓展市场。

（4）产业融合：文旅行业正在与其他产业进行深度融合，形成新的业态和消费场景。例如，情景式剧情体验的文旅架构，能让人体验到身临其境的感觉。这种融合可以为文旅行业带来更多的发展机遇和商业机会。

4. 文旅行业的挑战

（1）市场竞争：随着旅游市场的不断扩大和竞争的加剧，文旅企业需要不断提高产品质量和服务水平，以吸引更多的消费者。

（2）环保压力：环保问题已经成为旅游业发展的重要挑战之一。文旅企业需要积极采取措施，推广环保和可持续发展理念，以应对环保压力。

（3）技术变革：随着新技术的应用，文旅行业面临着技术变革的挑战。文旅企业需要不断学习和应用新技术，提升旅游服务水平和管理效率。

（资料来源：微信公众平台，忆城文旅，2024年1月2日）

点评：文旅行业作为旅游业的重要组成部分，正迎来新的发展机遇。文旅行业将面临政策利好、市场升级、消费升级、产业融合等机遇，同时，也面临着市场竞争、环保压力、技术变革等挑战。文旅企业在新的发展环境需要抓住机遇，应对挑战，不断提高产品质量和服务水平，推动文旅行业的可持续发展。

三、机会—威胁矩阵分析

优势、劣势与机会、威胁两两组合，形成优势—机会（SO）、劣势—机会（WO）、优势—威胁（ST）、劣势—威胁（WT）四个矩阵，见表 2-1，即理想环境、风险环境、成熟环境和困难环境。

表 2-1　SWOT 矩阵

内部环境 / 外部环境	企业内部优势（S）	企业内部劣势（W）
企业外部机会（O）	SO	WO
企业外部威胁（T）	ST	WT

对旅游企业而言，环境机遇和环境威胁并存，既不存在只有机遇而没有威胁的环境，也不存在只有威胁而没有机遇的环境。因此，旅游企业的经营者需要综合分析旅游环境，如图 2-4 所示，处于 A 区间的旅游企业面临的环境机遇最佳，受到的威胁最轻，是旅游企业梦寐以求的境界，被称为"理想企业"；处于 B 区间的旅游企业面临的环境机遇和威胁都较高，被称为"风险企业"；处于 C 区间的旅游企业面临环境机遇少，受到的威胁也小，被称为"成熟企业"；处于 D 区间的旅游企业面临的环境机遇少，而受到的威胁大，被称为"困难企业"。表 2-2 所示为处于不同外部环境的企业，应根据实际情况采取不同的营销决策。

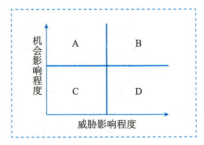

图 2-4　机会—威胁矩阵

表 2-2　旅游企业市场营销环境决策

企业环境	环境特点	相应对策
理想环境	市场机会很多，严重威胁很少	旅游企业必须不失时机地进行产品开发和市场拓展，扩大销售，提高市场份额，提升市场地位
风险环境	市场机会很多，威胁也很严重	旅游企业应在充分的市场调查和科学预测的基础上，努力捕捉营销机会，及时作出正确决策，争取突破性发展
成熟环境	市场机会很少，威胁也不严重	旅游企业在经营好常规业务以维持正常运转的同时，应积极寻找新的营销机会，为开展新业务准备必要的条件
困难环境	市场机会很少，威胁却很严重	旅游企业此时要么努力改善经营，走出困境；要么立即转移，摆脱困境

四、SWOT 分析矩阵

旅游企业环境优势与环境劣势、环境机会与环境威胁并存。任何旅游企业都要正确认识环境机会与威胁，并且能够充分利用环境优势和机会，尽量避免或减轻环境的劣势和威胁。因此，应综合分析旅游企业内部环境的优势与劣势和旅游市场营销外部环境的机会与威胁，并在此基础上作出正确的营销战略选择。

如图 2-5 所示，SWOT 分析矩阵就是对优势和劣势、机会和威胁的综合分析。其中，S 代表企业的优势，W 代表企业的劣势，O 代表外部机会，T 代表外部威胁。这四个要素组合成四个区域，在不同的区域中可以考虑采取不同的战略选择。

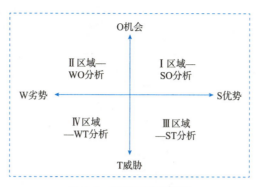

图 2-5 SWOT 分析矩阵

1. Ⅰ区域——SO 分析

将旅游企业的内部优势与外部机会相结合进行分析，目的是制定发展战略，如市场开发，增加产品等。企业都要千方百计地利用自己的内部优势抓住机会，并利用外部的发展趋势与事件所提供的机会。

2. Ⅱ区域——WO 分析

将旅游企业的内部劣势与外部机会相结合进行分析。企业面临很好的外部机会，但有一些内部的劣势，企业应进行内部调整，加强内部实力，然后再发展。

3. Ⅲ区域——ST 分析

将旅游企业的内部优势与外部威胁相结合进行分析，目的是利用企业的优势回避或减轻外部威胁的影响，再考虑多元化发展。

4. Ⅳ区域——WT 分析

将旅游企业的内部劣势与外部威胁相结合进行分析，目的是减少内部劣势，回避外部环境威胁。这是为了撤退战略而进行的分析。

五、SWOT 分析法的基本步骤

SWOT 分析法对旅游企业制定市场营销决策具有重要的意义。通过 SWOT 分析，旅游企业可以扬长避短，明确自身具备的优势，并努力将优势转变为企业的竞争力，改进或回避企业存在的不足；把握有利于自身生存和发展的机会，认识和发现外部环境中存在的风险，努力避开可能存在的威胁。通常旅游企业在使用 SWOT 分析法时，主要有以下几个基本步骤：

（1）明确当前旅游企业的战略目标、主要战略部署和战略特点。

（2）确认旅游企业外部环境中的变化和这些变化中蕴含的机遇和挑战。在分析外部环境时，可采用波特五力模型及 PEST 分析法。前者用于分析行业竞争的变化；后者用于分析宏观环境中的政治、经济、社会和技术或这四个因素对旅游战略目标和战略制订的影响。

（3）根据旅游企业的资源组合情况，确认企业的关键能力和关键限制。在做优势、劣势分析时必须从整个价值链的每个环节上，将旅游企业与竞争对手做详细的对比与分析。

（4）按照通用矩阵方法进行打分评价。以下面的原则将旅游企业识别出的所有优势分成两组：它们是与行业中潜在的机会有关，还是与潜在的威胁有关。用同样的办法把所有的劣势分成两组，一组与机会有关，另一组与威胁有关。

（5）做出SWOT营销战略选择模型（图2-6），将评分结果在SWOT分析图上定位呈现出来或在SWOT矩阵中列举出来。以此为基础，旅游企业可为企业选择适合的战略。需要注意的是，通过SWOT分析只是找出旅游企业可行的备选战略，而不是确定最佳战略。

战略决策 内部环境 外部环境	S 优势	W 劣势
O 机会	S+O 发展战略， 利用企业优势 抓住外部机会	W+O 稳定战略， 力图克服弱点 利用机会
T 威胁	T+S 多元化战略， 利用企业优势 规避威胁	T+W 紧缩战略， 防守型，使劣势最小化 以规避威胁

图2-6 SWOT营销战略选择模型

 分享点评

携程SWOT分析：携程的优势、劣势、机会和威胁

在数字化时代，旅游业的竞争不仅是一场关于资源的角逐，更是一场关于信息、服务和技术创新的较量。作为中国领先的在线旅游服务平台，携程凭借其广泛的服务范围、深度的市场渗透以及强大的技术支持，成为业界的佼佼者。然而，在这个充满机遇与挑战的市场环境中，携程的发展同样面临着不少考验。

1. 优势（Strengths）

（1）品牌影响力：携程作为中国在线旅游行业的先行者之一，拥有强大的品牌影响力和市场认知度。多年来，携程通过提供优质的服务，赢得了广大消费者的信赖和支持，形成了良好的品牌口碑。

（2）产品和服务多样化：携程的产品和服务范围极为广泛，从机票、酒店预订到旅游度假产品、商务旅行管理，再到火车票、汽车票以及各种本地化旅游活动和服务，几乎涵盖了旅游领域的所有方面。这种多样化的服务组合满足了不同消费者的多样化需求，增强了携程的市场竞争力。

（3）技术创新与应用：在互联网技术和大数据、云计算的推动下，携程不断强化其技术研发和创新能力。通过智能算法优化搜索引擎，提升用户体验；利用大数据分析优化产品推荐和价格策略，精准满足消费者需求。此外，携程还积极探索人工智能、虚拟现实等前沿技术的应用，以期提供更加高效、个性化的服务。

2. 劣势（Weaknesses）

（1）盈利模式单一：虽然携程提供的服务范围广泛，但是其盈利模式相对单一，主要依赖于交易佣金和广告费。在市场竞争日益激烈的背景下，这种盈利模式的脆弱性逐渐显现，影响了携程的长期发展。

（2）国际化程度有限：尽管携程在国内市场取得了巨大成功，但其在国际市场的布局相对滞后，国际化程度不高。面对全球化的市场需求和国际竞争对手的挑战，携程需要加快国际化步伐，扩大全球的市场份额。

3. 机遇（Opportunities）

（1）旅游市场回暖：随着国内外旅游市场的快速回暖，携程凭借其品牌优势和市场地位，有望在市场复苏过程中抢占先机，获取更多的市场份额。

（2）跨界合作的空间：旅游与文化、娱乐、教育等领域的融合趋势日益明显。携程可以通过与这些领域的企业进行跨界合作，开发新的旅游产品和服务，创造新的增长点。

4. 威胁（Threats）

（1）竞争加剧：随着越来越多的企业和资本进入在线旅游市场，市场竞争日益激烈。特别是一些互联网巨头通过跨界进入，依托自身的用户基础和资本优势，对携程形成了强大的竞争压力。

（2）监管政策的不确定性：在线旅游行业的监管政策不断完善和调整，给携程等平台带来了不少不确定性。如何在保证合规的同时，灵活应对政策变化，是携程需要面对的挑战。

（资料来源：网经社，2023 年 10 月 26 日）

点评：在面对诸多优势的同时，携程能够清晰地分析自己在当前市场环境中的优势、劣势、机遇和威胁，警惕自身存在的劣势和外界威胁，抓住当前的机遇，不断创新和优化其产品与服务，加强国际市场布局，以谋求更加稳健和可持续的发展。面向未来，携程有望在全球旅游服务平台中继续发挥其领头羊的作用，引领行业走向更加辉煌的未来。可见，明晰 SWOT 分析对于企业来说至关重要。

 项目总结

	旅游营销环境的特征	客观性、多样性和复杂性、关联性、差异性、不可控性和可影响性、难预测性
旅游营销市场调研	分析旅游市场营销环境的意义	制定正确的营销策略、调动旅游企业的主观能动性、旅游企业生存和发展的重要保证
	旅游营销宏观环境影响因素	政治、法律、经济、社会文化、科学技术、人口、自然环境等
	旅游营销微观环境影响因素	旅游企业内部环境、旅游中间商、旅游供应商、顾客群、竞争者和公众
	旅游市场营销调研的原则	客观性原则、及时性原则、经济性原则
	旅游市场营销调研的内容	旅游市场营销环境调研、旅游市场需求调研、旅游市场供给调研、旅游竞争者调研、旅游市场营销策略调研、旅游企业内部调研等
	旅游市场营销调研的程序	确定调研项目、制订调研计划、实施调研计划、提交调研报告、跟踪调研
	旅游市场营销调研的方法	文案调研法、询问法、观察法和实验法
	旅游市场营销调研的技术	抽样技术、问卷技术
	SWOT 分析法的内容	优势（Strength）、劣势（Weakness）、机会（Opportunity）、威胁（Threat）

课堂实训

一、实训任务

旅游企业 SWOT 分析报告

以小组为单位，通过实地调研、访谈、查询网络资料和文献等方法，以周边熟悉的旅游企业为例，开展 SWOT 分析。

宏观环境调查内容包括政治法律因素、社会文化因素、经济因素、科技因素、人口因素、自然因素。

微观环境调查内容包括旅游企业、旅游消费者、旅游供应商、旅游中间商、竞争者、社会公众。

成果内容主要包括以下内容：

（1）调查对象（选定的旅游企业）的营销环境因素调查报告；

（2）该旅游企业的营销环境因素分析评价结果；

（3）该旅游企业的营销环境运筹分析及对该企业的发展建议。

二、实训目标

通过对真实旅游企业的环境因素进行调查，掌握影响企业营销的环境因素及其对该企业营销的影响；具备分析该旅游企业市场营销环境各类特性的能力。

三、操作思路

1. 选择本地在地理位置、管理模式、竞争机制、客源市场上有代表性的一家中高端旅游企业，确定调查目标，制订调查计划。

2. 资料来源：政府机构，如本地旅游局；旅游企业官方网站、本地旅游网；旅游企业的研究文献；旅游企业的消费者等。

3. 以小组为单位，分析整理文案资料与调查资料，共同完成该旅游企业的 SWOT 分析报告。

同步测试

一、单项选择题

1. 下列因素不属于旅游市场宏观环境的是（   ）。

A. 地理环境　　　　B. 社会经济　　　　C. 科学技术　　　　D. 旅游供应商

2. 按照对旅游企业营销活动影响的（   ）划分，可以将其划分为微观营销环境和宏观营销环境。

A. 范围　　　　　　B. 时间　　　　　　C. 空间　　　　　　D. 逻辑

3. 一般来说，人均 GNP 达到 300 美元，居民就会产生（   ）动机。

A. 国内旅游　　　　B. 邻国旅游　　　　C. 洲际旅游　　　　D. 环球旅游

4.（   ）是衡量一个国家、地区、城市、家庭生活水平高低的重要参数，系数越小，食品支出所占比重越小，表明生活越富裕，生活质量越高。

A. 恩格尔系数　　　B. 基尼系数　　　　C. 国民生产总值　　D. 国内生产总值

5.（   ）是指旅游调查主体为解决某个具体问题而对市场中的某个方面进行的调查。

A. 专题性旅游市场调查　　　　　　　　B. 综合性旅游市场调查

C. 探测性旅游市场调查　　　　　　　　D. 描述性旅游市场调查

二、多项选择题

1. 旅游市场是由具有购买欲望和购买能力的人所构成的，旅游企业市场营销活动的最终对象是旅游者，人口环境主要包括（   ）。

A. 人口结构　　　　B. 人口分布　　　　C. 人口规模　　　　D. 健康状况

2. 旅游营销微观环境主要包括（   ）。

A. 旅游企业环境　　B. 旅游供应商　　　C. 旅游竞争者　　　D. 社会经济

3.（   ）可以分为全面调查和非全面调查，其中非全面调查又包括（   ）。

A. 重点调查　　　　B. 典型调查　　　　C. 抽样调查　　　　D. 全面调查

4. SWOT 分析矩阵就是对优势和劣势、机会和威胁的综合分析，主要包括（   ）区域的战略选择。

A. SO 分析　　　　B. WO 分析　　　　C. ST 分析　　　　D. WT 分析

5. 旅游调研报告一般包括（   ）。

A. 引言　　　　　　B. 正文　　　　　　C. 结尾　　　　　　D. 附录

三、思考与练习

1. 什么是旅游市场营销环境？它有哪些特征？它是怎么进行分类的？

2. 旅游市场调研的类型有哪几种？请举例说明。

3. SWOT 分析法包括哪些内容？其分析的基本步骤有哪些？

学 习 评 价

按照表 2-3 对本项目的学习过程进行考核与评价。

表 2–3 项目二 旅游营销市场调研学习评价表

评价指标		评价标准			评价方式		
		优	良	合格	自评（15%）	互评（15%）	教师评价（70%）
工作能力（45%）	分析能力（10%）	能科学分析旅游市场环境，能科学地运用 SWOT 分析法对具体企业的营销环境进行分析	能正确分析旅游市场环境，能较好地运用 SWOT 分析法对具体企业的营销环境进行分析	能运用 SWOT 分析法对具体企业的营销环境进行分析			
	实操能力（25%）	能针对不同的调研项目设计并制作调查问卷、访谈提纲，科学开展针对企业或游客的网络调查和实地调查，撰写专业的旅游市场调查报告	能较好地设计并制作调查问卷、访谈提纲，较合理地开展网络调查和实地调查，撰写旅游市场调查报告	能设计并制作调查问卷、访谈提纲，开展网络调查和实地调查，撰写旅游市场调查报告			
	合作能力（10%）	能与其他组员分工合作；能提出合理见解和想法	能与其他组员分工合作；能提出一定的见解和想法	能与其他组员分工合作			
学习策略（10%）	学习方法（5%）	格式符合标准，内容完整，有详细记录和分析，并能提出一些新的建议	格式符合标准，内容完整，有一定的记录和分析	格式符合标准，内容较完整			
	自我分析（5%）	能主动倾听，尊重他人意见；能很好地表达自己的看法；能从小组的想法中提出更有效的解决方法	能倾听、尊重他人意见；能较好地表达自己的看法；能从小组的想法中提出可能的解决方法	能倾听他人意见；能表达自己的看法；偶尔能从小组的想法中提出自己的解决方法			
成果作品（45%）	作品规范性（15%）	作品完成完全合乎要求，非常规范	作品完成合乎要求，规范	作品完成基本合乎要求			
	作品创新性（15%）	作品具有很好的创新性	作品具有较好的创新性	作品具有一定的创新性			
	作品展示（15%）	逻辑性强、层次分明、思路清晰，整体形象大方、举止得体	思路较清晰，整体形象较大方、举止较得体	思路基本清晰，举止基本得体			

项目三　旅游产品营销调研

 思维导图

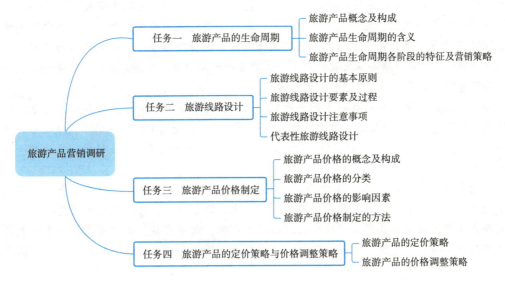

旅游产品营销调研

任务一　旅游产品的生命周期
- 旅游产品概念及构成
- 旅游产品生命周期的含义
- 旅游产品生命周期各阶段的特征及营销策略

任务二　旅游线路设计
- 旅游线路设计的基本原则
- 旅游线路设计要素及过程
- 旅游线路设计注意事项
- 代表性旅游线路设计

任务三　旅游产品价格制定
- 旅游产品价格的概念及构成
- 旅游产品价格的分类
- 旅游产品价格的影响因素
- 旅游产品价格制定的方法

任务四　旅游产品的定价策略与价格调整策略
- 旅游产品的定价策略
- 旅游产品的价格调整策略

 学习目标

➲ **知识目标**

1. 熟悉旅游产品生命周期各阶段的特征及营销策略。
2. 了解旅游产品价格的含义、形式等基础性知识。
3. 熟悉常见的旅游产品定价策略。
4. 掌握旅游产品生命周期各阶段的营销策略。
5. 掌握旅游产品的定价思路和具体方法。

➲ **能力目标**

1. 能够用旅游产品生命周期理论分析具体旅游产品所处的阶段并提出发展对策。

2.能够立足实际开发旅游新产品。

3.能够解析旅游产品价格的构成及定价原理，能使用相应的定价方法解决实际定价问题。

⬢ **素养目标**

1.具有市场意识和创新思维。

2.增强质量意识和价格意识。

3.提升社会责任感、服务意识和奉献精神。

 **案例引入**

从大宋不夜城来看，文旅项目同质化的破局之道是什么？

东平县按照文化和旅游深度融合的理念，紧紧围绕"山东夜间旅游新地标、山东夜游经济新引擎、好品山东文旅特产展销地"定位，总投资1.2亿打造"大宋不夜城"。

该项目将水浒文化、运河文化、黄河文化进行全新包装与升级，改造东平县水浒影视城约25 000平方米，结合东平县历史文化、风土人情、社会生活等，创新街区旅游新业态，打造山东省唯一集古镇风情与宋文化街区于一体的全新旅游项目，为游客提供一个看得见、闻得到、尝得着的真正具有烟火气息的"大宋古城"。

以"山东夜间旅游和网红打卡的新地标、山东夜游经济的新引擎、好品山东文旅非遗产品的展销地"作为项目总定位，做大"文化+""旅游+"，全力打造继东北不夜城之后，模式上以"主街区+古城"，集"食、住、行、游、购、娱"闭合式消费产业链于一体的新一代不夜城模式。

同时推出东平湖美人鱼、雾中仙、石中玉、三手棋圣等10余个行为艺术表演。充分做到本地人必到，外地人常来，游客群必游。以本地客群做口碑，外地客群做流量的思维进行高效整合运营，从而真正形成"吃中有游，游中有购，购中有娱，娱中有秀"的主题式商业街区。打造集演绎、美食、娱乐、科技、文化等于一体的高颜值、高体验的大宋文化场景集结地。

项目按照一街两巷多点的不夜城模式，包含国潮文化的华灯锦里不夜城长街，迎宾聚客活动功能的篝火擂台，以及全新的水上无动力乐园英雄闯关体验、山野民宿与魔幻森林观光住宿，打造集演绎、美食、娱乐、科技、文化等于一体的地域特色和宋风文化氛围的综合性文旅项目。

（资料来源：微信公众平台，旅游节来营销智汇，2023年3月31日）

 启 示

当经济社会发展从"短缺型"社会进入到"富足型"社会，旅游消费理念、形式及旅游市场需求都发生了升级变化。旅游经营者要有市场意识和创新思维，提供新的产品，抢占新的市场，与时俱进，才能赢得市场的认可。在进行旅游产品设计时需要通过资源盘点，找出自身优势及特色，并以此为核心，因地制宜，深耕特点，寻求创新点，利用文化力量赋能旅游产品升级，进一步深挖产品内在价值，形成差异化产品竞争优势。

任务一　旅游产品的生命周期

一、旅游产品概念及构成

（一）旅游产品概念

产品是指一切能满足顾客某种需求和欲望的物质产品与非物质形态的服务。旅游产品的概念可从以下三个角度定义。

1. 从旅游者角度所定义的旅游产品

从旅游者角度来看，旅游产品是指旅游者花费一定的时间、精力和费用所获得的一段旅游体验和感受，它是一种动态性的产品。人们的旅游需求在不断变化，旅游产品也随着旅游者需求变化而呈现相应的动态变化。从这个角度来讲，旅游者的旅游需求存在差异性。

2. 从旅游经营者角度所定义的旅游产品

从旅游经营者角度来看，旅游产品是指旅游经营者凭借一定的旅游资源、旅游设施和其他媒介，向旅游者提供的、以满足旅游者需求的各种物质产品和劳务的总和。从供给方面看，旅游产品最终主要表现为活劳动的消耗，即旅游服务地提供。从这个角度讲，旅游产品的实质是一种服务性产品。

3. 从旅游市场角度所定义的旅游产品

一般来说，单项旅游产品是指旅游者在旅游活动中所购买和消费的与住宿、餐饮、交通、游览、娱乐等有关的物质产品或服务内容。组合旅游产品是指经营者根据旅游者需求，将食、住、行、游、购、娱等多种要素组合而成的某一产品，又称为某一旅游线路产品。整体旅游产品一般是指在旅游经济活动中，某一旅游目的地能够并满足旅游者需求的全部物质产品和服务的总和，即旅游目的地产品。

在旅游活动中，团队旅游者多数会购买由旅行社安排的旅游线路产品或整体旅游产品；自助旅游者或团队中的个别旅游者，会根据自己的特殊需要购买一些单项旅游产品。

从市场营销角度出发，产品是"整体产品"概念。这一观念认为，产品应该是一个整体的概念，它不仅包括产品本身，而且包括了各种服务，以满足需求，为消费者提供一种整体的满足。因此，从这个角度来看，旅游产品是指旅游者和旅游经营者在市场上进行交换，并在旅游活动中所消费的各种物质产品和服务的总和。

（二）旅游产品构成

现代市场营销理论认为，任何产品都由其核心部分、形式部分和延伸部分三个部分组成。核心部分是指产品满足消费者需求的基本效用和核心价值；形式部分是指构成产品的实体和外形，包括款式、质量、商标、包装；延伸部分是指随产品销售和使用而给消费者带来的附加利益。

1. 核心部分

旅游产品的核心部分一般是指能够满足旅游者在旅游活动中的基本需要，包括旅游吸引物和旅游服务两个方面。旅游产品的核心部分也就是旅游产品能够带给旅游者的基本利益或者效用，不是为了获得或占有产品本身，而是为了满足某种特定的需要，如幸福感、快乐的需要。因此，旅游核心产品也就是指旅游者的旅游经历，如一次浪漫的路程、一次冒险的经历、一次民族文化的熏陶。

2. 形式部分

旅游产品的载体、质量、特色、风格、声誉及组合方式等，是旅游产品核心价值部分向满足人们生理或心理需求转化的部分。

旅游产品的形式部分应该是以旅游线路产品和旅游设施为综合形态的"实物产品"。例如，一条旅游线路产品的品质，也可以说是性价比、特色（如美食之旅）；还有旅行社品牌、线路中的酒店品牌、档次、景区级别；还可以是产品的销售价格、服务人员的态度等，这些都属于形式产品。

3. 延伸部分

旅游产品的延伸部分也称为旅游附加产品，可以说是为旅游者旅途中所提供的各种设备设施、社会化服务和旅行便利的总和，使旅游者在获得核心产品和形式产品时能够得到更多的额外服务与利益，获得更多的意外满足和超值享受。例如，旅行社为旅游者提供免费的旅游信息和咨询服务，送票上门，预订酒店、机票、免费接送站，便捷的付款方式，给予的优惠额度等都属于旅游附加产品的范畴。在旅游产品的核心部分和形式部分基本功能确定之后，延伸部分往往成为旅游者对旅游产品进行评价和决策的重要促成因素。

旅游产品的构成除上面的划分方式外，也可分为食、住、行、游、购、娱，也就是旅游餐饮、旅游住宿、旅游交通、旅游景观、旅游购物、旅游娱乐六个方面的构成要素。

 **课堂讨论**

> 以小组为单位，组内成员用自己的一次旅游经历阐述旅游产品的核心部分、形式部分和延伸部分。讨论完成后每小组派一名同学作为小组代表在班级内分享本小组的答案。

二、旅游产品生命周期的含义

产品生命周期是指产品从投入市场到最终被市场淘汰的全过程，是产品的市场寿命或经济寿命。旅游产品的生命周期是指某种旅游产品从正式投放市场开始，经过成长期、成熟期，最后被淘汰、退出市场的整个过程。旅游产品的生命周期不同于旅游产品的使用寿命，后者是指其使用价值的消失过程。旅游路线、旅游活动项目、旅游景点、旅游地开发乃至旅游纪念品等大都遵循从无到有，由弱至强，然后衰退直至消失的时间过程。一般来说，旅游产品的生命周期包括投入期、成长期、成熟期和衰退期四个阶段，如图 3-1 所示。

这四个阶段的区分主要是以旅游产品的销售增长率和产品普及率的变化状态进行划分的。

产品的销售增长率 =（本期销售额 - 上期销售额）× 上期销售额

国外一些营销学者提出了界定各阶段的经验数字，认为：

销售增长率 ≤ 10% 旅游产品处于投入期

年销售增长率 > 10% 旅游产品处于成长期

年销售增长率 0.1% ～ 10% 旅游产品处于成熟期

年销售增长率 < 0% 旅游产品处于衰退期

从图 3-1 中可以看出，并非所有产品在进入衰退期后最终都会退出市场。如果旅游产品没有失去所有优势，市场也并没有完全抛弃该产品，那么旅游企业就可以通过对产品进行升级换代等方式重新赢得市场，进入下一个增长循环期。

微课：旅游产品生命周期及营销策略

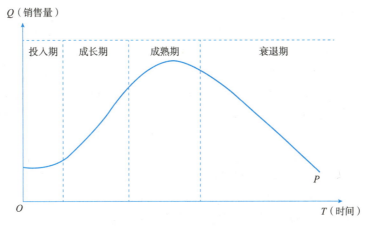

图 3-1　旅游产品生命周期曲线

三、旅游产品生命周期各阶段的特征及营销策略

 **课 堂 讨 论**

假设你是旅行社产品开发部门的工作人员，请以小组为单位，针对旅游产品所处的不同生命周期阶段制定产品营销策略，然后每小组派一名成员上台展示本组的成果。

（一）旅游产品投入期的特征及营销策略

1. 投入期的特征

投入期也称为导入期或引入期，是旅游产品进入市场的初始时期。在这个阶段，对供给方来讲，新的旅游产品刚投入旅游市场，产品的设计还有待改进，技术和服务也尚不完善，基础设施也需要配套，食、住、行、游、购、娱各个环节也需要进一步协调，整体的产品质量和服务水平还有待大幅提升。对需求方来讲，产品的知名度低，消费者还不太了解产品，销售额增长缓慢且不稳定，需要投入大量的促销费用，利润很低，甚至还会出现亏损。这一阶段的特征见表 3-1。

表 3-1　旅游产品投入期的特征

项目	特征
产品质量	旅游产品本身不够完善，旅游产品的质量不稳定
市场需求	旅游产品在市场上知名度不高，旅游消费者对新产品不了解，购买也较少
成本投入	经营费用（如人员工资、固定资产折旧、水电费等）和市场开发费用（如广告等）开支大，旅游产品的单位成本高
竞争状况	竞争者较少甚至没有竞争者
销售额与利润	尚未建立理想的营销渠道，销售额低且增速缓慢，利润较低甚至亏损

2. 投入期的营销策略

旅游产品在投入期的营销策略重点在于加强与消费者的沟通，提高知名度，可以采取以下几个方面的营销策略。

（1）产品策略。旅游企业应根据旅游产品试销的结果进行改进，力求产品尽快定型；同时要向广大潜在的消费者介绍旅游产品的性能、使用方法等，提高消费者对旅游产品的了解和认知程度，使其更愿意消费。同时，策划旅游广告与宣传，突出介绍旅游产品的特色，突出"人无我有"，引领新的消费风尚，争取目标市场的"先锋型"消费者。这一时期，提高产品质量是投入期旅游企业的努力方向，若出现质量问题，可能会导致旅游产品在投入期就"夭折"。

（2）促销策略。由于旅游产品刚进入市场，尚未被消费者认知和熟悉，往往实施"来者都是客"的广泛销售渠道策略，在此过程中再慢慢发现和甄选优质渠道。因此，需要综合运用广告、人员推销、销售促进等各种促销手段，宣传产品的特点及能给消费者带来的利益，使消费客（包括旅游中间商）尽快认识产品，从而迅速打开销路。

（3）价格策略。根据市场的类型与特点，旅游产品有高价和低价两种定价策略可以选择。很多旅游经营者对新投入的产品采取高价策略，以弥补较高的生产成本和推销费用，并为以后的竞争留有降价的空间；而采取低价策略的旅游经营者认为，低价有助于迅速占领市场，而且能减少潜在竞争者的数量。

（4）销售渠道策略。投入期的旅游产品适于采用全方位销售渠道策略，因为旅游经营者难以判断何种销售渠道为最佳选择。全方位销售有利于迅速扩大市场面，使产品较快地进入成长期，并在此过程中寻找较理想的销售渠道。

（二）旅游产品成长期的特征及营销策略

1. 成长期的特征

进入成长期，新的旅游产品逐渐被消费者接受，旅游产品的生产设计基本定型，主题明确；基础设施基本完善，各环节之间的沟通逐步协调，衔接紧密；旅游服务开始向标准化和规范化发展，服务品质大幅提升；社会公众和旅游者开始关注旅游产品本身，产品形象得以传播。与此同时，更多的竞争对手开始进入该市场，展开竞争。这一阶段的特征见表3-2。

表 3-2　旅游产品成长期的特征

项目	特征
产品质量	旅游产品基本定型，产品质量日趋稳定并不断提高
市场需求	市场认知度大大提高，越来越多的消费者参与购买，甚至有了回头客
成本投入	市场开发费用水平基本稳定或略有提高，但占销售额的比例下降；旅游产品的单位成本快速下降
竞争状况	大批竞争者涌入市场，竞争加剧
销售额与利润	营销渠道逐步打开，产品销售快速增长，同时利润也迅速上升

2. 成长期的营销策略

旅游产品在成长期营销策略的重点在于通过提高旅游产品的特色与优势，努力寻求和开拓新的市场，开辟新的销售渠道，不断提升旅游产品在市场中的核心竞争力，以面对越来越激烈的市场竞争。

（1）加大推广力度。旅游企业在成长期应该继续扩大广告宣传，且宣传推广的重点应从建立产品的知名度转移到说服消费者购买旅游产品上。同时，旅游企业要在广告宣传中提醒消费者注意本企业旅游产品的特点，也就是与其他产品的不同之处和优点。在这一阶段，旅游企业还应进行各种营销活动，努力塑造旅游企业在市场上的良好形象，增强消费者对旅游企业及旅游产品的信任感。

（2）提高市场份额。通常，旅游产品在成长期的市场机会是最大的，但市场变化也很快，机会往往稍纵即逝。那么，旅游企业在这个阶段应抓住机会，以挖掘旅游市场的深度为主，也就是旅游企业要通过不断提高旅游产品的服务和质量发展产品的规模优势，用系列化的产品满足不同市场群体的需要。比如亚朵酒店，通过不断提升酒店的设施和服务吸引顾客。2018年年初，亚朵酒店与网易云音乐达成合作，在四川成都联手打造"网易云音乐·亚朵轻居"酒店，主打"睡音乐"主题客房深受消费者的关注和喜爱。

此外，在这一阶段旅游企业也可以在巩固原有销售渠道的基础上，开拓新的销售渠道，开拓新市场，不断加大旅游产品的市场占有率。旅游企业除与携程旅游合作外，也可以加强与其他在线旅行商如美团、飞猪旅行等更多平台的合作。在这一阶段，旅游企业还可以适当调整产品的价格，以争取更多的旅游者。

（3）树立品牌形象。旅游企业在成长期应树立企业在旅游者心目中的品牌形象。旅游产品要想在旅游者心中留下深刻的印象，必须通过特色化的产品或服务加深其体验感，形成自身的且不易模仿的优势。比如喜来登酒店在创立之初，寻求突破性增长时，提出将"微笑"作为喜来登酒店的特色化服务永久推广，获得了很好的发展效果。因此，这一阶段旅游企业可以通过对产品设计和服务的改进树立企业形象。

旅游产品的成长期，一直被认为是旅游企业获利的黄金时期，也是创造品牌的最佳时期。旅游企业同样会面临"高市场占有率"和"高利润"之间的博弈与选择。在这一阶段实施市场扩张和低价渗透策略，虽然会使旅游企业当前的利润降低，但是也强化了旅游企业的市场地位和竞争力，有利于维持和扩大旅游企业的市场占有率。从长远来看，在这一阶段旅游企业更应该通过扩大市场占有率来增强企业实力，以备今后获取更大的利益。

（三）旅游产品成熟期的特征及营销策略

1. 成熟期的特征

成熟期是旅游产品的主要销售阶段。在这一阶段，旅游产品已成为名牌产品或老牌产品，产品销售额因逐渐达到高峰而趋于缓慢增长。旅游企业的生产能力发挥到了最大，产品也拥有很大的市场占有率，企业利润也达到最高水平。这一时期，旅游产品所在的旅游市场已经趋于饱和，供求基本平衡，旅游企业之间的竞争处于最激烈的阶段。这一阶段的特征见表3-3。

表3-3　旅游产品成熟期的特征

项目	特征
产品质量	旅游产品的质量非常稳定
市场需求	旅游产品在市场上已经是"路人皆知"，对其消费趋于大众化
成本投入	旅游产品的单位成本比较稳定，且降到非常低的水平，但有上升趋势
竞争状况	市场竞争十分激烈，开始出现替代性的旅游产品
销售额与利润	旅游产品的消费已达到饱和状态，销售量达到最高点，开始出现下降趋势；利润也达到最高点，呈现出下滑迹象

2. 成熟期的营销策略

进入成熟期的旅游产品基本定型，潜在的旅游者已经很少，大多属于重复购买的市场，市场营销日趋成熟，市场需求已达到饱和，产品销售量基本稳定，而生产同类产品的旅游企业却不断增加，扩大了旅游者对旅游产品的选择范围，使市场竞争变得异常激烈。因此，旅游企业在此阶段的主要任务是尽可能延长成熟期和应对激烈的市场竞争。

（1）市场改革策略。市场改革策略是指旅游企业为了开发新的市场、寻求新的旅游者所采用的策略。其主要途径是通过对旅游市场进一步细分，寻找新的旅游目标市场；刺激现有旅游者的购买欲望，增加其购买频率；重新树立旅游产品形象，寻求潜在的旅游者。

（2）产品改进策略。产品改进策略一方面是指服务质量改进，集中精力改进现有产品，提高产品质量，通过产品的差异化和个性化赢得竞争优势；另一方面是指服务质量改进，规范服务技巧，增设尽可能多的服务项目，以吸引旅游者。

（3）营销组合改进策略。对原有的营销组合因素进行调整、改进，如调整价格、加强广告宣传、改变销售渠道等。

（4）新产品的研制和开发策略。旅游产品进入成熟期后，旅游企业应准备实行产品的更新换代，以适应旅游者日益变化的旅游需求。只有集中力量开发新产品，将新产品和老产品进行衔接，才能永远居于市场的主动地位。

（四）旅游产品衰退期的特征及营销策略

1. 衰退期的特征

衰退期是指旅游产品吸引力减弱，销售额持续下降，利润逐渐为零，甚至出现负数，产品逐渐退出市场的阶段。在这一时期，消费者的兴趣发生转移，原有的旅游产品已经无法满足人们不断变化的需求，销售量及利润迅速下降，导致许多旅游企业在市场竞争中被淘汰，老化的旅游产品逐步退出旅游市场。与此同时，市场出现新的旅游产品或替代产品。这一阶段的特征见表3-4。

案例：海南热带野生动植物园：求新求变 老景区焕发新活力

表3-4　旅游产品衰退期的特征

项目	特征
产品质量	旅游产品质量可能保持稳定，也可能下降
市场需求	旅游产品的吸引力已经不在，除可能的怀旧型旅游消费者外，更多的人已转为寻求新的旅游产品
成本投入	旅游产品的单位成本重新上升
竞争状况	市场上价格竞争突出，价格被迫不断下跌，多数企业退出市场
销售额与利润	旅游产品销售量迅速下降，同时利润也迅速下降，甚至亏损

2. 衰退期的营销策略

处于衰退期的旅游产品已失去了原有的吸引力，市场销售量日益下降。市场竞争突出表现为价格竞争，价格被迫下跌，利润迅速减少，甚至亏损。旅游企业在此阶段的主要任务是做好退出还是更新换代的决策。如果旅游企业发现市场或产品本身还存在机会，可以抓住这些机会进行产品的升级换代，尽快促成其进入下一个成长期。如果市场和产品确实已经没有前景，旅游企业要理性面对现实，采取立刻放弃、逐步放弃或自然淘汰的策略退出市场。

（1）立刻放弃。如果旅游产品市场售价、市场销量急转直下，甚至连变动成本也无法收回，维持其生产不仅成为企业发展的一个包袱，还大量占用了企业的人、财、物等资源。对于此类产品，旅游企业应果断采取立刻放弃的策略。

（2）逐步放弃。对于暂时滞销但在旅游市场上仍具有一定潜力的旅游产品，旅游企业不应盲目放弃，应当分析产品滞销的原因，或扩充产品的用途，或提高产品的质量，使产品销售量得以回升，相应延长旅游产品的生命周期。在经过多方努力仍不奏效时，则可对此产品采取逐步放弃的策略。

（3）自然淘汰。旅游企业不主动放弃某一产品，而是依据旅游产品的生命周期，继续用过去的市场、渠道、价格和促销手段，直至旅游产品完全衰竭。总之，旅游企业在衰退期应把握好"转""改""撤"三个基本原则，果断撤出市场，并着手新产品的投放，以完成旅游产品的更新换代，使老产品衰退期成为新产品的投入期或成长期。

 分享点评

峨眉山携双遗风采亮相杭州

相知无远近，万里尚为邻。2023年9月23日，第十九届亚运会在杭州隆重开幕，亚洲体育健儿齐聚钱塘江畔，以赛会友，共襄盛会。与此同时，全国"名山名园名水"展的精彩仍在继续。2023年9月23日下午，"三名展"系列活动之世界遗产可持续发展论坛拉开帷幕，浙江西湖和良渚、安徽黄山、四川峨眉山、云南石林等世界遗产地参加本次论坛。值此全球目光汇聚杭州的时刻，搭建展示国家生态文明成果的平台，讲好最具东方魅力的中国风景名胜区、国家公园、世界遗产的故事，向世界展示自然生态保护和利用新成果。峨眉山作为中国西部唯一的世界文化与自然双遗产景区，带着峨眉山近三十年对世界遗产科学保护和合理利用的经验，发表了精彩的主题分享。

峨眉山旅游股份有限公司营销总监何群在论坛主题分享中谈到：多年以来，峨眉山以"体系建设、资源保护、管理服务、展示利用"四个方面为抓手，持续探索峨眉山特色的遗产资源保护与旅游可持续发展之路。不断完善机制建设，构建景城企协"一盘棋"，规划、项目、建设、管理、营运"五统一"的管理体制。持续资源保护，坚持保护第一，保障持续发展；坚持规划引领，优化自然环境；坚持生态底线，保护生态环境。以科学保护为基、规范管理为要，带动世界遗产资源的合理利用和转化。

抓住"以文塑旅"新内核，提升"旅游体验"获得感

随着全域旅游时代的到来，峨眉山景区以"峨眉学"为主题的文旅融合发展被提出并付诸实践，"峨眉学"成为峨眉山"以文塑旅"的新内核。"峨眉学"以地方命名，全面挖掘峨眉山世界遗产文化内涵，培育了以深度体验为特征的康养度假、研学旅行、文化演艺等旅游新场景，将峨眉山复游率提升至近30%，为峨眉山迈向世界重要旅游目的地提供核心支撑。

抓住"深度体验"新导向，"旅长游短"变"快进慢游"

峨眉山率先构建西南地区首朵"文旅行业云"，通过"一云、两中心、多终端"大数据平台，打开了"人在游、数在转、云在算"的文旅智慧密码，以"云服务"赋能"深度体验游"。聚力重塑旅游新地理版图，加快推动峨眉山扩容提质一系列重点项目，把"快进慢游"作为项目谋划推进的重要落脚点，以"提质量"助推"深度体验"。

抓住"微旅精游"新趋势，"广泛营销"变"精准营销"

当下，"微出行""微旅游""微度假"成为文旅新潮流。峨眉山主动研判旅游新趋势，网络营销、文旅活动、主题产品齐头并进推动"微旅精游"。近年来，峨眉山景区新媒体影响力稳居全国景区头部；积极探索"冰雪＋"玩法，连续24年成功举办的"冰雪温泉节"已经成为四川冬游的一张王牌；创新打造峨眉山产品"云仓"，"需求为王，产品为核"，以七大文旅产品体系带动市场。

抓住"圈层经济"新风潮，"小众爱好"变"大众广游"

从旅游要素、旅游生活到旅游模式，峨眉山景区持续升级"一张票""一根绳""一张床""一杯茶"四大传统产业，努力做精"一台戏""一张网""一营地""一文创"四大新兴产业，"八部天龙"构成了峨眉山文旅产业的"四梁八柱"，成就中国文旅"峨眉派"。从传统的观山赏景到休闲度假、康养禅修、文化体验，从资源输出到旅游需求的引领创造，老牌文旅豪门——峨眉山焕发出"新活力、年轻态"。

（资料来源：峨眉山风景区，2023年9月24日）

点评：在国内以"山"为产品的旅游景点中，"峨眉山"的品牌影响力在旅游市场和消费者的认知中，可谓首屈一指。峨眉山能够立足自身资源特色，针对旅游目标市场的需求，开发丰富的系列旅游产品，丰富旅游产品内涵，成为区别于国内任何一座名山的"差异化"特征：第一，绚丽的自然风光，峨眉的自然风光以"秀"著称。第二，悠久的佛教文化，峨眉山有"仙山佛国"之称，是我国四大佛教圣地之一。众多名寺、峨眉佛教音乐、峨眉武术，都是佛教文化的产物，也是中华民族文化的瑰宝。第三，丰富的动植物资源，峨眉山终年常绿，素有"古老的植物王国"美称。峨眉山有2300多种野生动物，宛如一个天然的动物乐园，成为国内景区中的标榜。第四，神奇的地质博物馆，峨眉山的地形地质结构，历经多次造山运动，保留了大量的沉积标志和生物化石，成为全球地质研究的"活标本"，提供了重要的地史资料。

任务二　旅游线路设计

一、旅游线路设计的基本原则

旅游线路设计是旅游企业为满足旅游者的旅游活动所进行的时间和空间安排，即将旅游过程中的旅游资源、交通、住宿、餐饮、购物、娱乐、服务等要素有机地联结并统筹安排，以求旅游者在旅游过程中所需时间最省、费用最少、旅游体验最优。根据旅游目的、行程安排、交通方式等，旅游线路可分为观光游、度假游、商务游、探险游等多种类型。旅游线路设计的基本原则主要有以下几个方面。

微课：主题旅游线路设计的思路

（一）市场需求导向原则

深入了解旅游者的需求，通过市场调研和分析，了解旅游者的旅游动机、偏好、消费习惯等，为旅游线路设计提供有力依据。根据市场反馈和旅游者满意度调查，及时调整旅游线路设计，优化产品结构和内容，以满足不断变化的市场需求。根据旅游者的需求特点，结合不同时期的时尚和潮流，设计出适合市场需求的旅游线路产品，并能够创造性地引导旅游者消费。按照国际旅游业发展经验，当人均 GDP 达到 1 000 美元时，国内旅游开始活跃；人均 GDP 达到 3 000 美元时，远程旅游开始增加，出境游开始活跃；人均 GDP 达到 5 000 美元时，旅游就成为生活的必需品。旅游者地区、年龄、文化、职业的不同，对旅游市场的需求是不同的。随着社会经济的发展，旅游市场的总体需求也在不断地变化，成功的旅游线路设计，必须首先对市场需求进行充分调研，以市场为导向，预测市场需求的趋势和需求的数量，分析旅游者的旅游动机，并根据市场需求不断地对原有旅游线路进行加工、完善、升级，开发出新的旅游线路以符合旅游者的需要，这样，才能最大限度地满足旅游者的需求，对旅游者有持续的吸引力。

（二）符合旅游者意愿和行为原则

旅游者是旅游活动的主体。在设计和销售旅游线路时，必须以旅游者的意愿为出发点。一般情况下，旅游者的可达概率随距离的增加而急速衰减。就中国城市居民旅游和休闲出游市场而言，80% 的旅游者集中在距离城市 500 千米的范围内。如果目标市场是家庭旅游者，旅游线路设计可以包括适合家庭亲子活动的景点和设施。

案例：发展红色
旅游既要有意义
还要有意思

旅游者的出游决策和实施与旅游景观的吸引力（旅游价值）达到某一最低值相对应，即在旅游成本已经确定的情况下，整个旅程带给旅游者的体验水准只有等于或大于某一确定水平时，旅游者才会成行。而随着旅游成本的增加，旅游体验水平只有呈等于或高于与旅游成本增加速度成比例的某一速度增长时，旅游者对于旅游线路才会有满意的评价。

1. 旅游体验效果递进

一条好的游线，要有序幕、发展、高潮、尾声。

在交通合理、方便的前提下，同一线路旅游点的游览顺序应由一般的旅游点逐步过渡到吸引力大的旅游点。将高质量的旅游点放到后面，使旅游者兴奋度一层一层上升，在核心景点达兴奋顶点。同时，考虑到旅游者的心理状况和体能，结合旅游景观类型组合和排序，使旅游活动安排做到劳逸结合、有张有弛。

2. 新奇与熟悉结合

新奇的事物令人兴奋、愉快和满足，同时也要注意与熟悉因素的搭配，以增加旅游者的安全感。既满足旅游者追求新奇的要求，又不使其产生孤独、陌生的感觉。

关于旅游线路的最佳设计，旅游行业里一直有这样一个传说。

在巴黎迪士尼乐园完工之际，景点间的人行道仍没有完美的设计。紧要关头，建筑大师格罗培斯提出在乐园的地面撒上草种，提前开放景区。

在乐园提前开放的半年里，草地被踩出许多小道。这些小道有窄有宽，优雅自然。第二年，格罗培斯让人按这些踩出的痕迹铺设了人行道。因为他相信，旅游者是最了解自己的需要的，最多人凭感觉走出来的线路或许就是最优解。

点评： 在这个案例中，景区内部的游步道设计最大化地遵循了人们的行为习惯。旅游线路具有一定的机动性，是旅游者体验旅游产品最直接的媒介。

（三）不重复原则

在设计旅游线路时，应慎重选择构成旅游线路的各个旅游景点，最佳旅游线路应是由一些旅游依托地和尽可能多的、不同性质的旅游点串联而成的环形（或多边形）路线，应避免往返旅途的重复。当依托地与旅游点之间的距离较近时，可将它们分作几组安排在同一天游览；若各旅游点和旅游依托地距离在一天行程以上时，旅游者便没有必要返回依托地过夜，而是就近住宿，然后前往下一组旅游地，这便形成了环形旅游略线。

（四）多样化原则

若组成旅游线路的各项内容包括旅游景点、旅游活动项目、餐饮、住宿、交通、服务的类型很多，则完全有条件组合成多种类型的旅游线路以供市场选择。任何一次旅游活动中，交通费用和食宿费用都占很大的比例，在具体的旅游线路组合时，可以选择不同类型的旅游点和不同等级的宾馆，分别组合成不同档次的旅游线路供旅游者选用，以适应不同经济水平旅游者的需要。

（五）时间合理性原则

旅游线路在时间上是从旅游者接受旅游经营者的服务开始，到圆满完成旅游活动，脱离旅游经营者的服务为止。旅游线路、时间安排是否合理，首先，要看旅游线路上的各项服务内容所占的时间和间距是否恰当。其次，要在旅游者有限的时间内，尽量利用快捷的交通工具，缩短单纯的交通运行时间，以争取更多的游览时间，并减轻旅途劳累。

（六）主题突出原则

主题突出可以使旅游线路充满魅力和生命力，尤其是个性化的旅游需求推动旅游走向主题化。特色依靠的是性质或形式有内在联系的旅游点串联起来，旅游六大要素（吃、住、行、游、购、娱）能够与此相适应。例如，"丝绸之路"旅游线，西安 - 敦煌 - 吐鲁番，观赏"丝路花雨"歌舞，吃历史名菜，骑骆驼，购唐三彩等。

（七）机动灵活原则

旅游过程牵涉面广，即使做了充分的准备，意外情况有时也难以避免，如遇到不可抗力的影响而只能改变旅行计划，或由于某些缘故而必须临时变更部分旅行安排。因此，在旅游线路设计时，日程安排不宜过于紧张，应留有一定的回旋余地，在执行过程中也必须灵活掌握，允许局部变通。

（八）旅途安全原则

就消费者心理而言，安全是人们最基本的需要。出门旅游，旅游者和旅行社最担心的是安全问题，因此在旅游线路设计时，要遵循"安全第一"的原则。

（九）效益兼顾原则

旅游效益是旅游者、旅游企业和全社会共同追求的。旅游者在一次旅游行程中，希望以最少的时间、最省的精力、最小的费用获得最大的旅游满足。在设计旅游线路时，在选择知名度高的旅游景点的同时，适当加入一些温、冷的旅游景点，不仅有助于保护旅游热点景区的环境，也带动了温、冷旅游景点的发展。

二、旅游线路设计要素及过程

（一）旅游线路的设计要素

具体而言，旅游线路涉及以下几种要素。

（1）目的地选择：根据旅游者的需求选择合适的旅游目的地，包括自然景观、人文景观、历史遗迹、文化艺术等。

（2）景点选择：根据目的地的特点和旅游者的需求，选择适合的旅游景点进行游览，包括著名景点、特色景点和非常规景点等。

（3）交通工具选择：根据目的地的交通条件，选择合适的交通工具，包括飞机、火车、汽车、轮船、自行车等，确保行程的顺利进行。

（4）行程安排：根据目的地的特点和旅游者的时间和经济条件，合理安排行程，包括游览的顺序、时间安排、休息和用餐等。

（5）活动安排：根据旅游者的需求和目的地的特点，安排适合的旅游活动，如登山、漂流、滑雪、文化表演等，增加旅游的趣味性和参与度。

（6）旅游服务：接待和导游服务等。

（7）旅游产品价格：旅游产品价格是旅游服务商针对旅游产品向消费者所提供的报价，主要涵盖了交通、住宿、餐饮、景点门票等各项服务的综合费用。

（二）旅游线路的设计过程

旅游线路的设计过程一般可分为以下四个步骤。

（1）确定目标市场（游客群）的成本因子，它在总体上决定了旅游线路的性质和类型，涉及开发导向问题。

（2）根据旅游者的类型和期望，确定组成旅游线路的旅游资源的基本空间格局。一般情况下，旅游资源所对应的旅游价值应该用定量的指标表示出来。

（3）结合上述两个步骤的背景材料对基础设施和专项设施（食宿等）进行分析，设计出若干可供选择的线路。

（4）选择最优的旅游线路。一般在设计的几条旅游线路中比较分析，从中选出最佳的旅游线路。

旅游线路必须考虑的四个基本因子是旅游资源（旅游价值）、旅游基础设施、旅游专项设施和旅游成本（费用、时间、距离）。其中，旅游成本与旅游的可达性密切相关。

三、旅游线路设计注意事项

（一）确定旅游者的主要流向

根据可利用的旅游资源条件和旅游市场需求，确定旅游者的主要流向，并在此基础上安排各项旅游线路。

（二）确定各旅游线段的性质

旅游线路是由若干旅游线段组成的连续体，每一旅游线段所承担的功能常常有很大的差异。确定各旅游线段的性质是旅游线路规划中的重要工作。按旅游功能特征的差异，各旅游线段可分为以下三类。

（1）"旅线"：即以旅行为主要功能的旅游线，一般要求方便、舒适、快捷。

（2）"游线"：即以游览为主的旅游线，一般要求步行（人车分流）、驻足、提供最佳视点或视域等功能。

（3）"游旅结合线"：即边旅边游，一般要求特色交通工具（如竹排、游船、马车、雪橇等），在整条旅游线路设计中，要注意"游线"与"旅线"的比例，即要控制"游旅比"或称"行游比"。

（三）合理安排转换节点

旅游线路是联系旅游者和景区、联系客源地和目的地的重要环节。其中，游览节点是每条旅游线路的核心，也是旅游者体验的核心。旅游节点涵盖了景区的主要游览点，也包括餐饮、住宿、购物、娱乐等服务节点。

对于旅游节点位置的确定，旅游线路的设计一般要求有节点地带要有方便的交通，如停车场、交通换乘中心；在转换节点处有各级别的住宿、餐饮等服务设施。在游览点的筛选方面，需要遵循"有地方代表性、有唯一性特色、有强知名度"的原则。一般来说，主题公园、文化古镇、森林公园等都是重点考虑的内容。

旅游服务节点的安排方面，则要把握时间和距离的节奏，遵循"三小时一顿饭，六小时住一晚"的原则。旅游者在三小时的游览体验中，需要有小的休憩节点，以购物、拍照、活动等形式调节游览节奏与情绪；游览超过三小时，就要配套餐饮节点；六小时以上的游程，则要安排住宿。

（四）确定旅游线路的空间结构

旅游线路有多种组织形式，主要的结构有环型、全程型、辐射型结构等。在实际设计工作中，应以这三种基本型为基础，按不同的地域条件组合成多种方式。

（五）链接通道

游览节点筛选出来后，则要考虑链接节点的交通通道。关于节点的链接通道，可以从陆路、水路、空中这三大维度考虑，三个疏导重点分别是主次出入口、立体化通道、多元化体验。

1. 景区内部游线设计

一般将主次入口设置在临近主干路、高速出入口等便于进出的地方；游览的交通方式尽量采用陆路、水路和空中结合；游览交通工具力争融入本土特色，多元化，如坐上黄包车游览北京的胡同、坐着羊皮筏子游黄河等。

2. 区域型／大目的地游线设计

首选可达性高的交通枢纽城市作为基地，寻找有风景的道路、水路链接节点，尽量不重复、不走回头路。

例如，以三峡大坝为特色的"两坝一峡"游线，就推出"船去车回"的游览方式。旅游者由湖北宜昌乘坐"长江三峡"系列游轮，沿长江水路坐船西行到葛洲坝、三峡人家，船观宜昌的沿江城市风景；抵达三斗坪港后，乘大巴前往游览三峡大坝，游览结束后乘大巴返回。

3. 注重时间把控

根据不同旅游者的需求特点，把握好交通节奏、游览节奏、产品组合节奏，在舒适的游览时间内充分让旅游者体验到产品的特色。根据旅游心理学规律，旅游者一般心情愉快的步行距离是300米，希望乘坐交通工具的距离为500米；从出发地到目的地的时间和游览时间的比例不能高于1∶1。因此，旅游线路组织规划应根据具体条件，合理安排一日游、二日游、一周游等不同时间的旅游线路。

（六）提升旅游体验

高级的游线设计强调游线是引导旅游者参与景区的体验路径，其本身就是旅游景区或区域旅游体验的一部分。人们对周围的环境产生印象，往往来源于"五感"，即视觉、听觉、嗅觉、味觉和触觉，利用"五感"提升游线的体验，能使游线即场景，步步皆情境、时刻皆体验。

 分享点评

数智驱动红色文化，沉浸体验革命精神——井冈山红色智慧研学旅游线路设计

该线路对景区进行数据采集—文献参考—信息整合—线路规划，结合特色食宿和便捷交通进行全面规划，将井冈山精神和现代科学技术融合到景区的发展中，形成具有历史背景、人文精神和科学技术的井冈山红色智慧研学旅游路线，具体内容如下。

一、行程信息

行程信息见表 3-5。

表 3-5 行程信息

景点	开放时间	门票价格	建议时长	备注
井冈山 AR/VR 红色文化体验馆	8:30—17:30	成人 88 元；儿童 50 元		
元宇宙·井冈展馆	8:00—7:30 16:30 停止入园	半票价 64 元，执行票价 50 元；全票价 128 元，执行票价 88 元		1.2 米以下、70 周岁及以上免票，军人证、记者证、旅行社经理资格证、导游证可免票
井冈山革命博物馆	8:00—17:00 周一休	免费，提前预约，讲解预约	1～2 小时	
井冈山斗争全景画声光电演示馆	8:00—18:00 17:30 停止入园	门票单人 50 元，免费讲解	20～30 分钟	1.3 米以下儿童免费，需 1 位成人陪同
烈士陵园	8:00—17:00 周二休	免费	1～2 小时	
茨坪毛泽东同志旧居	8:30—16:30	免费	1～2 小时	

二、线路具体安排

线路具体安排见表 3-6 和表 3-7。

表 3-6 A 线路安排

A 线路	时间	行程	时长
第一天	9:00	集合用车	
	9:00—11:30	井冈山 AR/VR 红色文化体验馆	2.5 小时
	11:30—13:30	午餐+自由活动	
	13:30	用车 5 千米	10 分钟左右
	14:00—17:00	元宇宙·井冈展馆	3 小时
	17:00—21:00	晚餐+自由活动（推荐茨坪天街）	
	21:00	回酒店	
第二天	8:00	早餐	
	9:00—11:00	井冈山革命博物馆	2 小时
	11:00—11:30	井冈山斗争全景画声光电演示馆	0.5 小时
	11:30—14:00	午餐+自由活动	
	14:00—16:00	烈士陵园	2 小时
	16:00	回程用车	

表 3-7　B 线路安排

B 线路	时间	行程	时长
第一天	9:00	集合用车	
	9:00—11:00	井冈山革命博物馆	2 小时
	11:00—14:00	午餐＋自由活动	
	14:00—14:30	井冈山斗争全景画声光电演示馆	0.5 小时
	14:30—16:00	茨坪毛泽东同志旧居	1.5 小时
	16:00—21:00	晚餐＋自由活动（推荐茨坪天街）	
	21:00	回酒店	
第二天	8:00	早餐	
	9:00	用车 7 千米	15 分钟左右
	9:30—11:30	井冈山 AR/VR 红色文化体验馆	2 小时
	11:30—13:30	午餐＋自由活动	
	13:30	用车 7 千米	15 分钟左右
	14:00—16:00	烈士陵园	2 小时
	16:00	回程用车	

三、团态选择

团态选择见表 3-8。

表 3-8　团态选择

团态	私家团	跟团游
团队服务	一单一团，不与陌生人拼团	一单最多 50 人（适合班级或集体出游，或与陌生人拼团游玩）
景点	游玩 5 个景点 / 场馆；3 次自由活动	
住宿	含 1 晚酒店	含 1 晚民宿
费用包含	交通：随团游览期间用车费用（跟团游大巴每人一正座） 住宿：行程包含住宿费用 门票及地面项目：行程中所列景点 / 场馆首道大门票（A 线红色体验馆＋元宇宙展馆＋全景展馆，B 线红色体验馆＋全景展馆） 随团服务人员：当地普通话导游	
费用不含	往返大交通费、餐食费及个人产生的其他费用	

四、线路特色优势

该条线路特色优势如下。

（一）主题新颖鲜明，独特创新点

线路囊括了口碑较好、热度较大的经典景区，也包括了多个有数字化多媒体技术、声光电技术、AR/VR技术、虚拟现实、人工智能等沉浸式体验感的新兴红色智慧旅游景区或场馆，科技与井冈山红色主题、历史人文、自然资源和文化旅游全面融合运用，带给旅游者身临其境之感，更多样化再现历史场面，体验井冈山精神，引发旅游者的内心震撼与共鸣。

（二）吃、住、行、游、购、娱多方面深度体验红色主题

线路设置不仅注重景点的选取与规划，也注重食宿、自由活动、娱乐等其他方面的旅行体验。线路选取靠近主要景区的主题酒店民宿和特色餐饮店，能让旅游者时刻感受到光辉历史的痕迹。行程和地点的安排具有独特的意义，结合沉浸式体验方式，能更好地感受先辈风骨。

（三）多种方案和价位满足不同游客需求

线路设置A、B两条线路，都囊括了"学"与"行"的体验，教育与体验相结合，寓教于行。两种出团方式更贴心地考虑到了不同旅游者的多样需求，行程时间充沛，节奏安排不紧凑，能够更好地感受这一抹"中国红"，充分理解这一旅游线路的所知所感。

（四）打造智慧旅游链

新兴的红色智慧旅游景区单体式发展，线路设计的主题游打破"点"的发展模式，加强景区间的合作互动，形成红色智慧旅游链，带动整体产业结构的发展。

（资料来源：微信公众平台，学养情奇，2023年7月19日）

点评："数智驱动红色文化，沉浸体验革命精神——井冈山红色智慧研学旅游线路设计"以深度了解井冈山故事与传承井冈山革命精神为主线，以智慧化、数字化景区贯穿整个旅游路线，将拥有VR技术、5G技术等沉浸式体验手段的数字化景区与旅游、住宿、美食、文化体验等融合，致力于打造新时代科技化的红色革命景区线路，带动井冈山地区的红色文化旅游产业转型升级。

四、代表性旅游线路设计

（一）自然风光旅游线路设计

线路特色：以壮丽的自然风光为主要吸引点，强调生态、环保、休闲的旅游体验。

景点特色：选择具有代表性的自然景点，如山川、湖泊、森林、瀑布等，串联成线，同时结合当地特色文化和风俗，打造丰富多彩的旅游活动。

注意事项：在保护生态环境的前提下进行开发，合理规划行程，避免对自然环境造成破坏。

（二）历史文化旅游线路设计

线路特色：以深厚的历史文化底蕴为卖点，带领旅游者领略历史遗迹、人文景观的独特魅力。

景点特色：挖掘当地的历史文化资源，如古建筑、博物馆、文化街区等，设计富有文化内涵的旅游线路，同时结合现代科技手段，提升旅游者的参与度和体验感。

注意事项：尊重历史文化遗产的真实性和完整性，避免过度商业化和娱乐化。

（三）城市观光旅游线路设计

线路特色：以现代化的城市风貌和都市文化为吸引点，展示城市的繁华与活力。

景点特色：选取城市标志性建筑、商业中心、文化场所等作为参观点，结合城市交通网络，设计便捷高效的观光线路。同时，融入当地特色美食、购物等元素，丰富旅游者的旅游体验。

注意事项：确保旅游者的安全与便利，合理规划行程时间，避免高峰时段和拥堵路段。

（四）乡村休闲旅游线路设计

线路特色：以宁静的乡村风光和田园生活为卖点，提供远离喧嚣、回归自然的休闲度假体验。

景点特色：选取具有代表性的乡村景点，如农田、果园、溪流、民居等，打造亲近自然的旅游环境。同时，结合当地民俗文化和特色美食，设计富有乡村气息的休闲活动。

注意事项：保持乡村的原生态风貌和特色文化，避免过度开发和城市化倾向。

（五）乡村科普教育线路设计

线路特色：该线路主要以青少年、兴趣爱好相符的人群为目标群体，路线设计应遵循由简单到复杂的形式，其中也需要合理布置视觉兴奋点。

景点特色：各地乡村旅游资源的丰厚度、特色度、组合度及区位条件是不同的，需要突出乡村自然景观优势、传统文化优势及民族特色。通过科教融合、全感体验的形式激发旅游者的科学兴趣和热情，培养他们的动手、动脑能力，提升想象力和创造力。

注意事项：活动安排应具有体验性，可以有多重体验，如看、听、闻、触摸等；设置有奖问答、手工制作等活动。

（六）爱国主义教育类研学线路设计

线路特色：按学生层级可以以"一位老红军眼中的中国""××村/镇的百年变迁""眼中的大国重器"等为课程主题分小组进行，通过文献资料查询、实地走访、座谈访谈等方式进行古今对比探究，深化爱国主义研学实践，最终上升为对国家、民族的认同感、责任感和价值感，激发学生的爱国热情。

微课：讲解红色故事

景点特色：在线路设计时，选取具有代表性的红色旅游景区，革命类博物馆、纪念馆、陈列馆、革命遗址、爱国主义教育示范基地、红色体验项目、红色纪念品等，在了解革命先烈们的英勇事迹、可歌可泣历史的同时，看到现代国家的富强、繁荣，油然而生民族自豪感、历史使命感和爱国主义精神。

注意事项：在研学旅行线路设计的过程中要谨记"安全第一，预防为主"的旅游安全管理工作方针，做好前期的实地考察，将安全防范贯穿整条旅游线路。做到行前有预案、行中有保障、行后有总结。

 分享点评

爆款旅游项目的智造法则：多角度创新旅游产品（节选）

网红旅游是互联网迅猛发展的必然产物，新、奇、怪的特色旅游景点往往成为大众关注的热点，每个爆红的背后，都是一个个新奇的创意和体验。无论是"网红景点"还是"网红项目"，想要成为爆款，就要从食、住、行、游、购、娱等多角度创新旅游产品。

最初的"网红景区""网红项目"大部分是被动成名的，或者因为作为一部知名影视剧的背景、一档高收视率的娱乐节目的举办场地，甚至是因为一种社情发酵，如致青春、怀念旧爱、年代记忆等，成名以后带来的显而易见的流量和效益使运营者看到其中的巨大商业机会。

旅游景区／景点想要打造成"网红"，可从以下三个方面着手：第一，引入或创造"网红项目"。景区通过引入具有辨识度、有创意、有特色的项目带来的轰动性效应而实现景区走红的目的。一些新、奇、特项目，能够在短时间内吸引人们的注意，并能够将这种注意力迅速转化为人们的"打卡"行为，这种项目就有潜力打造成"网红项目"。第二，搭建"网红场景"，丰富营销渠道。"网红景区"现象的产生除了其自身场景所具备的各种特质外，移动互联网的技术与流量，对"网红景区"的发展起了巨大的作用。内容创意加上"网红场景"，线下景区导流，线上短视频平台助推，两者共同作用，形成良性闭环，才得以走红全国。第三，借助"网红"效应，持续改进优化，最终成为知名景区、品牌景区。部分"网红景点"走红之后，由于一味注重流量、疏于管理，也面临昙花一现的危机。因此，景区经营者必须要有长期的规划，只有对场景持续优化，才能保证自身的可持续发展。

重庆洪崖洞就是典型的代表。洪崖洞是经过现代人二次造景的景区，拥有别具一格的"立体式空中步行街"，是最具层次与质感的城市景区商业中心。为了打造出这座具有巴渝建筑特色的吊脚楼，设计师对方案进行了近万次修改，最终成功打造出一个《千与千寻》般的梦幻世界，作为线下的引流端口。洪崖洞自身的景点特色也在于此——美轮美奂的电影化夜景。由于其场景具有趣味性、可传播性等特点，在受众中引发了广泛的共鸣，从而调动了受众在一定范围内，自发主动地对景区进行宣传与推广。线下景区导流与线上短视频移动网络平台助推，两者共同作用，使洪崖洞热度居高不下。

（资料来源：旅游大百科，2022年4月6日）

点评：洪崖洞由于其场景具有趣味性、可传播性等特点，在受众中引发了广泛共鸣，从而调动了受众自发主动地对景区进行宣传与推广。线下景区导流与线上短视频移动网络平台助推使洪崖洞热度居高不下。因此，旅游景区／景点想要打造成"网红"，必须要有长期的规划，只有对产品持续优化，才能保证自身的可持续发展。

任务三　旅游产品价格制定

一、旅游产品价格的概念及构成

（一）旅游产品价格的概念

旅游产品价格是旅游者为满足旅游活动的需求而购买单位旅游产品所支付的货币量，它是旅游产品价值、旅游市场的供求关系和货币币值三者综合反映的结果。具体来说，它包含以下几层意思：

（1）旅游产品价格是指旅游产品或服务的价格。由于旅游产品或服务通常不会发生所有权的转移，因此旅游产品价格通常也是指使用权的价格。

（2）旅游产品价格是旅游产品或服务价值的货币表现，因此，用不同的货币表示的价格可能不同。

（3）旅游产品价格一般是指旅游产品基本部分的价格，主要包括旅游目的地向旅游者提供的住宿、饮食、交通、游览和娱乐活动等方面的价格。

（二）旅游产品价格的构成

一般商品的价格由原材料价格、劳动力价格和利润三部分组成，同样，旅游产品的价格主要由旅游产品的供应成本、旅游服务费用和旅游企业的利润三部分组成。

1. 旅游产品的供应成本

与其他产品一样，旅游产品也是有供应成本的。例如，餐馆中的餐饮食品中所耗费的原材料、水电气、房租的分摊等，旅行社向各个供应企业采购旅行社产品时所花费的费用，以及旅行社日常经营所花费的各类成本的分摊等。这类成本通常可分为固定成本的分摊和单位变动成本两个部分。

2. 旅游服务费用

由于旅游产品中含有大量的服务内容，因此很多旅游产品中包含了大量的服务费用。例如，在旅行社产品中，可能包含了导游人员的服务费用、旅行社计调人员的费用、司机的服务费用等；餐厅费用可能包含了服务人员的费用、厨师的加工费用等。

3. 旅游企业的利润

在旅游产品的价格中，通常还包含了旅游企业的利润，这是旅游企业经营的主要动因。

二、旅游产品价格的分类

（一）按旅游者的需求程度分类

按旅游者的需求程度，旅游产品价格可分为基本旅游产品价格和非基本旅游产品价格。旅游产品中并非所有部分都是旅游者所必需的。旅游者在旅游活动过程中必不可少的那部分旅游产品，如吃、住、行、游方面的价格，属于基本旅游产品价格；非基本旅游产品价格是指旅游者可买可不买的那部分产品的价格，如购物方面、娱乐方面等。从中可以看出，基本旅游产品价格对旅游者的旅游决策影响是巨大的，旅游企业应该制定出合理的基本旅游产品价格。

（二）按价格与价值的相符程度分类

根据价格与价值的相符程度，旅游产品价格有一般旅游产品价格与特种旅游产品价格之分。一般旅游产品价格是指在定价中，旅游产品以价值为基础进行定价，因此价格不会背离产品的基本价值，其波动范围也有限。旅游产品中大多数产品的价格是一般旅游产品价格。特种旅游产品价格是指在定价中价格与产品价值偏离较大的价格。这类产品要么是垄断性较强，要么是含有特殊意义，不能用价格反映其产品价值。例如，多数博物馆是免费的，多数的城市公园也可以免费参观。

（三）根据旅游产品的指向对象分类

根据旅游产品的指向对象，旅游产品价格可分为国内旅游产品价格和国际旅游产品价格。国内旅游产品价格是针对国内旅游者制定的旅游产品价格，主要受国内生产成本和国内市场状况影响；国际旅游产品价格是针对国际旅游者制定的价格，它除受生产成本和国际市场状况的影响外，还受到国家关系变化、汇率变动等诸多国际贸易因素的影响。

（四）根据旅游产品价格所反映的产品内容分类

根据旅游产品价格所反映的产品内容，旅游产品价格可分为旅游包价和单项旅游产品价格。旅游包价是指包含了诸多因素的综合性价格。例如，在旅行社经营中，很多旅行社就包含了大量全包价旅游产品、半包价旅游产品、小包价旅游产品、零包价旅游产品等包价旅游产品；一些旅游目的地也有所谓"套票"，包含了大量旅游服务内容。单项旅游产品价格仅仅包含一项旅游服务或一个单项旅游产品的价格，如旅行社协助办理签证手续的费用、景区提供景区讲解的费用等。

（五）按照产品销售的方式分类

按照产品销售的方式分类，旅游产品价格可分为旅游优惠价和旅游差价。

（1）旅游优惠价是指在旅游产品基本价格的基础上，给予旅游者一定的折扣或其他优惠的价格。这种折扣和优惠往往针对旅游产品的群体购买者、经常购买者或在有特殊事件发生时使用。

（2）旅游差价是指同种旅游产品由于时间、地点、质量或其他方面的原因而导致的不同价格，如地区差价、季节差价、团队客人和散客客人之间的差价等。

 分享点评

安徽"免门票"新政惹热议，景区客流现猛增！旅游新潮流引关注

近年来，旅游业持续火爆，使越来越多的景区和目的地也加入了"免门票"的行列。

继北京、重庆等地区之后，安徽黄山也在2024年二季度正式推出了大范围的"免减优"门票政策，为游客带来了实实在在的实惠。

在2024年4月至6月的非节假日每个周三，黄山风景区将对全球游客完全免门票。此外，在其他时间段，对周边8市的市民及境外游客也将享受半价优惠。

除黄山风景区外，安徽省还有10个景区实现了常态化不收门票，全省常年免门票的景点达到了32处。

我们发现，这种"免减优"政策的覆盖面之广前所未有。从免门票当天的游客量就可见一斑，2024年4月清明假期，黄山等地区90个4A级以上景区共接待游客91万人次，同比大增52.6%，可谓是出乎意料的客流狂潮。

对于这一系列利好政策，黄山风景区某负责人解释说："我们推行这样的门票优惠活动，主要是想吸引更多游客来黄山游玩，从而带动黄山风景区和黄山市整体旅游经济的发展。"

旅游专家表示，这种大范围的免门票政策的确会在短期内吸引大量游客前来观光，对拉动旅游消费、提振旅游市场具有直接而明显的推手作用。

免门票作为一种旅游行业的营销手段早已存在，主要目的就是通过低门票甚至免费放行，增加游客量和知名度，最终实现"甜头"效应，带动游客在餐饮、购物、住宿等方面的营收增长。

作为安徽最负盛名的山水景区，黄山凭借着丰富的自然与人文旅游资源，每年都吸引着大量中外游客前来观光。但与此同时，门票价格往往也会成为许多游客的顾虑和羁绊。

当前我国正处于扩大内需的重要阶段，通过降低甚至免除门票成本，可以极大缓解游客的旅游负担，助推国内旅游消费升级。

有分析指出，免门票等优惠政策预计至少可以直接带动景区旅游收入10%以上的增长，潜在经济效益将是可观的。

除刺激消费外，免门票还能够加强景区知名度，增强城市综合竞争力。黄山各界的有识之士认为，在全球化竞争日益激烈的今天，如何让黄山旅游在国内乃至世界都更加熠熠生辉，是需要长期坚持的发展理念。

正如黄山风景区某负责人所说，免门票并非单纯为了追求短期利益，而是希望通过高品质旅游服务和人性化的政策优惠，让更多人走进黄山、认识黄山，进而增进对这座旅游名城的热爱和向往。一旦"来了就走不开"的口碑效应形成，黄山本地旅游经济必将步入良性循环发展之路。

这项政策的实施并非一蹴而就。如何在吸引游客与控制客流的同时，确保景区和本地居民的正常生活不受影响，无疑是一个需要高度重视的问题。

但是，值得肯定的是，安徽当地政府已经洞察到了旅游业发展的价值所在，并采取了一系列切实有效的措施、招商引资政策，势必会为黄山旅游发展注入更多新鲜活力。

相信有了各方的齐心协力和长远谋划，黄山等地旅游业一定能迎来新一轮的骄人成绩。唯有持续深化改革、创新服务模式，方能让免门票政策做到旅游增效、消费旺盛、生态友好的多赢格局。毕竟，旅游兴旺发展不仅体现了一座城市的良性竞争力，更能推动地区经济腾飞和文化交流，造福当地百姓。

（资料来源：微信公众号，时光爱看，2024年5月2日）

点评： 如今越来越多的城市，用"免费开放"来吸引游客并尝到了甜头，黄山景区免门票政策做到旅游增效、消费旺盛、生态友好的多赢格局。跳出"门票经济"，景区如何增加营收？该如何促进游客在景区的"二次消费"？这些成了景区现阶段的"必答题"。那么，在实际中旅游企业定价受哪些因素的影响？

三、旅游产品价格的影响因素

旅游产品价格受多种因素的影响，这些因素敏感且活跃，是旅游企业定价因素中最难以掌控的因素。这些因素可分为可控因素（内部因素）和非可控因素（外部因素）。

（一）可控因素

1. 旅游企业营销目标

旅游产品定价首先要遵从企业的营销目标，旅游企业在市场竞争中取得的地位及产品定位，都是影响旅游产品定价的重要因素。以市场为导向的旅游企业，根据企业发展的总体目标设置合适的价格。这些目标包括理想的利润目标、预期的投资收益率、一定的市场占有率。企业的目标越明确，就越容易确定产品价格。经常推出新技术的企业或公司喜欢制定高价，从而实现市场获利最大化。通常，旅游企业的定价目标有以下几种。

微课：影响旅游产品定价的因素

（1）生存导向型目标。如果旅游企业产量过剩或面临激烈的市场竞争，通常采取生存导向的定价目标。这种定价主要是为了维持企业的生存，因此通常都是以较低的价格吸引更多的旅游者。此时的旅游企业主要考虑的是较高的固定成本是否可以被尽可能多地补偿，对于利润可能不怎么看重。定价方法中的"边际贡献定价法"就经常被用于此类目标的旅游企业。

（2）利润导向型目标。利润导向型目标是为了获得足够的利润，一般用于旅游企业面临较好的市场局面时。具体来说，旅游企业有利润最大化、满意利润、当期利润最大化、投资收益率等目标。定价方法中的"成本加成定价法""目标收益定价法"等即属于此类目标的定价方法。

（3）销售导向型目标。此时旅游企业的定价目标主要是销售产品，具体目标可以是获得足够的市场份额、实现销售量的最大化、保持良好的分销渠道等。为了获得足够大的销售量，旅游企业不一定非得使用低价法，有时候高价格也能起到相同的效果。

（4）竞争导向型目标。为了在激烈的市场竞争中获胜，旅游企业在定价中也会采用不同的定价方法。通常，如果旅游企业的竞争能力弱，大多采取较低的价格以应对竞争；旅游企业的竞争能力强，也可以采用较高的价格出售产品。

（5）形象导向型目标。旅游价格是旅游企业形象的重要组成部分。为了维持特定的旅游企业形象，旅游企业也需要制定与形象相一致的价格。

2. 旅游经营成本

旅游产品的成本是制定价格的基础，主要由旅游产品生产过程和流通过程所花费的物质消耗和支付的劳动报酬组成，即固定成本和变动成本。固定成本是指不因产量或销售额变化而变化的成本，如固定资产折旧费、租金、办公费、固定工资等。变动成本是随产量或销售量变化而变化的成本，如采购成本、奖金等。两者常常是影响旅游产品价格最直接、最基本的因素。只有产品售价高于成本的部分，才是企业的盈利。降低成本主要是降低企业的变动成本，同时尽可能减少固定成本的支出。除促销等特殊情况外，通常情况下，旅游产品的成本决定了旅游价格的下限。

3. 旅游产品品质和组合要求

不同的旅游产品品质决定了市场售价的差异。旅游产品本身越有特色，越能形成垄断，其定价可以越高；反之只能越低。在考虑旅游产品本身因素时，旅游企业可以考虑如下因素：旅游产品的独特性、出现同类产品的可能性、旅游者对旅游产品需求的价格弹性等。旅游产品价格的高低还经常与旅游目的地的形象相联系。产品品质好，组合策略优秀，市场认知形象好，不可替代性强，旅游消费者购买会有一种身份认同感，那么营销人员可以定高价；而品质一般、市场认知形象一般的则可定中低价。例如，锦江国际酒店集团按照酒店品质高低划分，旗下分别有豪华型的锦江酒店、中端型的锦江都城和经济型的锦江之星三种等级的产品价格。

（二）非可控因素

1. 旅游市场需求

旅游市场需求需要考虑两种情况：一是市场竞争格局；二是竞争者的竞争能力。在西方经济学中，市场根据竞争状况可以被分为完全竞争、垄断竞争、寡头垄断、完全垄断四种类型。旅游产品成本决定了产品价格的下限，而旅游产品价格的最高限度则取决于旅游者的需求程度。在各种类型的市场中，旅游企业可以采取的定价策略是有差异的。竞争者的竞争能力越强，旅游企业在定价方面就越要慎重；对于竞争者的价格变动，旅游企业也不能无动于衷。当产品的市场需求大于供给，即供不应求时，企业可以通过提高价格抑制需求；当产品的市场需求小于供给，即供过于求时，企业可以通过降低价格刺激需求。一般情况下，价格的变动会引起市场需求的反方向的变动。也就是说，当价格提高，市场需求就会减少；相反的，当价格降低，市场需求就会增加。因此，需求曲线一般是向下倾斜的。这是供求规律发生作用的表现。

此外，不同旅游产品的市场需求量对价格变动的反应不同，也就是不同产品的需求弹性系数不同。例如，在旅游目的地，游览、观光的主要景观产品缺乏弹性，而食宿等产品弹性较大，营销者在旅游旺季提高食宿价格，淡季则降低食宿价格，以吸引旅游者消费。

2. 社会经济状况

社会经济因素主要是指一个国家或地区的经济发展状况，它从宏观上对企业产品定价产生约束。

（1）社会生产的发展状况。在一般情况下，社会生产发展越快或建设扩充时期，由于社会需求量增大，产品价格容易上涨；反之，在社会生产萎缩或衰退时期，社会需求减少，产品价格就会下跌。社会生产若处于良性平衡发展阶段，社会物价整体水平平衡；社会生产若处于失衡发展阶段，必然会出现结构性供求矛盾，社会物价水平便会发生动荡。这些都会影响到旅游企业旅游产品的定价。

（2）社会购买力水平。社会经济的发展与社会购买力水平的提高是紧密相连的。社会经济越发展，人们的购买力水平则越高。在此情况下，消费者对价格的敏感程度会有一定程度下降，产品价格可适当提高；反之，则产品价格应适当降低。

（3）社会货币发行量。社会货币发行量与价格水平有密切的关系。货币的发行量如果超过了商品流通中的正常需要，就意味着通货膨胀，纸币贬值，产品价格就会上涨。旅游产品价格如果大幅度上升，会在一定程度上破坏旅游目的地的形象，损害旅游者的利益，从而使旅游者人数减少、旅游收入下降。如果国家保持适度从紧的货币政策，控制信贷规模，货币发行量与流通中对货币的需要量保持基本一致，产品价格就会稳定。

（4）汇率因素。如果涉及跨国业务，旅游企业在定价中还会受到汇率变动的影响。汇率是指两国货币之间的比价，就是用一国货币单位表示对另一国货币单位的价格。一般来说，汇率变动对旅游价格的影响主要是通过旅游产品或服务的报价形式体现。

3. 法律法规因素

市场经济的发展、价值规律、供求规律和竞争等的自发作用，会产生某些无法自我完善的弊端。在我国社会主义市场经济中，政府制定了一系列的政策和法规，如《中华人民共和国价格法》《中华人民共和国反不正当竞争法》等，对市场进行管理，制定和建立了较为完善的价格监管机制。这些政策、法规和措施有监督性的，有保护性的，也有限制性的，它们在社会主义市场经济中制约着价格的形成，是企业定价的重要依据，企业在制定价格策略时都不能违背。按照政府对价格的管制程度，可以将定价方式分为政府定价、政府指导价和市场价格等形式。在旅游行业中，由政府定价或政府给出指导价的情况很多，政府很多时候也出台专门法律规范和约束旅游行业中的定价行为。从长期来看，法律法规因素将会对企业定价行为产生越来越大的影响。

4. 旅游产品的生命周期

旅游产品处于不同的生命周期，其价格也往往表现出差异。通常情况下，在投入期旅游企业可以将旅游产品的价格定得比较高，此时新产品刚上市，具有较高的垄断性；在成长期旅游产品价格则开始逐渐下降，因为技术、规模等原因都使旅游企业的成本下降；在成熟期旅游产品价格通常趋于稳定或进一步降价；衰退期的旅游产品价格通常都不会太高。

四、旅游产品价格制定的方法

旅游产品的定价方法很多，从旅游企业定价的角度出发，可以将定价方法

微课：旅游产品
定价的方法

大致归为成本导向定价法、需求导向定价法和竞争导向定价法三类。

（一）成本导向定价法

成本导向定价法是指旅游企业在定价时首先考虑的是企业的成本，依据旅游产品的成本决定其销售价格。其主要优点有旅游企业对企业的成本比较了解；依据目标利润制定，有明确的目标导向；整个定价过程科学理性，随意性弱；价格计算过程简单，易于理解和使用。其缺点也很明显：成本导向定价是基于提前预估成本制定，如果实际生产发生改变则会直接导致成本发生改变，忽略了市场需求和竞争因素，只从企业本身的角度考虑问题；如果旅游企业成本高于竞争者，旅游产品的价格可能会不受市场欢迎，导致旅游企业市场竞争力不足；对于某些企业目标，如市场渗透、对抗竞争等行为帮助有限；可能使定价策略丧失灵活性等。成本导向定价法又包含了很多定价法，具体如下。

1. 成本加成定价法

成本加成定价法是指在产品的确认成本中按一定比例或数量加上一个标准数额的加成确定产品的销售价格。加成比例可以基于单位成本，也可以基于销售价格。其计算公式为

$$单位产品价格 = 单位产品成本 \times （1 + 成本利润率）$$

通过加成比率（R）、售价（P）和平均成本（AC）可分别得出其计算公式：如果基于成本计算成本加成价格，则有 $P = AC \times （1 + R）$；如果基于售价计算成本加成价格，则有 $P = AC / （1 - R）$。

这种计算方法的前提是要明确知道产品的单位成本，还要有确定的利润率或加成率，也就是在单位产品成本的基础上加上一定比例的盈利。单位成本通常通过调查统计、会计等方法计算得出，加成率或利润率则根据营销目标或管理目标制定。

小案例

成本加成法的计算

例题 1：某餐馆生产某道菜品的总成本为 180 000 元。预计此道菜全年会卖出 1 000 份。餐馆老板为此道菜确定的利润率为 10%。用成本加成法计算，此道菜应该卖多少钱一份？

解：产品单价 = 单位产品成本 × （1 + 加成率）
　　　　 = 180 000/1 000 × （1 + 10%）
　　　　 = 198（元）

答：该产品的单位价格是 198 元。

例题 2：某旅游饭店共有客房 600 间，全年客房固定成本总额为 3 000 万元，全年客房出租率预计为 70%，客房单位变动成本为 80 元，预期利润率为 30%。用成本加成法计算，客房每晚的价格是多少钱？

解：产品单价 = 单位产品成本 × （1 + 加成率）

（1）单位产品成本 = 30 000 000/（600 × 365 × 70%）+ 80
　　　　　　　　　 = 195.69 + 80
　　　　　　　　　 = 275.69（元）

（2）客房每晚价格 = 275.69 × 1.3
　　　　　　　　　 = 358.4（元）

答：客房每晚的价格大约为 359 元。

例题 3：某会展企业举办了一次展览活动，假设其收入只有观众门票收入，成本包

括以下几项。

（1）场地租赁费 10 万元，现场设施设备 10 万元；

（2）邀请明星、特殊观众等出场费 10 万元；

（3）人工、礼仪、现场维护费用 6 万元；

（4）每接待一位观众将支出茶水、清洁等费用 10 元。

经过市场调查，预计该展览活动有 2 万人前来参观。现在该企业为自己设定的成本加成率是 20%，请问卖给观众的门票应设定为多少钱？

解：产品单价 = 单位产品成本 ×（1 + 加成率）

从题目中知道，场地租赁费、设施设备费、特殊观众费、现场维护费等均为固定成本，共计 36 万元。此费用由 2 万人分摊，每人分摊的数量是 = 36 万 /2 万 = 18 元。

茶水清洁费为变动成本，为 10 元 / 人。

每人的单位成本合计 28 元。

代入公式计算，观众门票 = 28 × 1.2 = 33.6（元）。

答：门票应为 34 元。

例题 4：某旅游纪念品企业生产的工艺品 10 万件拟出售给市场。经过市场预测，该企业销售部为该产品确定的市场价格是 20 元 / 件，这将使该企业获得利润 30 万元。由于油价上涨及其他成本因素，工艺品的运输成本上涨了 2 元 / 件。销售部也临时调整计划，将加成率变成了 25%。那么新的价格应该是多少？

解：产品单价 = 单位产品成本 ×（1 + 加成率）

根据题意，如果按照 20 元的价格销售这批工艺品，那么企业将获得收益 = 20 × 100 000 = 2 000 000（元），这将使企业获利 30 万元。

于是，这批产品的成本为 = 2 000 000 − 300 000 = 170（万元）。

由此可以得到原来的单位成本 = 170 ÷ 10 = 17（元），新成本 = 17 + 2 = 19（元）。

代入公式计算，新价格 = 19 × 1.25 = 23.75（元）。

答：此批工艺品的新价格为 24 元 / 件。

2. 目标收益定价法

目标收益定价法是旅游企业根据其总成本和预测的总销售量，确定一个目标收益，进而计算旅游产品的价格。其计算公式为

$$单位产品价格 =（总成本 + 目标利润）/ 预期销售量$$

此方法的前提仍然是要先明确成本，目标利润是旅游企业根据经营目标而确定的，销售量则是企业预测的。这种计算方法的实质与成本加成定价法相同，不同的是成本加成定价法中用加成率表示利润，此方法则使用了数值表示利润。

 小案例

目标收益法的计算

例题 1：某餐厅新推出了一个套餐，年销量计划为 5 万桌。每桌总成本为 500 元。餐厅打算在此套餐上赚取利润每年 800 万元，试计算此条件下，每桌价格为多少？

解：产品销售价格 =（总成本 + 目标利润总额）/ 销售总量

　　　　　　　　 = 单位成本 + 单位利润

目标收益为 800 万元，那么每桌应该分摊的利润 = 8 000 000 ÷ 50 000 = 160（元 / 桌）。

根据目标收益法的公式，每桌价格 = 500 + 160 = 660（元）。

答：每桌价格为 660 元。

例题 2：某航空公司有条从我国广州到老挝万象的客运航线。已知该航线有 10 架 200 个座位的飞机。每架飞机每 5 天往返一次，每架飞机每往返一次的总费用为 30 万元。经过统计，飞机的乘坐率为 80%。公司为此线路设定的年利润为 1 800 万元，若飞机往返的票价相同，且不考虑题中条件之外的其他因素，那么该条线路的机票应该定为多少钱？

解：产品销售价格 =（总成本 + 目标利润总额）/ 销售总量

　　　　　　　　 = 单位成本 + 单位利润

要先计算销售总量，销售出去的座位 = 200 × 10 ×（365/5）× 2 × 80%

　　　　　　　　　　　　　　　 = 233 600（个）

这些座位要分摊 1 800 万元的利润，则每个座位的单位利润为 = 18 000 000/233 600

　　　　　　　　　　　　　　　　　　　　　　　　　 = 77.05（元）

每架飞机每往返一次总费用为 30 万元，单程成本为 15 万元，则：

每个座位单位成本 = 150 000 ÷（200 × 80%）= 937.5（元）

所以每个座位的价格 = 77.05 + 937.5 = 1 014.55（元）

答：每张机票的价格应为 1 015 元。

例题 3：某公务公司总经理计划从其承办的某次 3 日会议中赚取 50 万元。这次会议的收入只有参会者缴纳的会费；其支出具体如下：

（1）租赁的酒店会议室 1 万元 / 天；

（2）邀请的 5 位演讲者出场费 1 万元 / 人，媒体出场费 1 万元 / 天；

（3）与会者住宿费 300 元 / 人天，餐饮费 150 元 / 人天。

现在打算邀请 1 000 名会议者参会，请问应向每位参会者收取多少会费？

解：产品销售价格 =（总成本 + 目标利润总额）/ 销售总量

　　　　　　　　 =（固定成本 + 目标利润总额）/ 销售总量 + 单位变动成本

从题目中可知，固定成本总额 = 1 × 30 000 + 1 × 50 000 + 1 × 30 000 = 110 000（元）

　　　　　　　　目标利润总额 = 50 万元

　　　　　　　　单位变动成本 =（300 + 150）× 3 = 1 350（元）

则会费 =（500 000 + 110 000）/1 000 + 1 350 = 1 960（元）

答：应向每位参会者收取会费 1 960 元。

3. 盈亏平衡法

盈亏平衡法又称为保本定价法，是指旅游企业根据产品的成本和估计销售量计算出产品的价格，使销售收入等于生产总成本。其计算公式为

　　　　单位产品的价格 = 单位产品的变动成本 + 固定成本总额 / 估计销售量

此方法其实是在目标收益定价法的基础上不考虑利润，因此计算方法也基本相同。

 小案例

盈亏平衡法的应用

例题 1：计算价格。

某餐厅有餐座 200 个，餐厅每天应摊销的固定费用 1 800 元，每餐座平均消耗原材料 15 元，预计餐座销售率为 60%，该餐厅营业税率为 5%。用盈亏平衡定价法确定餐厅每餐座的销售价格。

解：（1）每天销售量 = 200 × 60% = 120（个）。

（2）每个餐位的成本 = 1 800/120 + 15 = 30（元）。

（3）每餐座的价格 = 30 ÷（1 − 5%）= 31.58（元）。

答：该座位的销售价格是 32 元。

例题 2：计算保本销售量。

某旅游纪念品厂商的管理人员正在考虑对一种新产品甲进行投资。新产品预计售价 125 元/件，单位变动成本预计 75 元，每年固定成本总额预计 60 万元。管理人员想要知道：（1）需销售多少件产品甲，企业才能达到损益平衡？（2）若要实现盈利 18 万元需销售多少件产品甲？

解：（1）从题意可知，每件产品的单位固定成本 = 125 − 75 = 50（元）。

每件商品分摊 50 元固定成本，要分摊 60 万元，那么需要的产品件数为 600 000 ÷ 50 = 12 000（件）。

（2）此时，不再是盈亏平衡了，而是有目标利润。可以将 50 元看成是每件商品要分摊的固定成本和利润之和。每件商品要分摊 50 元，一共需要分摊 60 万 + 18 万 = 78 万元，则需要的产品件数为 780 000 ÷ 50 = 15 600（件）。

答：该旅游纪念品厂商为了盈亏平衡，需要销售 12 000 件商品；为了盈利 18 万元，需要销售商品 15 600 件。

例题 3：多种产品的计算。

某旅游纪念品公司生产销售 A、B、C 三种产品，销售单价分别为 20 元、30 元、40 元；预计销售量分别为 30 000 件、20 000 件、10 000 件；预计各产品的单位变动成本分别为 12 元、24 元、28 元；预计固定成本总额为 180 000 元。

求：各种产品的保本点。

解：此题的解题思路为引入联合产品的概念，即把多个产品看成是一个产品来计算。

产品销售比 = A∶B∶C = 30 000∶20 000∶10 000 = 3∶2∶1

联合单价 = 20 × 3 + 30 × 2 + 40 × 1 = 160（元）

联合单位变动成本 = 12 × 3 + 24 × 2 + 28 × 1 = 112（元）

联合保本量 = 180 000/（160 − 112）= 3 750（件）

各种产品保本销售量计算：

A 产品保本销售量 = 3 750 × 3 = 11 250（件）

B 产品保本销售量 = 3 750 × 2 = 7 500（件）

C 产品保本销售量 = 3 750 × 1 = 3 750（件）

A 产品保本销售额 = 11 250 × 20 = 225 000（元）

B 产品保本销售额 = 7 500 × 30 = 225 000（元）

C 产品保本销售额 = 3 750 × 40 = 150 000（元）

4.边际贡献定价法

边际贡献定价法又称为边际变动成本定价法。边际贡献是指每增加单位销售量所得到的收入超过增加的变动成本部分，也就是补偿固定成本的费用和企业的盈利。其计算公式为

$$单位产品价格 = 单位产品变动成本 + 边际贡献$$

例如，某件商品的价格为 10 元，已知单位变动成本为 3 元，那么每件商品的边际贡献为 $10 - 3 = 7$（元）。这个 7 元可以用来弥补产品分摊的固定成本，如果冲抵了固定成本还有剩余，那么就是每件商品的盈利。

在旅游行业中，边际贡献定价法主要是一种定价的思想，它经常用来解决在激烈的市场竞争状况下，企业如何"亏"才更划算的问题。

 **案 例 分 享**

用边际贡献定价法确定旅游企业是否应该继续经营

例题：某纪念品企业年固定成本总额为 8 万元。其生产的纪念品每件产品的可变成本为 0.7 元。由于市场行情恶化，该产品的市场价格为 1 元，预计市场需求量为 10 万件。

课堂讨论：如果该企业转产经营其他业务十分困难，那么该企业是继续经营还是停产？

解：由于转产困难，该企业只能在继续经营和停产两个方面进行选择。

如果继续经营，企业收益 $= 1 \times 100\,000 - 80\,000 - 0.7 \times 100\,000 = -50\,000$（元）。

如果选择停止经营，则所有固定成本全亏，固定成本为 8 万元。

很显然，在亏 5 万和亏 8 万之间，企业应该选择亏 5 万，也就是继续经营。

那么，为什么继续经营下去企业会少亏 3 万呢？这得益于边际贡献。从题目中可知，该商品价格为 1 元，可变成本为 0.7 元，那么每件商品可带来的边际贡献 $= 1 - 0.7 = 0.3$（元），10 万件商品一共可以获得总贡献 $= 0.3 \times 100\,000 = 30\,000$（元）。这 3 万元可以弥补一部分固定成本，所以在经营的情况下，固定成本不会被全部亏光，而会少亏 3 万元。

判断企业是否应该继续经营下去，可以有一个更简单的方法，那就是看价格与单位可变成本之间的关系，如果满足 $P \geq AVC$，也就是如果价格大于或等于单位可变成本，企业就可以继续经营下去；如果 $P = AVC$，此时企业的边际贡献为 0，经营下去和不经营下去的效果是一样的；如果 $P > AVC$，此时企业的边际贡献大于 0，多出的收益可以弥补一部分固定成本，减少损失；如果 $P < AVC$，那么企业的边际贡献为负，此时企业必须停止营业，因为如果继续经营，不仅固定成本会亏光，而且可变成本都无法完全补偿，做得越多，亏得越多。

在使用边际贡献定价法决定是否应该继续经营的时候，通常都有一个前提：现有业务所依赖的固定设备在特定时间内无法用作他途，企业转产困难；因为如果企业转产容易，那它完全可以将这些设备用于生产其他不会亏本的业务。而旅游企业的多数产品都存在不可储存的特点，而又无法用作他途，因此经常需要考虑使用这个方法。

思考：既然只要满足 $P \geq AVC$ 即可继续经营下去，那为什么现实中经常出现经营者不按此规律经营的情况？有的酒店十分"讲原则"，即使深夜，客房也从来不降价出售，他们的销售人员这么做很愚蠢吗？你是否认为他们这么做也有正确的一面呢？正确在何处？

除上述方法外，成本导向定价法还有千分之一法、投资回收期法等。

（二）需求导向定价法

需求导向定价法是根据市场中旅游者的需求程度、需求特点和旅游者对旅游产品价值的认识理解程度制定价格的一种方法。虽然采用这种方法依旧要考虑产品成本，但成本已经不是定价的主要依据，定价的主要依据是市场的供需情况和消费者对产品价值的理解程度。

1. 认知价值定价法

认知价值定价法是指旅游企业根据旅游者对产品的感受价值和理解程度制定价格的一种方法。旅游企业应当让旅游者感知到所支付的价格与得到的感知价值是相等的。该定价方法定价的关键是消费者对价值的认识，其思想能与现代产品定位思想相符合。有关研究表明，消费者对价值的感知是购买决策中最关键的因素。在选购产品时，消费者会把感受价值作为一种权衡标准，它涉及产品或服务的感知利益和感知品质，以及为获得这些利益和品质而付出的成本。

2. 反向定价法

反向定价法也称为逆向定价法，指的是旅游企业定价时不以成本为起点，而是根据旅游者能够接受的最终价格，计算出企业从事经营活动的成本和利润，从各个营销渠道倒推计算出产品的价格。分销渠道中的批发商和零售商经常采用这种定价方法。

3. 需求差异定价法

需求差异定价法指的是根据市场需求的时间差、数量差、地区差、消费水平，以及心理差异等不同细分市场对同一产品采取不同的定价策略。由此在市场需求旺盛时定高价；反之则定低价。需求差异化定价并不主要考虑成本，而是将旅游者需求的差异化作为定价的最根本依据。例如，相同区间的机票由于季节差异会制定不同的价格；景区门票价格对于学生群体、本地市民与外地旅游者有所不同。需要注意的是，企业在运用这种方法时，不能引起旅游者的反感，要符合旅游者的效用价值评价。

（三）竞争导向定价法

所谓竞争导向定价法，是指旅游企业在定价时首先考虑的是市场竞争状况，旅游企业在定价时会更多考虑竞争对手的价格，以确保自己在竞争方面的优势。这并不意味着旅游企业的价格就一定会与竞争对手保持一致，只要有利于竞争，旅游企业的价格可以高于、等于或低于竞争对手的价格。这种方法的优点是可以从价格方面保持旅游企业在竞争中的优势。其缺点是过分关注价格上的竞争，可能会为了获得价格优势而失去差异化优势；容易引起竞争者报复，导致恶性的降价竞争，使旅游企业乃至整个行业都丧失利润；对竞争者的价格变化及相关商业机密难以精确估计。

1. 随行就市定价法

随行就市定价法指的是企业根据市场上本行业主要竞争者的价格定价。由于这种方法可以避免在同行业内挑起价格战，因此中小企业通常会采用这种方法。但一些大企业也会根据其自身目标市场、品牌形象、营销组合中的其他因素，制定一些稍微高于或低于同行业竞争者的价格。随行就市定价法的优点在于其简单性，不依赖需求曲线、价格弹性和产品的成本，也不会对整个行业的价格系统造成较大破坏，不会扰乱行业内现有的均衡。需要注意的是，实行随行就市定价法时，市场上价格竞争减弱，非价格竞争成为重要的竞争手段。如旅游企业通过服务、信誉、付款条件、广告宣传、销售渠道等开展竞争活动，常常比价格竞争更具有隐蔽性和竞争力。这种方法易造成企业的固步自封和一成不变。

2. 率先定价法

率先定价法是一种主动竞争法，是旅游目的地与旅游企业根据市场竞争状况，结合自身实力，率先打破市场原有价格格局，制定具有竞争力的产品价格的方法。旅游企业自行制定价格后，在对外报价时先于同行报出，率先拥有占领市场的有力武器，也就拥有了竞争取胜的基础。这种定价方法一般为实力雄厚或旅游产品具有鲜明特色的旅游企业所采用。

任务四　旅游产品的定价策略与价格调整策略

一、旅游产品的定价策略

在实际应用中，经常会发现同一个产品在不同的时间、不同的地点、不同的情形下其价格发生着不同的变化，这主要是因为企业使用了相应的定价策略。这些定价策略会使旅游企业在某种既定方法所确定的价格基础上，再根据实际的市场营销情况确定某个具体情景下旅游产品应以何种价格出现在市场上。

微课：旅游产品
定价的策略

（一）新产品定价策略

新产品定价策略是营销战略的重要组成部分。当旅游企业推出一种新产品时，将面临第一次定价挑战，定高价还是定低价要视企业产品的具体情况而定。新产品定价策略通常包括以下几种策略。

1. 撇脂定价策略

撇脂定价（Market-skimming Pricing）又称为"撇奶油"定价策略，即在产

动画：旅游新产品
定价策略

品刚进入市场的阶段，也就是在产品生命周期的引入期，以高价格投放市场，尽可能在短期内获得较高的收益，就好像从牛奶中撇取奶油一样，尽快获取产品利益。这样做的好处是能够快速收回投资，为今后的降价留下足够空间，同时，高价格也能显示产品的高质量形象，吸引市场对该产品的关注从而提升产品知名度。其缺点是高价格会阻止一部分旅游者的购买行为，在吸引旅游者的同时可能也吸引了竞争者等。

因此，使用此策略的旅游产品应该要具备下列条件：旅游新产品具有显著的优点，使旅游者迅速产生好感甚至依赖感；旅游新产品刚上市时需求价格弹性较小；短时间内竞争对手无法模仿；如果有专利保护或资源具有较强的垄断性将更有优势。

2. 渗透定价策略

渗透定价（Penetration Pricing）与撇脂定价正好相反，指的是制定一个相对较低的价格使产品迅速进入一个巨大市场，从而获取巨大的市场份额，并通过规模经济降低生产成本。就像倒入沙堆里的水一样，从缝隙中快速渗透，因而被称为渗透定价策略。这样做的优点是低价格能快速打开销量进而获得一定的市场占有率，能较好地阻止竞争者的加入。但其不足之处是投资的回收期较长，不利于今后价格的变动，也容易给旅游者低价低质的形象。

使用这种策略的旅游产品应具备以下条件：旅游新产品有广泛的市场需求，可以通过广泛的销售量获得规模收益；旅游新产品的需求价格弹性较大；旅游产品技术含量不高、垄断性不强、容易被竞争对手模仿。

3. 满意价格策略

满意定价（Neutral Pricing）指的是对新进入市场的产品制定不高不低的价格，取行业的中

等价格水平。这种定价法既能对旅游者产生一定的吸引力，又能使旅游企业弥补成本后还有盈利，以达到企业和旅游者双方都满意的目的。

满意价格策略的优点是新产品价格能较快地为旅游者所接受；可以延长旅游新产品的生命周期，不会像撇脂定价策略那样很快就要降价，甚至被淘汰；为旅游企业对新产品进一步改进而稳定调价奠定了基础，因为产品一上市就在价格上得到了旅游者的好感；同时，由于价格定得也不太低，这为以后的价格变动留下了余地。但是这种定价比较保守，不适合竞争激烈或复杂多变的市场环境。

（二）心理定价策略

价格对消费者心理会产生很大的作用，高价格往往意味着高质量、高品位，而低价格意味着商品质量一般。心理定价（Psychological Pricing）就是试图影响消费者对商品价格的认知，从而使商品的价格对消费者更具吸引力。常用的心理定价策略如下。

1. 尾数定价

尾数定价也称零头定价或缺额定价，即给产品定一个零头数结尾的非整数价格，如9.9元、99元等。这种定价的特点是价格的位数尽可能少，高位上的数字尽可能小，低位上的数字尽可能大。消费者通常会有这样一种心理，认为位数少的价格比位数多的价格要少很多，而且认为这种价格经过精确计算，是对消费者负责，从而产生信任感。

2. 整数定价

整数定价与尾数定价正好相反，企业有意将产品的价格定为整数，以显示产品的品质。由于旅游市场上旅游产品种类丰富、形式多样，旅游者对产品不可能完全了解，通常只能通过价格判断产品的质量。旅游企业故意将高质量的产品定为整数价格，以显示其高质量，对于那些追求产品品质的旅游者来说，这正好满足了他们的购买心理。整数定价法适合那些高质量或奢华的旅游产品。

3. 吉祥数定价

企业在定价的时候以吉祥数进行定价，以满足很多消费者追求"吉祥"的心理。例如，在中国，带6、8、9等数字均被认为是吉祥的，所以客房的价格可能是168、688、888、999等，而不会是250、444等消费者认为不吉利的数字。由于不同的文化中，对吉祥数的看法是不同的，因此针对不同文化的旅游者所制定的价格也要有差异。

4. 声望定价

声望定价是指企业针对在消费者心目中享有一定声望、具有较高信誉的产品制定高价格的策略。如果某个品牌产品的价格很低，则可能成为大众消费产品，无法满足部分消费者购买"名牌"产品的心理，因为他们通常认为所有人都能消费的商品无法满足其优越感。

5. 招徕定价

招徕定价是适应消费者"求廉"的心理，将所经营的产品中的少部分或其中一个产品的价格定得很低，以低价吸引消费者消费，带动其他产品销售的定价策略。例如，某餐馆将其指定的啤酒价格制定得很低，甚至免费，以此来吸引消费者进店消费；很显然消费者进店不可能只喝啤酒，会带动其他餐饮食品的消费，最终带动整体利润。在使用此方法时要注意，降价的产品应该是能引起消费者兴趣的产品而不是随意挑选的产品；降价的品质和数量要适当；降价的产品应"降价不降质"，质量需要保证。

6. 分级定价

分级定价策略又称为分档定价心理策略，是指企业在制定价格时，将同类产品分成几个等级，不同等级的产品其价格不同。这样做的好处是能使消费者产生一种按质论价、货真价实的感觉，因而容易被接受。例如，同样是五日三峡游线路，但豪华游、标准游和经济游的价格是有差别的；在酒店中，同样是标准间，豪华标间、普通标间和经济标间的价格有所差异。在使用此策略时要注意，产品的各个等级划分要适当，级差不能太大或太小，各种不同等级的产品在质量、性能方面也要有明显的区别，消费者才能相信价格的差异是合理的。

（三）促销价格策略

出于促销目的常见的定价策略有以下几种。

1. 特殊事件定价

特殊事件定价是指企业利用特定节假日、开业纪念日、特殊事件发生等时机，适度降低某些产品价格，以刺激消费、促进产品销售。所谓"特殊事件"，既可以是习以为常的公共节假日，如国庆节、重阳节等；也可以是偶然发生的特殊事件，如企业所在城市获得了奥运会的举办权，企业借此"庆祝"；还可以是旅游企业自己寻找的一些促销理由，如借员工新婚、经理生日等机会予以降价促销。

2. 产品捆绑定价

产品捆绑定价是指企业将多个产品进行组合，以低于单价之和的价格对组合产品进行标价销售。例如，某酒店既经营客房又经营餐厅，为了鼓励住店客人也消费本店的餐饮产品，可以将住宿与餐饮产品捆绑定价。又如，旅游交通公司为了鼓励旅游者往返都乘坐自己的交通工具，将往返交通票以低于往返单程票总价的方式联合出售。在使用这个策略时要注意捆绑定价不能引起旅游者的反感。

3. 产品分别价格

产品分别价格是与捆绑价格相反的做法，即企业根据消费者的意图，对本来捆绑在一起的产品单独制定价格进行销售。例如，旅行社推出包价产品，而旅游者可能并不需要该包价产品中的所有服务，而只会向旅行社购买该包价产品中的部分甚至单项服务，那么旅行社就可以为每项服务分别制定价格。

二、旅游产品的价格调整策略

旅游企业在确定了产品价格之后，仍然需要根据环境和市场形势的变化，对既定价格进行适当的调整。旅游行业内许多旅游企业的价格调整频率非常高，如一些航空公司、酒店几乎每天都在调整价格，并将价格调整作为其收益管理的一部分。价格调整策略可分为折扣价格策略和价格变更策略两种类型。

微课：旅游产品的报价

（一）折扣价格策略

折扣价格策略主要是为了鼓励购买者多购买或提前购买旅游产品，旅游企业在原先制定的价格基础上给予一定折扣。通过折扣价格策略，旅游企业通常能以较快的速度在短时间内销售大量旅游产品。折扣价格策略主要有以下几种方式。

1. 数量折扣

数量折扣是指旅游企业根据购买者购买的旅游产品数量给予不同折扣的形式，通常是购买者购买的数量越多，折扣越大。具体来说有累计数量折扣和非累计数量折扣两种方式。

（1）累计数量折扣。累计数量折扣是规定购买者在一定时间内，购买的旅游产品若达到一定数量或金额，旅游企业则按其总量给予一定折扣。其目的是鼓励购买者经常向本企业购买产品，建立长期稳定的关系。例如，在酒店的客房销售中，经常以会员卡的形式进行销售，不同级别的会员可以享受不同的折扣，而不同会员资格的获得通常根据其累计消费的数量或金额确定。

（2）非累计数量折扣。非累计数量折扣是指如果购买者一次达到了规定的数量或金额，就给予一定折扣的定价策略。其目的是鼓励购买者大批量购买产品，促进旅游产品的快速销售或减少交易次数等。例如，一些餐馆中规定人数达到了8位，就可以免餐位费；团队客人如果超过了15位，可以享受一定的价格优惠。

旅游企业在使用这种定价策略时要注意：首先，旅游企业所制定的数量折扣优惠的标准要科学，应该让大多数消费者都能有机会享受到优惠。例如，如果一个酒店规定客人年累计住宿达到100晚，则可享受五折优惠，这样的标准就极不科学，很容易让消费者反感。其次，旅游企业在使用数量折扣优惠时要一视同仁，不能区别对待消费者。最后，旅游企业使用数量折扣要能为旅游企业赢得利润，不能仅仅为了销售量而给予太多折扣。

2. 现金折扣

所谓现金折扣，是旅游企业对提前付款或用现金付款的旅游者给予优惠的一种折扣策略。采用这种策略，主要是为了鼓励旅游者提前付款，加速企业的资金周转；同时也降低延后付款的风险。使用这种策略时，需要制定科学的折扣比率，如果制定的折扣比率过高或过低，都会给企业带来损失；同时，与现金折扣策略同时使用的，还应该有对于逾期付款者的惩罚措施。

3. 季节折扣

旅游业通常有明显的淡旺季差异。旅游企业常在旺季的时候采用原价甚至涨价的策略，在淡季则给予相应折扣的策略。使用这种定价策略的目的是调节供求矛盾，刺激淡季旅游消费，均衡旅游企业的淡季营业差额。在使用这种价格策略时也仍然要注意折扣比率，不宜制定出比成本还低的折扣比率。

4. 同业折扣

同业折扣又称为功能折扣，是旅游企业给在市场营销中承担不同营销职责的各类中间商所制定的价格折扣策略，目的是鼓励中间商保持对本企业产品的销售兴趣。同业折扣的表现形式主要有批零差价和购销差价。在实施这种折扣策略时，要根据中间商的不同地位和角色制定不同的折扣比率。

5. 回扣和津贴

回扣是间接折扣的一种形式，是指购买者在按基本价格将款项支付给旅游企业后，旅游企业再按一定比例将部分款项返还给购买者。津贴是旅游企业向特定顾客以特定形式所给予的价格补贴或其他补贴。例如，一些西方国家的酒店在给旅行社享有优惠房价外，还支付其一定的销售佣金。

（二）价格变更策略

当旅游企业的发展状况不佳，或面临各种竞争状况又别无他法时，旅游企业应主动进行价格变更，同时要对价格变更后的市场状况和消费者反应进行分析。旅游企业进行价格变更，一般可分为主动降价和主动提价两种形式。

1. 主动降价

主动降价的原因主要有旅游企业可能面临着生产和服务能力过剩的状况；面临日趋激烈的竞争，旅游企业的市场份额大幅下降；旅游企业为了开拓新市场，通过削价的方式扩大市场份额；旅游企业决策者预计削价会扩大销售。

主动降价可能带来的问题：降低价格也未必会增加旅游企业的总销售量；降价之后，成本所占的比例会增大；可能引起旅游企业间的价格战；不容易恢复原先的价格。

2. 主动提价

主动提价的原因主要是产品成本增加，旅游企业出于减少成本压力的考虑；通货膨胀，旅游企业出于减少损失的考虑；产品供不应求，出于遏制过度消费的考虑；利用旅游者的消费心理，创造优质效应。

主动提价要把握好市场时机，主要的时机有旅游产品在市场上处于优势地位；旅游产品进入成长期；季节性旅游产品进入销售旺季；竞争对手的旅游产品提价。

3. 旅游者对旅游产品价格变动的反应

一定范围内的价格变动是可以被旅游者接受的；如果提价幅度超过可接受价格的上限，就会引起旅游者的不满，使旅游者产生抵触情绪而不愿购买该旅游产品；如果降价幅度低于下限，会使旅游者对旅游产品产生各种疑虑，也会对实际购买行为产生抑制作用。

在旅游产品的知名度因广告而提高、旅游者的可支配收入增加、通货膨胀等条件下，旅游者可接受的价格上限会提高；在旅游者对旅游产品的质量有明确认识、收入减少、价格连续下跌等条件下，旅游者可接受的价格下限会降低。

当某种旅游产品降价时，旅游者可能这样理解：旅游产品将会因样式陈旧、质量低劣而被淘汰；旅游企业遇到财务困难，很快会停产或转产；旅游产品的价格还要进一步下降；旅游产品的成本降低了。

当某种旅游产品提价时，旅游者可能这样理解：很多人购买这种旅游产品，应赶快购买，以免价格继续上涨；提价意味着旅游产品质量的改进；旅游企业将高价作为一种策略，以树立名牌形象；旅游企业想取得更多利润；各种商品价格都在上涨，提价很正常。

"平替旅游"：折射旅游消费新观念，重塑旅游发展新理念

说到"平替景点"，其他"平替"如"平替化妆品""平替零食""平替小家电"等或许更被人们所熟知。花更少的钱获取与大牌产品效果或体验差不多的替代品，这届年轻人在消费上早已精打细算，性价比是他们选择的一大考量。比起国外或热门景点动辄上千元一晚的住宿、繁杂的手续和匆忙的行程，"平替景点"人流量少、价格便宜，虽是"平替"但风景又各有特色。它们能够带来美好的旅游体验，同时，各项成本却不像出国那么高，自然有了被选择的合理性。

"平替"这一概念来源于日常消费品领域，原意是指消费者喜欢某些大牌或知名产品，但碍于其较高的定价，最终选择功能、效果等与其差不多，但价格却更低的替代性产品。如今这一概念被巧妙地挪用在了旅游领域。

借着热门旅游城市的名头，"平替目的地"在国内遍地开花。打开社交媒体，能看到不少地方都在推销自己是最佳的"平替"选择。甚至还有人调侃道：全球有22个"冰岛"，21个在中国。另据不完全统计，全国至少有50个城市拥有"小圣托里尼""小京都""小镰仓""小瑞士""小奈良"等称号。

　　"热门城市"普遍拥有丰富的旅游资源，成熟的旅游设施和完备的旅游服务。随着近年来旅游行业的快速复苏和发展，"热门城市"在各大假期出现了"人挤人""票紧张""酒店价格上涨"等情况。而年轻人发现的"宝藏城市"，虽然通常不具备"明星"景点，但随着各大城市的快速提质升级，游玩环境、城市品质、交通条件等日趋成熟。随着"平替旅游"的兴起，大量年轻人探索发现了诸多三、四线城市的特点和亮点，如福建平潭岛之于三亚、云南芒市之于泰国，皆因"平替"而火。

　　诚然，"平替"不是"取代"，"平替"城市的旅游体验也参差不齐，但对于追求性价比、新鲜感、体验感的年轻人来说，已经够了。

　　不仅在国内，"平替旅游"的风也刮到了海外。"旅行者们正在避开热门目的地，转而选择更便宜的旅游城市，这些地方提供了与更昂贵的目的地相似的氛围。"英国广播公司（BBC）在报道中如是写道。对于年轻人来说，选择"平替目的地"不仅意味着更经济的旅行方式，还代表着对未知世界的探索和对个性化旅行的追求。

　　根据美国旅游集团"亿客行"的数据，"平替旅游"是2024年的旅游趋势之一。数据同时提供了非常有意思的信息，如韩国首尔的平替是中国台北，澳大利亚悉尼的平替是珀斯，泰国曼谷的平替是芭提雅。而在过去的2023年，全球范围内对"平替目的地"的搜索量显著上升，如对中国台北的搜索量激增276%，泰国芭提雅的搜索量增长249%，澳大利亚珀斯的搜索量增长109%，英国利物浦的搜索量增长97%。

　　（资料来源：微信公众平台，沉浸城市，2024年7月20日）

　　点评："平替目的地"热潮正席卷全球社交媒体。越来越多的年轻人不再盲目追逐热门旅游胜地，而是将目光投向了那些价格亲民、风景独特、文化丰富的"冷门"小城。更具性价比和松弛感的旅游，正在成为假期游的新选择。

 **项目总结**

旅游产品营销调研	旅游产品的构成	核心产品、形式产品、延伸产品
	旅游产品生命周期	投入期、成长期、成熟期和衰退期
	旅游产品投入期的营销策略	产品策略、促销策略、价格策略、销售渠道策略
	旅游产品成长期的营销策略	加大推广力度；提高市场份额；树立品牌形象
	旅游产品成熟期的营销策略	市场改革策略；产品改进策略；营销组合改进策略；新产品的研制和开发策略
	旅游产品衰退期的营销策略	立刻放弃、逐步放弃、自然淘汰
	旅游线路设计的基本原则	市场需求导向原则、符合旅游者意愿和行为原则、不重复原则、多样化原则、时间合理性原则、主题突出原则、机动灵活原则、旅途安全原则、效益兼顾原则
	旅游线路设计要素	目的地选择、景点选择、交通工具选择、行程安排、活动安排、旅游服务、旅游产品价格
	旅游产品价格的构成	旅游产品的供应成本、旅游服务费用和旅游企业的利润
	影响旅游产品定价的因素	可控因素（内部因素）和非可控因素（外部因素）
	旅游产品定价策略	新产品定价策略（撇脂定价策略、渗透定价策略、满意价格策略）、心理定价策略（尾数定价、整数定价、吉祥数定价、声望定价、招徕定价、分级定价）、促销价格策略（特殊事件定价、产品捆绑定价、产品分别价格）
	旅游产品价格调整策略	折扣价格策略（数量折扣、现金折扣、季节折扣、同业折扣、回扣和津贴）、价格变更策略（主动降价、主动提价）

 课堂实训

一、实训任务

旅游线路设计

通过课后查找资料，结合本项目所学知识，以小组的形式为新婚夫妇小马和小李设计一条蜜月主题旅游线路。

二、实训目标

根据旅游线路设计的步骤，结合目标群体的需求，进行旅游线路设计，并选择合适的旅游报价方法。

三、操作思路

1. 分析新婚夫妇旅游目标市场需求。

2. 根据新婚夫妇旅游目标市场需求设计蜜月主题旅游线路，要求主题鲜明、内容丰富、行程安排科学合理，线路设计方案要求图文并茂。

3. 对蜜月主题旅游线路进行报价，在考虑成本的前提下，价格要科学合理。

同步测试

一、单项选择题

1. 旅游产品的生产设计已基本定型、主题明确属于旅游产品（　　）时期的特征。

A. 投入期　　　　　B. 成长期　　　　　C. 成熟期　　　　　D. 衰退期

2. 撇脂定价策略的主要特征是（　　）。

A. 以较高的价格和强势促销的方式推出新产品

B. 通过高价格和低促销的方式推出新产品

C. 以低价格、高促销的方式推出新产品

D. 以低价格、低促销的方式推出新产品

3. 旅游企业不主动放弃某一产品，而是依据旅游产品的生命周期，继续用过去的市场、渠道、价格和促销手段，直至旅游产品完全衰竭，这属于（　　）营销策略。

A. 立刻放弃　　　　B. 逐步放弃　　　　C. 自然淘汰　　　　D. 被迫放弃

4. 在设计旅游线路时，日程安排不宜过于紧张，应留有回旋余地，这是旅游线路设计（　　）基本原则的具体体现。

A. 符合旅游者意愿和行为原则　　　　B. 市场需求导向原则

C. 机动灵活原则　　　　　　　　　　D. 时间合理性原则

二、多项选择题

1. 下列属于旅游产品价格的组成部分的有（　　）。

A. 供应成本　　　　B. 旅游服务费用　　C. 旅游企业利润　　D. 原材料价格

2. 影响旅游产品定价的可控因素主要包含（　　）。

A. 旅游企业营销目标　　　　　　　　B. 旅游经营成本

C. 旅游产品品质和组合要求　　　　　D. 旅游市场需求

3. 下列属于成本导向定价法的有（　　）。

A. 成本加成定价法　B. 目标收益定价法　C. 认知价值定价法　D. 盈亏平衡法

4. 下列属于旅游心理定价策略有（　　）。

A. 尾数定价策略　　B. 整数定价法　　　C. 吉祥数定价法　　D. 声望定价法

5. 以下属于旅游线路设计的基本原则的有（　　）。

A. 市场需求导向原则　　　　　　　　B. 不重复原则

C. 多样化原则　　　　　　　　　　　D. 主题突出原则

三、思考与练习

1. 什么是旅游产品生命周期？包含了哪几个阶段，各阶段各有什么特点？

2. 在旅游产品生命周期的不同阶段所采取的营销策略分别是什么？

3. 旅游线路设计的基本原则有哪些？设计要素又有哪些？

4. 旅游新产品的开发包含了哪几个阶段？

5. 影响旅游产品的定价因素有哪些？请举例说明。

学 习 评 价

按照表 3-9 对本项目的学习过程进行考核与评价。

表 3–9 项目三 旅游产品营销调研学习评价表

评价指标		评价标准			评价方式		
		优	良	合格	自评（15%）	互评（15%）	教师评价（70%）
工作能力（45%）	分析能力（10%）	能正确分析旅游目标市场需求，并根据市场需求科学地设计旅游线路	能正确分析旅游目标市场需求，并根据市场需求较好地设计旅游线路	能正确分析旅游目标市场需求，并根据市场需求设计旅游线路			
	实操能力（25%）	能科学合理地设计主题旅游线路，并灵活运用各种报价方法对主题旅游线路进行报价	能合理地设计主题旅游线路，并运用各种报价方法对主题旅游线路进行报价	能设计主题旅游线路，并对主题旅游线路进行报价			
	合作能力（10%）	能与其他组员分工合作；能提出合理见解和想法	能与其他组员分工合作；能提出一定的见解和想法	能与其他组员分工合作			
学习策略（10%）	学习方法（5%）	格式符合标准，内容完整，有详细记录和分析，并能提出一些新的建议	格式符合标准，内容完整，有一定的记录和分析	格式符合标准，内容较完整			
	自我分析（5%）	能主动倾听、尊重他人意见；能很好地表达自己的看法；能从小组的想法中提出更有效的解决方法	能倾听、尊重他人意见；能较好地表达自己的看法；能从小组的想法中提出可能的解决方法	能倾听他人意见；能表达自己的看法；偶尔能从小组的想法中提出自己的解决方法			
成果作品（45%）	作品规范性（15%）	作品完成完全合乎要求，非常规范	作品完成合乎要求，规范	作品完成基本合乎要求			
	作品创新性（15%）	作品具有很好的创新性	作品具有较好的创新性	作品具有一定的创新性			
	作品展示（15%）	逻辑性强、层次分明、思路清晰，整体形象大方、举止得体	思路较清晰，整体形象较大方、举止较得体	思路基本清晰，举止基本得体			

项目四　旅游新媒体营销定位

 思维导图

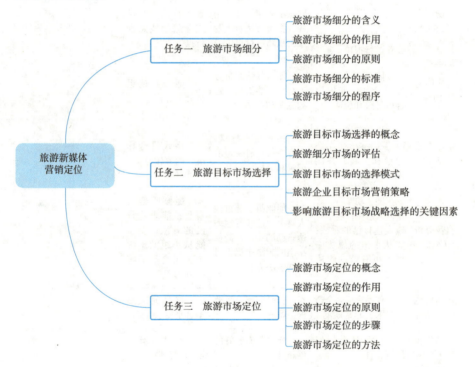

- 旅游新媒体营销定位
  - 任务一　旅游市场细分
    - 旅游市场细分的含义
    - 旅游市场细分的作用
    - 旅游市场细分的原则
    - 旅游市场细分的标准
    - 旅游市场细分的程序
  - 任务二　旅游目标市场选择
    - 旅游目标市场选择的概念
    - 旅游细分市场的评估
    - 旅游目标市场的选择模式
    - 旅游企业目标市场营销策略
    - 影响旅游目标市场战略选择的关键因素
  - 任务三　旅游市场定位
    - 旅游市场定位的概念
    - 旅游市场定位的作用
    - 旅游市场定位的原则
    - 旅游市场定位的步骤
    - 旅游市场定位的方法

 学习目标

➲ **知识目标**

1. 了解旅游市场细分的含义和作用、标准和程序。
2. 掌握评估细分市场的因素和旅游目标市场选择的五种模式。
3. 掌握旅游市场定位的基本步骤和方法。

⊃ 能力目标

1. 能够进行科学的旅游市场细分。

2. 能够结合具体的旅游企业，科学地分析其目标市场，并制定出有效的旅游市场定位策略。

⊃ 素养目标

1. 培养市场意识和创新思维。

2. 培养质量意识和服务意识。

3. 增强社会责任感、担当意识和奉献精神。

旅行产品预订火爆　细分市场备受关注

"截至目前，亲子研学类产品的销售情况尤为火爆，'海螺沟冰川森林科教营'产品推出半天就售罄，'高山草甸生物多样性调查科考营''直面黑暗探索未知洞穴探险家独立营'等产品颇受青睐。"四川省中国青年旅行社总经理杨世骏说。

国内许多旅行社的"五一"产品预订火爆。亲子研学、周边游等细分市场受到游客关注；红色旅游主题产品，房车、康养等体验类产品，微定制服务类产品备受欢迎。

备足特色产品

和家人一起享受一个既充满温情又收获知识的假期，是很多家庭"五一"出游的选择。各地旅行社纷纷推出亲子游产品，满足游客需求。

围绕"红色浦东、硬核浦东"，上海青年旅行社推出的学生社会实践活动、城市阅读、亲子徒步线路以及美丽城市、美丽乡村、田园野趣、影视创造体验等系列产品、线路供不应求；苏州文化国际旅行社上线的"五一超值亲子游优选"系列产品中，"南山竹海美食亲子两日游"备受关注；以传播传统文化为主题，中国旅游集团旅行服务有限公司推出系列亲子活动和课程，如故宫亲子文化活动系列课程、非遗及美食文化课程《国风匠心——景泰蓝制作体验》《全聚德小小厨艺师》等，激发孩子们的探索欲、求知欲和成就感。

2021年"五一"假期，短途周边游产品频频亮相。连休五天让周边短途游有了更多可能，甚至可能出现假期中的二次出游。广州广之旅国际旅行社综合温泉、海滩、生态、漂流、美食、祈福等多种元素，主推乡村振兴、直达产地、专业行摄等主题周边游产品。从乡村生态游、传统文化游、红色旅游三大主题入手，江苏金陵商务国际旅行社推出多条南京市周边的短途游产品。骑着自行车前往山西晋阳古城遗址，了解春秋战国分界线的"晋阳之战"，再奔向赤桥村，找寻豫让刺赵襄子的痕迹……山西好玩儿旅游开发有限公司推出城市周边一日游骑行产品"骑迹"。甘肃省嘉峪关君和国际旅行社以嘉峪关本地市场为主，推出"暖暖春日、相约五一"系列主题产品以及"五一"亲子套餐。

周边游"抢镜"，中长线产品也不甘示弱。2021年"五一"假期，中长线产品预订火爆。中旅华山旅游有限责任公司主推红色定制游，不仅新增去往延安市和照金景区的旅游产品，还增设现场教学环节，推出红色文创旅游纪念品。其中，延安红色线路凸显定制化服务，在产品设计上更注重景化、体验式。

甘肃观天下国际旅行社推出的"五一"长线产品中，房车、康养类长线产品占据了半壁江山，"浪迹青甘系列""穿越世界第三极系列""登陆火星系列"等产品让游客目不暇接。该社总经理张诗琪说，截至2021年4月20日，房车产品全部售罄。

专注品质服务

四川省中国青年旅行社推出的"沉浸式深度体验之旅"把度假酒店作为旅行目的地。"产品核心在于'陪伴'，在旅行中实现对家人的陪伴。"杨世骏说。众信旅游集团推出"享悦榕——九寨双飞5日"产品，将提升旅行舒适度的关键放在酒店，游客可两晚连住悦榕庄，享受长桌宴、养生温泉等项目。

定位中高端人群，瞄准小众目的地，凯撒旅游为希望避开人潮的游客推出多个私家团，如"探秘青海——青海湖+茶卡盐湖+翡翠湖+水上雅丹+可可西里"私家团、"山海古郡——海南儋州+海花岛+五指山"小众探秘私家团、"遇见涠洲岛——广西北海涠洲岛撒欢之旅"等。

四川省中国国际旅行社推出的"五一熊猫旅游专列"产品仅用了两三天就销售一空，单价高达8 880元的豪华双人间最先售罄。

2021年"五一"假期，还有一些旅行社突破传统，推出新服务。例如，上海航空国际旅游集团四川公司将接送游客的旅游巴士开进了小区，游客在家门口就可以"参团"。面向年轻群体，该公司还推出了"机+X"微定制服务，只要游客购买旅行社指定的某个航空公司的多日往返机票，就可以指定一家心仪的旅游目的地酒店或是某个景区的门票，由旅行社负责预订。

（资料来源：微信公众平台，文旅之声，2021年4月22日）

启示

随着旅游市场规模的不断扩大，旅游市场细分化、线路产品多样化已成为趋势。亲子研学、周边游等细分市场受到旅游者的关注。在这些快速增长的细分市场进行深度垂直运营，占据领先地位，具有非常大的战略价值。作为旅游营销人员，要有市场意识和创新思维，提供新的产品，抢占新的市场，与时俱进，才能赢得市场的认可。

任务一 旅游市场细分

一、旅游市场细分的含义

旅游市场细分的理论最早由美国学者温德尔·史密斯（Wendell R. Smith）提出。他认为市场是由许多不同的异质单位（即具有不同需求的顾客群）组成的。企业应该从这些异质单位中找出某些共同相关的因素，借以将一个错综复杂的大市场划分为若干同质的亚市场（即需求基本相同的市场），使这些亚市场内部的差异缩小到最小的限度，从而表现出比较单一的性质，企业可以根据这些同质的亚市场开展经营活动。这个过程就是市场细分。

旅游企业所面对的市场同样是一个由许多具有不同需求和要求的顾客群所组成的异质市场。实践证明，旅游企业必须在市场细分的基础上，选择一个或几个适合自己的细分市场，然后制订具有针对性的营销组合战略，才能获得成功。

旅游市场细分是指根据消费者的需求、偏好、购买行为和购买习惯等方面的差异性，把一个整体旅游市场划分为若干个消费者群的市场分类过程，所划分出来的每个消费者群就是一个细分市场。旅游市场细分不是由人们的主观愿望决定的，而是由旅游市场需求和供给的共同特点所决定的。它包括以下几个方面：

（1）旅游企业的营销人员从纷繁复杂的消费者群体中找出具有相同特征的一类消费者加以归类，采取一定的营销措施，使旅游企业的有限生产能力面对整体的市场时，得以充分发挥。

（2）市场细分的标准是不同消费者的消费特征，如需求特征、购买动机、购买行为等特征。旅游市场消费者的消费特征越鲜明，越有利于旅游企业制定行之有效的营销策略。

（3）旅游市场细分的最终目的是使旅游企业现有的生产能力、产品供应能够最大限度地满足消费者的需求，以此实现旅游企业的经营目标，从而维持和扩大旅游企业的市场占有率。

很少有旅游企业同时使旅游市场中的每个使用者或购买者满意。旅游企业必须通过市场细分划分出一个或几个目标市场作为主要经营对象。例如，有些规模大、地理位置好的旅游企业通过市场细分，选择豪华旅游团及商务旅游团作为其目标市场，它的主要经营业务活动和营销活动都应集中在这两个目标市场上。一些规模不大、实力不强的旅游企业则适宜在细分市场的基础上，选择团体包价旅游观光者等作为目标市场。

总之，每个旅游企业都应根据企业的特点进行市场细分，寻找适合经营的目标市场。

二、旅游市场细分的作用

旅游市场细分是分析旅游企业需求的一种手段，同时，也是营销决策的一个起点，对以后旅游企业的经营有很大的影响。

（一）有利于旅游企业发现市场营销机会

从表面上看，整个旅游市场繁荣兴旺、丰富多彩，且有供大于求的趋势。但是在现实市场中总存在着未被满足或尚未全部满足的消费需求，这些需求的存在就成为旅游企业营销的市场机会。通过市场细分，旅游企业经营者可以了解不同消费群体的各种需求状况及其被满足的程度，发现潜在市场。这样，旅游企业就可以根据这些信息集中人力、物力、财力、时间和场所等资源进行专注的营销活动，满足这些消费者的需求，迅速开发和占领未被满足的市场，扩大旅游企业的市场占有率。

（二）有利于旅游企业制定和调整营销组合策略

通过旅游市场细分，旅游企业可根据划分的各细分市场的不同对象和特点，制定出适当的市场营销组合，如旅游产品设计、促销、广告媒体策略等。同时，旅游企业也较容易认识和掌握各细分市场消费者的需求变化及对营销方案的反应，有利于企业根据情况及时调整营销组合策略。

（三）有利于旅游企业自身管理和组织机构的改善

旅游企业营销者根据对目标市场的调研，总结出一套适合的经营策略。与此同时，旅游企业不适应新的目标市场需求的一些内部组织机构、旅游产品和服务流程就会被更新或被废除。这样旅游企业才能更好地赢得目标市场中消费者的青睐。这样，旅游企业的市场细分可以促使旅游企业内部组织机构的管理及生产的改善，从而有利于旅游企业营销计划的制订。

 分享点评

助力首届旅发大会　黄龙洞研学热引领旅游复苏

2022年6月14日，湖南省张家界当地的两千余名学生来到黄龙洞景区，开启了为期一天的研学实践之旅。据了解，近期黄龙洞景区的研学产品深受学校和研学机构的青睐，仅6月份以来已接待各地研学旅行学生万余名，几乎占到景区同期接待总量的六成。研学旅行的爆发式增长引领黄龙洞景区旅游强劲复苏，从而为湖南省首届旅游发展大会在张家界召开贡献了自己的力量。

"自2020年新冠疫情发生以来，黄龙洞和全国其他旅游景区一样，经营遭受了很大的困难。为了生产自救，黄龙洞景区决定迎难而上，深耕研学旅行市场。"据黄龙洞公司总经理谢敏介绍，近几年来，黄龙洞依托景区特有的资源，设计研发了包含溶洞科普、地心探险、非遗工坊、戏剧作坊、民俗文化、农耕文化、稻田劳作等丰富多彩的研学课程，并针对不同客户群体推出了研学+亲子游、研学+团队建设、研学+学校、研学+机构等多种产品。与此同时，黄龙洞公司还成立了包括地质科普培训师、园艺师、农艺师、非遗手艺人等在内的研学服务团队，全方位为研学旅游提供优质服务。

谢敏认为，黄龙洞公司以产品创新和服务升级主导的研学旅游开发成效显著，已经渐入佳境。她进一步介绍到，近几年来，黄龙洞景区先后被设定为"湖南农业大学农学院教学实习基地""张家界地质科普研学基地"和"湖南省研学旅游基地"。2022年5月，黄龙洞景区还签约成了张家界市武陵源第一中学的"劳动教育实践基地"。这些都显示黄龙洞公司的研学产品已经得到社会的广泛认可。

（资料来源：红网，2022年6月15日）

点评：黄龙洞景区通过市场细分，深耕研学旅行市场，以产品创新和服务升级主导的研学旅游开发成效显著，提高了市场占有率，得到社会的广泛认可。可见，旅游市场细分对旅游企业的经营有很大的影响，也是旅游企业做营销决策的重要依据。

三、旅游市场细分的原则

旅游市场细分的结果是否科学合理，可以从以下四个方面进行评判。这四个方面也是进行有效市场细分所应遵循的基本原则。

（一）可衡量性

可衡量性是指细分的市场是可以被识别和衡量的，亦即细分出来的市场不仅范围明确，而且也能对其容量大小大致作出判断。有些细分变量，如具有"怀旧型"的旅游者，在实际中很难测量和确定，以此为依据，细分市场就不一定有意义。

（二）可进入性

可进入性是指细分出来的市场应是旅游企业营销活动能够抵达的，亦即是旅游企业通过努力能够使产品进入并对消费者施加影响的市场。一方面，有关产品的信息能够通过一定的媒体顺利传递给该市场的大多数消费者；另一方面，企业在一定时期内有可能将产品通过一定的分销渠道运送到该市场。市场细分目标必须是旅游企业有可能进入并占有一定份额的部分，否则该细分市场的价值就不大。

（三）盈利性

盈利性即细分出来的旅游市场，其容量或规模要大到足以使旅游企业获利。进行市场细分时，企业必须考虑细分市场上消费者的数量，以及他们的购买能力和购买产品的频率。如果旅游细分市场的规模小，市场容量小，细分工作烦琐，成本耗费大，获利小，就不值得细分。

（四）差异性

差异性是指各旅游细分市场的消费者对同一市场营销组合方案有差异性反应，或者说对营销组合方案的变动，不同细分市场有不同的反应。如果不同细分市场消费者对产品需求差异不大，行为上的同质性远大于其异质性，此时，旅游企业就不必费力对市场进行细分。另一方面，对于细分出来的市场，旅游企业应当分别制订出独立的营销方案。如果无法制订出这样的方案，或其中某几个细分市场对是否采用不同的营销方案不会有大的差异性反应，便不必进行市场细分。

四、旅游市场细分的标准

旅游企业要进行有效的市场细分，就必须找到一个适当的、科学的划分标准，这个标准就是使消费者需求出现差异的相关因素。旅游企业按照这些不同的因素把整个旅游市场划分为若干个市场部分或亚市场，这些因素就是旅游市场细分的标准。

（一）地理因素

按地理因素细分即是按照消费者所处的地理位置、自然环境细分市场。具体变量包括国家、地区、城市规模，不同地区的气候及人口密度等。来自不同地区的旅游者对同一旅游产品的喜好也不同，对旅游企业营销组合的反应也存在较大差别。例如，在冬季，居住在我国北方的人们向往三亚等地区的"阳光、海水、沙滩"（sunshine、sea、sands）旅游资源，而居住在广东、海南的人们对此则没有太多的需求。

从来华国际旅游者的地理分布来看，中国远离作为世界两大主要客源输出地的欧洲和美洲区域市场，中国的国际旅游市场呈现明显的"远国模式"。从国内旅游者的地理分布来看，拥有十几亿人口的中国国内旅游市场呈现明显的"大国模式"，且旅游市场规模由东到西大致呈由大到小的分布状况。

 **小资料**

全球（国）旅游市场的地理划分

根据地理因素，世界旅游组织将整个世界旅游市场划分成六个大的区域，即欧洲市场、美洲市场、东亚及太平洋地区市场、南亚市场、中东市场和非洲市场。

中国旅游市场通常可划分为华北市场（京、津、冀、晋、豫、蒙）、东北市场（辽、吉、黑、蒙东）、西北市场（陕、甘、宁、青、新）、华东市场（沪、苏、浙、闽、赣、徽、鲁）、华南市场（鄂、湘、粤、桂、琼）、西南市场（藏、云、贵、川）。

（二）人口因素

按人口因素细分，即按照人口的有关变量细分市场。具体包括年龄、婚姻、职业、性别、收入、受教育程度、家庭生命周期、国籍、民族、宗教等。人口统计变量比较容易衡量，它们与旅游者的需求、偏好以及旅游企业产品使用频率的关系比较密切，因而是旅游企业细分市场的常用依据。

1. 年龄

根据消费者人口特征中的年龄差别，旅游企业可以将企业的客源市场细分为老年市场、中年市场、青年市场和儿童市场。各个年龄阶段的消费者对旅游产品的需求有不同的偏好和方式，而且消费能力也是不同的，旅游企业应该结合企业自身的特点选择服务的主体对象。

在我国，老年人旅游市场的份额大，据统计，我国老年人旅游人次已占据全国总人次的20%以上。首先，老年人闲暇时间较多，他们出游会选择避开严寒与酷暑季节，选择更为舒适的春季与秋季出行；其次，他们属于价格敏感型，更侧重于物美价低的旅游产品；在旅游过程中，他们更倾向健康护理、节奏慢、强度低的旅游方式。

2. 性别

在旅游市场中，男性消费者和女性消费者的需求也是不同的。在一些男女收入不平等、社会地位有差距的国家，这种现象特别明显。近年来，因为各国女性就业率的逐年提高，这种变化对旅游企业客源市场的影响很大。这主要体现在女性就业率提高，就会使家庭收入得到提高，对于家庭来说就有更多可支配的收入用于旅游。参加购物、娱乐旅行的女性人数也在不断增加。与此同时，公务旅行的女性比例也在逐渐上升。

 **课堂讨论**

女性旅游市场有哪些特点？如果你是某旅行社的营销部经理，你将开发哪些旅游线路来吸引女性旅游市场？

3. 收入

高收入消费者与低收入消费者在产品选择、休闲时间的安排、社会交际与交往等方面都会有所不同。例如，同是外出旅游，在交通工具及食宿地点的选择上，高收入者与低收入者会有很大的不同。正因为收入是引起需求差别的一个直接而重要的因素，因此在诸如服装、化妆品、旅游、汽车等领域根据收入细分市场相当普遍。

4. 职业与教育

按消费者职业的不同、所受教育的不同及由此引起的需求差别细分市场。例如，农民偏好载重型自行车，而学生、教师喜欢轻型的、样式美观的自行车。又如，消费者所受教育水平的不同也会造成其审美具有很大的差异，导致不同消费者对居室装修用品的品种、颜色等有不同的偏好。

5. 家庭情况

一个国家的家庭数目和每个家庭的平均人口也是旅游市场细分的依据。儿童的因素往往会影响家庭对旅游目的地、旅游时间、活动内容和消费项目的选择。因此，如肯德基、麦当劳这样的餐饮店就有意设置了儿童游戏器具、小玩具、儿童比赛活动等满足儿童的需求，通过吸引儿童而带动家庭消费。近年来，亲子游市场的火爆也充分说明了这一点。所以，旅游企业可以根据不同家庭对旅游产品的服务预期和需求的不同选择企业的细分市场。

 分享点评

暑期亲子出游热：玩法更多元，休闲度假领域缺乏真正布局者

随着暑期到来，亲子游热度攀升。携程发布的数据显示，截至2022年7月12日，平台7月以来的亲子机票订单量较6月同期增长804%，亲子订单占比较往常平均水平提高6个百分点；暑期亲子酒店订单量恢复至2021年同期的80%，比2019年同期上涨20%。

2022年暑期的亲子游市场，不仅热度更高，热门目的地、出游方式、产品也与以往有所差异。在行业专家看来，亲子游市场尤其是亲子游休闲度假市场，将是未来旅游企业及资本市场着重发力的地方。

暑期亲子游订单占比约40%，新疆成跨省游热门目的地

从途牛暑期亲子游预订数据可以看出，出游行程在7天及以上的订单占比为31%，长线游订单占比达49%。相比近两年本地游、周边游占主导的市场特征，2022年暑期，亲子游用户的出游距离及出游天数均呈延长趋势。其中，海南、云南、四川、广西、山东、新疆、陕西、湖南、广东、福建等地区是跨省游热门目的地，新疆的火热程度更是"刷爆"了朋友圈。

沙漠徒步、观看火箭发射，暑期出游都在玩什么？

携程对记者表示，与往年相比，2022年暑期的亲子游学和夏令营产品略有不同。例如，活动的主题更为明确，如沙漠徒步、观星等主题较受亲子家庭欢迎，探索博物馆、观看火箭发射等产品搜索热度升高。另外，亲子家庭选择儿童独立营的比重较疫情前有所下降，由家长陪同的亲子营占比相应上升。规模方面，亲子游学产品的团队更为精致，小团出行占比居多。出行方式更加多样化，包含房车游、SUV小车出行等。

价格方面，携程截至2022年7月19日的订单数据显示，在7月至8月出行的亲子游团队产品订单中，单人日均价格为790元左右，较2021年单人日均价格提升了20%。

（资料来源：《新京报》2022年7月27日）

点评：亲子旅游正在成为国内旅游市场的新增长点，也推动了供应链发生变化。旅游企业应根据自身的情况，有选择性地选择这个细分市场，开发亲子旅游产品，做好产品，赢得市场。

（三）心理因素

按心理因素细分，即按照消费者的心理特征细分市场，主要包括社会阶层、生活方式、个性等变量。

1. 社会阶层

社会阶层是指在某一社会中具有相对同质性和持久性的群体。处于同一阶层的成员具有类似的价值观、兴趣爱好和行为方式，不同阶层的成员则存在较大的差异。识别不同社会阶层消费者所具有的不同特点，将对产品的市场细分提供重要依据。

2. 生活方式

生活方式是一个人对生活、消费、工作、娱乐等不同的态度。旅游企业可根据旅游者群体生活方式的不同细分旅游市场，设计不同的营销组合以适应其需要。如对经济型细分市场的旅游者，向他们提供经济实惠的旅游产品会受到欢迎；对追求时髦的旅游者，向他们提供新产品会有较大的感召力；对于追求体现自我价值的旅游者，提供体现其成就和价值的旅游产品会使他们喜上眉梢。

3. 个性

个性不同的旅游者，需求差异也较明显。例如，个性孤僻的人更偏爱自助旅游，情感丰富的人更关注情感服务等。根据个性细分旅游市场，旅游企业可提供个性化的产品和服务。

（四）行为因素

按行为因素细分即按照消费者的购买行为细分市场。许多人认为，行为变量能更直接地反映消费者的需求差异，因而成为市场细分的最佳起点。

1. 购买时机

根据消费者提出需要、购买和使用产品的不同时机，将他们划分为不同的群体。例如，旅游企业可根据旅游高峰时期和非高峰时期旅游者的需求特点划分不同的细分市场并制定不同的营销策略。

2. 追求利益

旅游者购买某种旅游产品一般是为了解决某类问题、满足某种需要，这就是旅游动机。根据马斯洛的五个需求层次，旅游者的旅游动机可分为度假旅游、商务旅游、保健旅游、会议旅游、宗教旅游、购物旅游、主题旅游（教育、运动、养生、美容等）、探亲访友。

每个细分市场的旅游者需求都不同，虽然有些特征是重合的。最明显的区别是度假和商务旅游者，他们对不同的产品有不同的需求值，他们的消费模式也不同。度假旅游者需要较高的服务质量，在做决定时需要时间和指导意见，不断地做价格比较。他们通常度假时间较长，并且受季节、社会和经济因素的影响。商务旅游者和会议旅游者决定较快，通知的提前时间较短，出行时间短、次数多，因为是公司付账因此对价格不太敏感。对于他们来讲，旅游不是个人选择，不受季节的影响，他们需要的是快捷、方便、灵活和单据齐全。探亲访友的旅游者往往出游预算较低，对旅游产品和服务的需求低于商务旅游者和会议旅游者。

3. 使用者状况

根据消费者是否使用和使用程度细分市场，通常可分为经常购买者、首次购买者、潜在购买者和非购买者。对于不同使用程度的旅游者，旅游企业推出的旅游产品也会有所不同。以旅行社的湖南旅游线路为例，对于首次来湘的旅游者，可以推荐常规精华游；对于多次来湘的旅游者，可以推荐深度游；对于经常来湘的旅游者，可以推荐休闲度假游。

4. 品牌忠诚度

企业还可根据消费者对旅游产品的忠诚度细分市场，将消费者划分为绝对品牌忠诚者、多品牌忠诚者、变换型品牌忠诚者和非品牌忠诚者。通过了解消费者品牌忠诚情况和品牌忠诚者与品牌转换者的各种行为与心理特征，不仅可为企业细分市场提供基础，同时，也有助于企业了解有些消费者忠诚于本企业产品而另外一些消费者忠诚于竞争企业产品的原因，从而为企业选择目标市场提供启发。

五、旅游市场细分的程序

在确定市场细分的依据标准后，旅游企业经营者要依据这些标准，对整个旅游市场进行划分、分析和评估，进而确定企业的目标市场。

美国市场营销专家麦卡锡提出市场细分的七个步骤，具体内容如下：

（1）选定旅游企业产品的市场范围。进入旅游市场首先要确定旅游企业产品的市场范围、资源能力和生产特点的层次，确定经营的大方向。

（2）列出这一市场范围内现有和潜在消费者的全部需求。市场范围确定后，旅游企业可根据地理差别、人口特征、消费目标等因素，大致列举出这一范围现在和潜在消费者的全部需求。

（3）分析潜在消费者的不同需求。将不同类型具有鲜明特点的消费者的潜在需求进行归纳，分析找出可能存在的适合旅游企业的新的细分市场。

（4）找出潜在消费者的共同需求。在粗略划分市场时，潜在消费者的共同需求是一种参考，但在市场细分时不能作为标准，应予以排除，旅游企业需要的是它们的差别，应该选择一些具有鲜明特征的需求作为市场细分的标准。

（5）划分相应的市场群。具有明显需求差异的几个顾客群就是可能存在的细分市场，按照它们的主要特征予以定名。

（6）分析这些已明确的各个细分市场的具体情况。

（7）评估各个细分市场的规模和容量，如需求量的多少、顾客群的人数和稳定性、预期利润率等，剔除那些没有前景的细分市场。

任务二　旅游目标市场选择

一、旅游目标市场选择的概念

旅游目标市场选择就是在旅游市场细分的基础上，选出并准备进入的市场。为此，首先必须对细分市场进行评估，在此基础上才能做出正确的选择，并采取适当的策略占领目标市场。

二、旅游细分市场的评估

旅游企业做好市场细分之后就是评估细分市场。企业在评估细分市场时一定要考虑以下三个因素。

（一）细分市场的规模和增长速度

企业在确定目标市场时，一定要清楚细分市场的规模是否得当，规模大小与企业的发展规模是否相匹配。通常，大企业选择销售量大、市场广阔的细分市场；小企业为了避免与大企业针锋相对，而选择一些消费能力不强、资源少的市场。

细分市场的增长速度也是企业在评估市场时要考虑的因素。一个增长速度快、潜力巨大的细分市场会有更大的发展机会。评估细分市场的规模和增长速度，权衡机会与风险，能够让企业进入一个风险小且发展机会大的市场。

（二）细分市场的结构吸引力

市场的结构吸引力是衡量细分市场优劣的重要标准。一个具有结构吸引力的细分市场，能让企业处于相对安全有利的位置，即使竞争对手众多，也能应付自如。

衡量细分市场是否具有结构吸引力可以根据美国哈佛教授迈克尔·波特的五力模型进行考量。

1. 同行业竞争者，细分市场内竞争者的威胁

任何市场现在都存在着若干个竞争对手，企业首先要分析细分市场内竞争者的威胁。

2. 新参与者的威胁

大量新参与的竞争者会抢夺市场的占有率，整个市场潜力也会很快被开挖殆尽。企业在评估细分市场时，要充分考虑到新参与者的竞争实力。

3. 替代产品的威胁

替代产品会减弱细分市场产品的议价权，届时细分市场的利润和价格就会受到替代产品的威胁。随着替代品技术的更新迭代，企业将会面临更大的风险，因此，一个具有大量替代产品的细分市场不是企业应该争相进入的市场。

4. 购买者议价能力的威胁

购买者议价能力增强会让细分市场的吸引力减弱。购买者议价能力的增强意味着细分市场的利润会受到挤压，企业获利的渠道会变窄。

5. 供应商议价能力增强的威胁

如果企业的供应商在细分市场有较大的话语权，企业在这个市场的存在感就会大幅降低，很难在市场形成绝对优势。

 课 堂 讨 论

请运用迈克尔·波特五力模型分析细分市场——大学生旅游市场的结构吸引力。

（三）企业的目标和资源

即使一个细分市场有适当的规模和增长速度，较好结构吸引力，企业也必须将其和自身的目标和资源联系考虑。如果它们与企业的目标相驳，即使再好的细分市场也要果断放弃。因为它们很有可能和企业的资源不匹配，使企业在实行时，没有足够的资源、能力应对竞争对手的竞争，届时企业非但没有快速成长，反而会面临更大的危险。

在评估细分市场时依照这三个要素能够为企业找到最适合的目标市场，实现价值的最大化。

三、旅游目标市场的选择模式

任何一家旅游企业进行市场细分的目的就是为企业选择一个合适的目标市场。旅游企业在经过市场细分之后，一般会发现一个或几个值得进入的市场，此时企业需要确定进入的细分

市场。旅游企业选择目标市场的模式大致可分为以下五种。

(一)市场集中化

市场集中化是一种典型的集中化模式。无论从产品角度还是从市场角度看，旅游企业的目标市场都集中在一个市场上面，旅游企业针对某类顾客群体只提供一种旅游产品。许多规模较小的旅游企业往往采取这种模式。市场集中化模式使旅游企业的经营对象单一化，可以集中力量发展某一个细分市场，从而获得较高的市场占有率。

(二)产品专业化

产品专业化是指在正常情况下同一类旅游产品能同时满足不同细分市场的需求。在同样满足需求的情况下，旅游企业的目标市场扩大，使旅游企业能减少对个别细分市场的依赖，从而减少经营风险。

(三)市场专业化

市场专业化即旅游企业专门针对某一细分市场为顾客提供不同类型的旅游产品，满足该细分市场顾客的全部需求，并能建立旅游企业与这群顾客之间的良好关系，降低成本。

IE 国际教育专注于研学旅游市场

IE 国际教育——湖南青少年研学教育品牌，隶属于（湖南）锦华集团。在众多的旅游细分市场中，专注于研学旅游市场。多年来，IE 国际教育整合国内外名校教育资源，组织各中小学名师精心研发设计出从幼儿园至高中的一系列研学旅行教育主题产品，将孩子们的习惯养成、文明礼仪、素质提升融入丰富多彩的研学活动中，结合各种主题教育资源，以"教育功能渗透于活动中的每一个环节"为宗旨，精心策划设计出一系列教育主题，成长为年接待量超过 15 万人次的青少年研学旅行专业品牌，并在全省形成了强大的品牌影响力。

点评：在众多的细分市场中，IE 国际教育选择深耕研学旅游这一目标市场，设计和开发各种研学产品提高市场占有率，在得到市场认可的同时也形成了强大的品牌影响力。

(四)选择性专业化

旅游企业在对市场进行细分的基础上，有计划地选择并进入几个不同的细分市场，对不同的顾客群提供不同的服务。这种策略能分散企业的经营风险，即使其中某个细分市场失去吸引力，其他细分市场还能进行盈利。

(五)全面覆盖化

资金雄厚、实力强大的旅游企业，对所有细分市场都同时经营，提供多种产品和服务，几乎可以满足所有顾客的不同需求。这是一种无差异的市场策略。

四、旅游企业目标市场营销策略

旅游企业在选择目标市场的过程中，总是全面地分析整个旅游市场，再考虑顾客群的不同需求特点及旅游企业可以提供的服务。在选择目标市场的营销策略中，旅游企业应从较小的细分市场入手，逐渐到整个市场。旅游企业常用的市场营销战略主要有以下三种。

（一）差异化营销策略

旅游企业选择两个或两个以上细分市场作为企业的目标市场，并为每个细分市场确定一种营销组合。各种营销组合在产品、价格、促销方法和销售渠道等方面都有所区别。

差异化营销策略的出发点是消费者的需求有极大的差异。旅游企业应提供多品种的产品和服务分别满足不同目标市场顾客群的需求，这样，既提高了旅游产品的针对性，增强了旅游企业的适应能力，同时，也增强了旅游企业的抗风险能力。

差异化营销策略也会增加旅游企业的营销组合数，使组合过于复杂。例如，客户标准过多、过于复杂，会增加生产、管理、促销等方面的费用支出。差异化营销策略适用于规模大、资源雄厚的旅游企业或旅游企业集团，竞争激烈的市场，产品成熟阶段。

（二）集中化营销策略

集中化营销策略就是旅游企业营销人员使用某种特定的营销策略满足某个单一目标市场，并将企业的人力、物力和财力集中于这一目标市场。集中化营销策略的优点：首先，有助于旅游企业经营项目的专业化，营销人员能仔细研究和分析该细分市场的特征与需求；其次，有利于旅游企业提高资源的利用效率；最后，还有利于旅游企业在目标市场建立扎实的基础。这种策略的缺点也非常明显，旅游企业将资源过分集中在某一细分市场，企业经营风险较大，如果该目标市场的需求下降，那么该旅游企业的营业收入和利润也随之下降。这种策略适用于资源并不多的中小型旅游企业及竞争比较激烈的市场。

（三）无差异化营销策略

无差异化营销策略是指旅游企业不考虑市场内消费者的潜在差异，将整个市场视为一个同质的目标市场，不进行市场细分，旅游企业只以单一的产品、单一的营销组合，力求适应尽可能多的消费者。无差异化营销策略的优点是降低了旅游企业的经营成本和营销成本。它只有单一产品、单一价格、单一促销方式和单一营销渠道。无差异化营销策略的缺点也是非常明显的，它忽视了市场需求的差异，由于消费者需求存在差别，他们不可能长期接受同一产品或服务。因此对大多数旅游企业来说，这种策略是不适用的。

五、影响旅游目标市场战略选择的关键因素

（一）旅游企业本身的资源和实力

如果旅游企业本身拥有雄厚的人力、物力和资金，管理水平强，并且已经建立了一定的营销渠道，则应根据市场情况选择差异化营销策略或无差异化营销策略；如果企业资源不足，难以全面覆盖整个旅游市场或多个细分市场，就应选择集中化营销策略。

（二）产品本身的性质及所处阶段

如果旅游企业的产品和服务都是同质的，又是顾客普遍需要的，就适合采用无差异化营销策略；如果旅游企业的产品和服务有差别，产品层次又能满足不同顾客的需要，则采用差异化营销策略为宜。从产品生命周期考虑，处于投入期和成长前期的新产品，竞争者稀少，宜采用无差异化营销策略；产品一旦进入成长后期或已处于成熟期，市场竞争激烈，就应改为差异化营销策略，以利于开拓新的市场，尽可能扩大销售，或实行集中化营销策略，设法保持原有市场。

（三）旅游企业产品的市场供求关系

如果旅游企业的产品在未来一段时间内供不应求，而消费者的需求相近，他们的购买动机与行为也并无大的差异，这时，旅游企业采用无差异化营销策略较好。反之，旅游企业则宜采用差异化营销策略和集中化营销策略。

（四）竞争对手的市场策略

假如竞争对手采用无差异化营销策略，旅游企业就应采取差异化营销策略，以提高产品的竞争力；假如竞争对手都采用差异化营销策略，旅游企业就应进一步细分市场，实行更有效的差异化营销策略或集中化营销策略；但若竞争对手实力弱，也可考虑无差异化营销策略。

总之，旅游企业经营者应从旅游企业的条件、顾客需求和竞争者策略等方面进行考虑，选定适合企业的目标市场策略。

任务三　旅游市场定位

一、旅游市场定位的概念

旅游市场定位是指旅游企业根据目标市场上的竞争者和企业自身的状况，从各方面为本旅游企业的旅游产品和服务创造一定的条件，进而塑造一定的市场形象，以求在目标顾客心目中形成一种特殊的偏好。简单地说，旅游市场细分和旅游目标市场的选择是让旅游企业如何找准顾客，而旅游市场定位则是让旅游企业如何赢得顾客的"芳心"。

旅游市场定位的实质就是使本旅游企业与其他旅游企业的产品有明显的差别，使目标顾客认同这种差别，乐于购买本旅游企业的产品，并逐步在顾客心目中及整个旅游市场体系中树立鲜明的、牢固的企业形象，最后占领整个目标市场。旅游市场定位的概念具有以下含义。

（1）旅游市场定位是一个树立形象和传递形象的过程。对于一个旅游市场的新进入者来说，如何在众多的老旅游企业的竞争中站稳脚跟并获得生存发展的机会，依赖于新的旅游企业能否在最短时间内，争取到企业的消费者，让旅游企业的形象进入消费者心中。这一系列动态活动就构成了市场定位的主体内容。

（2）市场定位的基础在于消费者对旅游企业差别特性的重视程度，新兴的旅游企业总是将其产品的差异性视为其市场定位的依据。

（3）旅游市场定位的最终目的是旅游企业要占领市场，以鲜明的企业形象赢得企业的消费者。

二、旅游市场定位的作用

旅游企业进行准确的市场定位，其作用主要体现在以下几个方面。

（一）有利于企业建立竞争优势

所谓竞争优势，按照美国战略管理大师波特的描述，是产生能为顾客创造的价值，而这个价值量大于企业本身创造这个价值时所花费的成本。顾客愿意花钱购买的就是价值，花费低于竞争对手的价格而获得等值的利益，或者得到足以抵消较高价格的独特利益（即超值），顾客均会感到满意。旅游企业要建立竞争优势和最大限度地让顾客满意，就必须事先明确企业与竞争对手不同的方面，以及在顾客心中的位置，即定好位。

（二）有利于企业营销组合的精确执行

解决旅游企业市场定位问题的好处在于，它能够帮助企业解决营销组合问题，并保证营销组合的精确执行。营销组合（产品、价格、渠道和促销）是执行定位战略的战术细节的基本手段。如果说，确定目标市场是让营销人员知道为什么要制定相应的营销组合，那么准确地定位战略则是告诉营销人员如何设计营销组合的内容。例如，一个定位于"优质产品和服务"位置的企业必须提供优质的产品和服务。相应地，制定一个较高的价格，通过高档的销售渠道进行分销以及在品位高的杂志上登广告，这是塑造一种始终如一的、令人信服的高质量形象的主要途径。

（三）避免企业间的恶性竞争

旅游企业如果不能突出自身优势让企业与竞争对手区别开，在争夺同样的目标旅游者时，由于客源的有限性，必然会进一步加剧市场竞争，甚至会出现恶性竞争的局面。由于没有进行有效的市场定位，企业产品雷同，在产品品种、服务、人员、形象等方面没有明显的差异，企业间的竞争就会更多地反映在价格上。价格竞争又会进一步降低企业的利润，使企业缺乏技术改造和提高服务质量的资金，最终影响到企业乃至整个行业的发展。

三、旅游市场定位的原则

如果定位就是要突出旅游企业自身产品的差异化，那么被选择的差异化特征是否有价值，能不能成为顾客选择购买的理由，非常值得思考。因为每种差异化特征都有可能增加企业的成本和顾客的利益，所以旅游企业要细心选择每种区分自己和竞争对手的途径。一种差异化利益值得开发的前提条件是要符合以下原则。

（一）重要性

被选择的差异化利益能提供给足够数量顾客的高度利益，成为顾客"非买不可的理由"中的重要组成部分。

（二）区别性

被选择的差异化利益，要么是其他旅游企业（尤其是主要竞争对手）不能提供的，要么是由企业以一种十分与众不同的方式提供的，很容易给顾客留下深刻印象。

（三）独特性

旅游企业向目标顾客提供的这种差异化利益，在技术、设备、人才、服务、环境、资源等方面，不易被竞争对手模仿。

（四）沟通性

这种差异化利益对于顾客来讲，是容易理解和接受的，并且是可见的。旅游企业能够通过一定的方式与顾客进行有效的交流及传播。

（五）负担得起

顾客能够接受因企业提供这种差异化利益而增加的成本费用。

（六）盈利性

旅游企业通过提供这种差异化利益有利可图。

（七）预防定位错误

随着企业的不断扩大，要防止以下可能出现的定位错误。

1. 定位不够

一些企业发现顾客对自身产品和服务（或者说差异化利益）只有一个模糊的概念，并不知道它的任何特殊之处。

2. 定位过分

定位过分让顾客产生过于狭窄的印象，企业难以进一步拓展。

3. 定位模糊

对定位有着过多的说明或时常改变产品和服务的定位，均有可能造成顾客产生混乱的印象。

4. 定位疑惑

顾客可能会从产品和服务特征、价格或提供者的角度很难相信企业宣传的各种利益。

四、旅游市场定位的步骤

旅游企业在完成目标市场选择后，就应该进行市场的定位。旅游市场定位的关键是旅游企业设法在企业产品上找出比竞争者更具竞争优势的特性，根据竞争者现有产品在细分市场上所处的地位和旅游者对产品某些特性的重视程度，塑造出本企业产品的市场定位。因此，旅游企业市场定位的全过程可以通过以下三个步骤完成。

（一）识别企业的竞争优势

旅游者一般都会选择那些给自己带来最大价值的产品和服务。因此，赢得和留住顾客的关键是要比竞争对手更好地理解顾客的需要，并向他们提供更多的价值。正如美国学者波特在《竞争优势》一书中所指出的："竞争优势来自企业能为顾客创造的价值，而这个价值大于企业本身创造这个价值时所花费的成本。""竞争优势有成本优势和产品差别化两种类型。"据此，可以明确，旅游企业的竞争优势取决于其旅游产品开发设计和经营管理方面的成本优势及其旅游产品的创意设计能力。要想确定企业的竞争优势，需要具体了解以下问题：竞争对手的产品定位是怎样的？目标市场上旅游者的需要和欲望的满足程度如何，哪些需要和欲望是尚未得到满足的？针对竞争对手的市场定位和目标市场上旅游者需要的利益，企业可以做什么？通过回答以上三个问题，旅游企业可以从中找出与竞争对手的差异所在，并由此确定企业的竞争优势。

（二）选择有价值的竞争优势

并不是所有的差异都能成为竞争优势，旅游企业要做的就是区分哪些差异能够成为有价值的竞争优势，通常包括以下内容。

（1）重要性：要能够给相当数量的旅游者带来实惠。

（2）独特性：既没有其他企业使用，也不能再以更独特的方式被竞争对手使用。

（3）可沟通性：易于被旅游者见到并理解。

（4）可负担性：旅游者能够负担得起由于差异带来的费用。

（5）获利性：旅游企业能够从中获得利益。

大多数旅游者对旅游企业之间的细微差异并不十分感兴趣。旅游企业也没有必要费时、费力深入探求每一处的不同。一般来说，旅游企业只需要对那些最能体现企业风格、最适合目标市场需要之处进行必要宣传即可。这就要求企业确定需要突出多少种差异和需要突出哪些差异。

(三) 沟通及传播企业的市场定位

旅游企业要通过营销活动使目标旅游者了解、熟悉、认同本企业的市场定位，并在旅游者心目中建立与其定位一致的形象。例如，一家旅游企业定位于"质量上乘"，那就必须努力地将这种信息传播出去。优质产品的信息可以通过营销的其他要素表达出来，如高价格、高品质的旅游产品设计、高质量的广告媒体选择、高素质经销商的合作等，因为在人们的观念中高价格往往意味着高质量。这一切必须与企业"质量上乘"的定位相一致。

此外，旅游企业还要不断强化其市场形象并保持与目标旅游者的沟通，以巩固其市场地位。如果目标旅游者对企业市场定位的理解出现偏差，或者由于企业宣传上的失误而造成目标旅游者的误会，企业要及时纠正与其市场定位不一致的形象。

 分享点评

携程发布首个在线企业定制平台　开辟定制游新市场

2018 年 1 月 18 日携程发布了我国首个"企业定制"平台，这也是目前为止首个为海量企业客户和供应商搭建的最大规模的专业平台，开辟了在线企业定制游的新市场，标志着企业定制游进入了在线化平台化的阶段。

巨头开辟在线企业定制新市场

团建、会务、考察……企业出行形式正日益个性化，而传统旅游行业在品类、价格、服务质量上都无法满足这些分散又小型的需求。缺乏一个专业的互联网平台，海量的需求与供给难以高效对接，这块细分市场长期处于空白状态。这次发布会上携程推出的在线企业定制旅游平台，专门解决这一需求痛点。

据介绍，携程在线企业定制旅游平台是一站式全品类的企业出行服务平台，目的地全球全覆盖，4 000 多名专业定制师均来自平台甄选的供应商，并能针对不同需求进行个性化定制。在预订中有超过 77 个监控点，支持多方比价，提供合同、发票等各项行政所需，另外还有自然灾害保障和应急援助体系。

在线企业定制的 4 大核心优势

相比传统模式，在线企业定制游平台的优势在哪？"海量的资源与客户""大数据精准匹配""透明化报价"和"六重保障"，携程在线企业定制平台发布了四大核心优势和竞争门槛。

万亿市场在线企业定制游成新蓝海

携程作为中国第一、全球第二大 OTA 平台，App 下载量累计超 30 亿，会员超 3 亿，其中包括了大批企业高管和白领用户，这些用户已习惯了携程的服务体系和标准，并且在个人出行上经常使用私人定制服务。企业定制将这套标准系统复制并升级，为用户提供更丰富的服务选择。另外，携程的服务保障体系和在业内多年的深耕细作，最大程度上保障了供应商和服务的可靠性。

（资料来源：人民网，2018 年 1 月 19 日）

点评：携程旅游瞄准定制旅游市场这个新的旅游目标市场，结合自身四大核心优势：海量的资源与客户、大数据精准匹配、透明化报价和六重保障，以高品质及高品位的旅行服务为核心，推出高端定制旅游产品，领先占据定制游新市场。旅游企业一旦选定了目标市场，就要着手考虑如何进入、如何开发、如何占领这个市场。这个过程的第一步就是旅游企业准确迅速地做出市场定位。

五、旅游市场定位的方法

（一）初次定位

初次定位是指新成立的旅游企业初入市场、旅游新产品投入市场，或者旅游产品进入新市场时，企业为满足某一特定目标旅游者的需要，采用所有的市场营销组合而使其竞争优势与特色为目标消费群体接受的过程。

（二）避强定位

避强定位是一种避开强有力的竞争对手进行市场定位的模式。当企业意识到无力与强大的竞争者抗衡时则远离竞争者，根据企业的条件及相对优势，突出宣传自己与众不同的特色，满足市场上尚未被竞争对手发掘的需求，这就是避强地位。这种定位的优点是能够迅速在市场上站稳脚跟，并尽快在旅游者心中树立起一定的形象。由于这种定位方式市场风险较小，成功率较高，常为多数旅游企业所采用。

（三）迎头定位

迎头定位是一种以强对强的市场定位方法。即将本企业形象或产品形象定在与竞争者相似的位置上，与竞争者争夺同一目标市场。例如，在世界饮料市场上，作为后起之秀的百事可乐进入市场时，就采用过这种方式，"你是可乐，我也是可乐"，与可口可乐展开面对面的较量。

实行迎头定位的旅游企业应具备的条件：能比竞争对手设计出质量更好或成本更低的旅游产品；市场容量大，能容纳两个或两个以上的竞争者；拥有比竞争者更多的资源和能力。这种定位存在一定风险，但能够激励企业以较高的目标要求自己奋发向上。

（四）重新定位

重新定位是指旅游企业通过改变产品特色等手段，改变目标旅游者对企业产品的认识，塑造新的形象。

即使企业产品原有定位很恰当，但当出现下列情况时，也需要考虑重新定位：竞争者推出的市场定位侵占了本企业品牌的部分市场，使本企业产品市场占有率下降；旅游者偏好发生了变化，从喜爱本企业品牌转移到喜爱竞争对手的品牌。

一般来说，重新定位是企业为了摆脱经营困境、寻求重新获得竞争力的手段。重新定位也可作为一种战术手段，并不一定是因为陷入了困境；相反，可能是由于发现了新的产品市场范围引起的。

 课堂讨论

试分析下列产品或服务在市场上常见的定位方法有（　　　　）并列举一些案例。
A. 茶饮料　　　　B. 汽车　　　　C. 旅游　　　　D. 洗发水

项目总结

旅游新媒体营销定位	旅游市场细分的原则	可衡量性，可进入性，盈利性和差异性
	旅游市场细分的标准	地理因素，人口因素，心理因素，行为因素
	旅游市场细分的程序	选定旅游企业产品的市场范围；列出这一市场范围内现有和潜在消费者的全部需求；分析潜在消费者的不同需求；找出潜在消费者的共同需求；划分相应的市场群；分析这些已明确的各个细分市场的具体情况；评估各个细分市场的规模和容量
	旅游细分市场的评估	细分市场的规模和增长速度；细分市场的结构吸引力；企业的目标和资源
	旅游目标市场的选择模式	市场集中化，产品专业化，市场专业化，选择性专业化，全面覆盖化
	旅游企业目标市场营销战略	无差异化营销策略，差异化营销策略，集中化营销策略
	影响旅游目标市场战略选择的关键因素	旅游企业本身的资源和实力；产品本身的性质及所处阶段；旅游企业产品的市场供求关系；竞争对手的市场策略
	旅游市场定位的原则	重要性，区别性，独特性，沟通性，负担得起，盈利性，预防定位错误
	旅游市场定位的步骤	识别企业的竞争优势；选择有价值的竞争优势；沟通及传播企业的市场定位
	旅游市场定位的方法	初次定位，避强定位，迎头定位，重新定位

课堂实训

一、实训任务

分析旅游企业目标市场与市场定位

通过课后查找资料、旅游企业实地拜访等方式，以小组为单位分析当地一家旅游企业的目标市场和市场定位。

二、实训目标

掌握旅游目标市场的选择依据和选择模式；掌握旅游市场定位的方法、基本步骤和基本策略。

三、操作思路

1. 收集旅游企业及其旅游市场、旅游产品的情况。
2. 确定本旅游企业的目标市场。
3. 分析本企业目标市场的选择依据和选择模式。
4. 根据旅游者选择本企业的重要依据，将本企业与竞争对手进行对比。
5. 分析本企业的企业特色形象和市场定位情况。

同步测试

一、单项选择题

1. 下列（　　）不是旅游市场细分的依据。

　A. 地理环境因素　　　B. 人口统计因素　　　C. 心理因素　　　D. 季节因素

2. 购买动机、购买次数等属于市场细分的（　　）依据。

　A. 地理环境因素　　　B. 人口统计因素　　　C. 心理因素　　　D. 购买行为因素

3. 旅游企业只选择一个细分市场，提供一种旅游产品的市场模式，指的是（　　）。

　A. 市场集中化　　　B. 产品专业化　　　C. 市场专业化　　　D. 选择专业化

4. 中国移动公司针对商务人士推出神州行业务，针对年轻人推出动感地带业务，针对农村地区推出神州行惠农卡业务，这说明中国移动公司的目标市场营销战略为（　　）。

　A. 无差异性营销　　　B. 差异性营销　　　C. 集中性营销　　　D. 分散性营销

二、多项选择题

1. 旅游市场定位的主要方法有（　　）。

　A. 领先定位法　　　B. 比附定位法　　　C. 逆向定位法　　　D. 空隙定位法

2. 旅游企业采取无差异市场营销策略一般要具备（　　）。

　A. 有大规模的单一产品生产线

　B. 有广泛的销售渠道

　C. 产品在消费者中有广泛的影响且质量好，企业有独特的不易外泄或被模仿的生产诀窍

　D. 产品用于满足人们的基本需求，消费者的需求差异较小

3. 企业在评估各种不同的细分市场时，必须考虑的因素有（　　）。

　A. 规模和增长程度　　　　　　　　B. 细分市场结构吸引力

　C. 企业的目标与资源　　　　　　　D. 与目标市场的关系

4. 旅游企业实行差异性市场营销策略的条件有（　　）。

　A. 有一定的规模，人力、物力、财力较雄厚

　B. 旅游企业的技术水平、设计开发能力与之相呼应

　C. 旅游企业有较好的营销能力，具有鲜明的形象

　D. 市场的需求差异较大，而各自的细分市场吸引力均衡

5. 以下口号反映了市场定位策略中的比附定位策略有（　　）。

　A. "今天的第二，明天的第一。"

　B. "你最好带上威士卡，因为他们不带美国运通卡。"

　C. "××是全国驰名商标。"

　D. "困了，累了喝红牛。"

三、思考与练习

1. 什么是旅游市场细分？什么是目标市场？什么是市场定位？

2. 旅游目标市场选择的模式有哪几种？并分别举例。

3. 旅游市场定位的方法有哪些？并分别举例。

学习评价

按照表4-1对本项目的学习过程进行考核与评价。

表4-1　项目四 旅游新媒体营销定位学习评价表

评价指标		评价标准			评价方式		
		优	良	合格	自评（15%）	互评（15%）	教师评价（70%）
工作能力（45%）	分析能力（10%）	能正确分析旅游细分市场，正确评估细分市场，合理选择旅游目标市场	能正确分析旅游细分市场，较好地评估细分市场	能正确分析旅游细分市场			
	实操能力（25%）	能科学合理地选择旅游目标市场，并进行合理准确的旅游市场定位，树立旅游产品、企业、目的地的独特形象	能科学合理地选择旅游目标市场，并进行合理的旅游市场定位	能科学合理地选择旅游目标市场，并进行较合理的旅游市场定位			
	合作能力（10%）	能与其他组员分工合作；能提出合理见解和想法	能与其他组员分工合作；能提出一定的见解和想法	能与其他组员分工合作			
学习策略（10%）	学习方法（5%）	格式符合标准，内容完整，有详细记录和分析，并能提出一些新的建议	格式符合标准，内容完整，有一定的记录和分析	格式符合标准，内容较完整			
	自我分析（5%）	能主动倾听，尊重他人意见；能很好地表达自己的看法；能从小组的想法中提出更有效的解决方法	能倾听、尊重他人意见；能较好地表达自己的看法；能从小组的想法中提出可能的解决方法	能倾听他人意见；能表达自己的看法；偶尔能从小组的想法中提出自己的解决方法			
成果作品（45%）	作品规范性（15%）	作品完成完全合乎要求，非常规范	作品完成合乎要求，规范	作品完成基本合乎要求			
	作品创新性（15%）	作品具有很好的创新性	作品具有较好的创新性	作品具有一定的创新性			
	作品展示（15%）	逻辑性强、层次分明、思路清晰，整体形象大方、举止得体	思路较清晰，整体形象较大方、举止较得体	思路基本清晰，举止基本得体			

项目五　旅游新媒体营销创作与策划

 思维导图

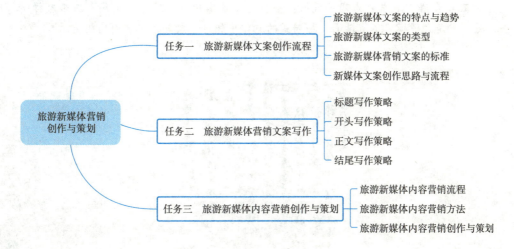

旅游新媒体营销创作与策划

任务一　旅游新媒体文案创作流程
- 旅游新媒体文案的特点与趋势
- 旅游新媒体文案的类型
- 旅游新媒体营销文案的标准
- 新媒体文案创作思路与流程

任务二　旅游新媒体营销文案写作
- 标题写作策略
- 开头写作策略
- 正文写作策略
- 结尾写作策略

任务三　旅游新媒体内容营销创作与策划
- 旅游新媒体内容营销流程
- 旅游新媒体内容营销方法
- 旅游新媒体内容营销创作与策划

 学习目标

⊃ 知识目标

1. 掌握旅游新媒体文案的特点与趋势。
2. 掌握新媒体文案创作的思路与流程。
3. 掌握旅游新媒体营销文案写作策略。
4. 掌握旅游新媒体内容营销流程。

⊃ 能力目标

1. 能够根据旅游企业要求，撰写优质的旅游产品营销文案。
2. 能够撰写以品牌广告语、品牌故事为核心的旅游品牌营销文案。
3. 能够根据旅游企业或旅游目的地的实际要求，撰写旅游新媒体营销活动方案。

➲ 素养目标

1. 养成新媒体营销文案创作思维，强化创新意识。
2. 在旅游新媒体营销活动中不断培养正确的价值观，弘扬时代主旋律。
3. 培养家国情怀，宣传家乡旅游，讲好"中国故事"。

 案例引入

朕是如何把天聊死的！（选摘）

他曾凭借一句：朕亦甚想你。撩的臣心荡漾，甘愿鞍前马后。又以一句：朕实在不知怎么疼你。迷的臣心忠贞，允诺万死不辞。当然，这位大臣最后也真的因他而死了。他是雍正帝。一个每天只睡四个小时，光在奏折上就能批 1 000 多万字，是整个《资治通鉴》字数三倍多的话痨型帝王。那么雍正帝到底有多能说呢？

话痨雍正帝语言基本分为两种风格：一种是想你疼你，大臣年羹尧和十三弟胤祥听得比较多；另一种是大规模、不留情面、扫射式的怼！中招者一般苦不堪言内伤极重。

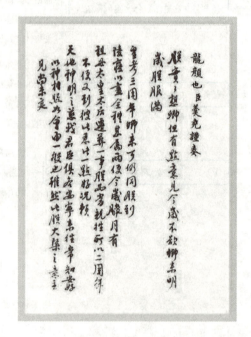

接下来，欢迎来到雍正荣耀，您的好友毒四已到达战场，请做好准备！

【雍正帝 VS 湖南巡抚布兰泰】

布兰泰热情地说："谢谢皇上调我去江西，好想回京见您么么哒！"

雍正帝冷漠脸："你是个什么样的人自己心里没点数？"（原文：似你学问才情平常些的人，万不可自恃，凡事勤问多学。）

布兰泰："臣不要面子的吗？"

【雍正帝 VS 福州将军阿尔赛】

阿尔赛："皇上你应该……"

雍正帝不可置信："你管我？你管我？你懂什么啊你管我！"

（原文：朕用人行政自有道理，非汝等武夫之所知也。）

阿尔赛："我可能要完了。"

所有的矫揉造作与不合时宜，到了雍正帝这里，都是直截了当的怼。

"你处心积虑虚张声势，朕偏偏要撕开假面让你无地自容。"

"你闲言碎语弄是非，朕自有判断，你安守本分即可，他事与你何干！"

俯仰不愧天地，褒贬自有春秋。

这便是朕的态度！
而你的态度呢？
一把钥匙扣足以亮明。

设计元素来源于皇帝御批，每一句都足够表达立场与喜好。除了可作为钥匙扣使用，也可随意佩戴装饰一切小物。

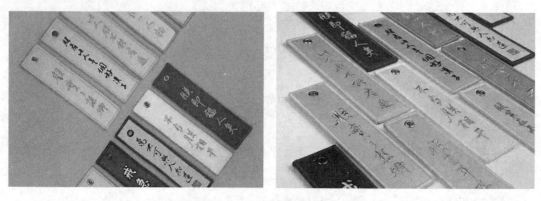

借物言志，怎能少了风流雅人之爱，折扇。心存高远，立志做一人物。

御批同系列还有刺绣布贴。

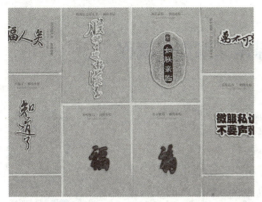

从此，不必躲闪，不必唯诺。大大方方，秀出你的态度！

（资料来源：故宫淘宝，2017 年 8 月 17 日）

　　这篇"故宫淘宝"公众号上的推文——"朕是如何把天聊死的"，一经推出，便有 10 万多的阅读量，一夜间爆火，其新奇有趣的文风，精致的产品设计，还有背后的创作理念，都非常对当下年轻人的胃口。

　　摸清了年轻人的喜好，从此故宫淘宝走上了卖萌调皮的不归路。为了迎合年轻人市场，故宫淘宝逐渐摒弃了原先正经严肃的风格，开发了一系列有趣好玩的小周边。

　　在这个过程中，故宫淘宝以文化底蕴为根本、讨喜的营销方式、趣味化的设计玩转了新媒体营销。原先高高在上的故宫，凭借其卖萌傲娇的新属性成为新晋"网红"，随之带来的是淘宝店销量节节攀升。

　　毫无疑问，在产品、品牌、营销上，故宫淘宝团队做得堪称完美，一个 600 年的 IP 在时代传播技术的创新和营销人员的创意之下变得生动起来。

任务一 旅游新媒体文案创作流程

一、旅游新媒体文案的特点与趋势

在数字化时代，新媒体已成为推动文旅行业发展的重要力量。

从"开封王婆"到"菏泽树哥"，从"淄博烧烤"到"天水麻辣烫"，再到"哈尔滨你好"和"山河四省"，这些地方特色在新媒体平台上如雨后春笋般涌现，迅速吸引了全国乃至全球网友的目光，成为一股不可忽视的文旅宣传新力量。在这个过程中，新媒体营销文案起着不可忽视的作用。总结起来，新媒体营销文案呈现以下特点与趋势。

微课：旅游新媒体
文案的特点与趋势

（一）从单一发声到人人自媒体

互联网向来就不是一个唱独角戏的地方。尽管主流发声的仍是 BGC（Brand Generated Content，品牌生产内容）或 PGC（Professionally Generated Content，专业生产内容），但如今用户对网络的需求不仅是简单的获取信息，而是渴望从旁观者转变为参与者，发声的意愿也越来越强烈，UGC（User Generated Content，用户原创内容）模式由此应运而生。

随着互联网从中心化走向去中心化，传统的"高门槛"文案也发生变化，现在人人都可以是写手。移动互联网时代，只要有才、有品、有料，在某一领域足够专业或有一技之长，能够熟悉使用微博、微信等社交媒体工具，坚持文案创作，就有可能成为意见领袖。

（二）从传统渠道投放到新媒体传播

从纸媒（即纸质媒体）到新媒体，从电视到网络视频，从计算机到手机，营销渠道发生了巨大变化，整体上体现出以下几点不同。

1. 受众阅读习惯不同

传统媒体的受众多为老一辈知识分子或各阶层精英。他们幼时便养成阅读印刷刊物的习惯，对信息的介入较为主动，往往有合适的时间及地点进行长时间的慢速阅读。新媒体的受众多为城市中的年轻居民。他们生活节奏快、阅读时间有限，具有追求时尚、新鲜的心理倾向，所以多习惯快速的、碎片化式的阅读。

2. 传播媒介特质不同

新媒体传播媒介的受众不仅是接受者，还是参与者。作为一种交互式媒体，互联网凭借其技术上的优势，改变了传播者与受众之间"点对面"的传播，两者可以极其方便地随时交流想法，不受地域和场所限制。这种一点对多点、横向与纵向交织的多元化互动交流关系使每个人都可以发布信息。所以，新媒体所使用的文案不可避免地具有网民的心理倾向和叙述习惯，具有自由随性的口语化倾向。

（三）从语言规范到时尚多元

随着新媒体发展的成熟，新媒体文案逐渐突破传统的语言规范，在语法、句型、词汇等多个层面形成不同于传统纸媒的特征。

1.新颖前卫

新媒体文案具有新颖前卫的特点，经常使用网络新词、流行语、缩词、方言谐音等，生动活泼、新鲜有趣。

2.多元立体

新媒体不仅使用文字，同时，还使用数字、表情、图片、声音、视频等多种形式传递信息，打破传统媒介间的界限，传播方式多样，效果立体多维。

3.语言风格轻松

相较于传统纸媒，新媒体语言风格更轻松、更自由、更开放。新媒体的报道往往感情强烈，口语化特点显著。纸媒如报刊用语极其规范严谨、高度专业化。

纸媒标题一般都有主副之分，标题句式工整、用词用韵考究。而新媒体标题则对工整押韵不太重视，多使用口语词和语气感强的标点符号。

案例：**新媒体用词的法律约束**

课堂讨论

让你印象深刻的旅游新媒体营销文案有哪些？它们起到了怎样的营销效果？

二、旅游新媒体文案的类型

新媒体时代旅游营销文案写作的主流特征是重视标题的吸引力，或是娓娓道来的故事，或是互动参与性强的活动推广，以充分满足受众的好奇心和获取信息的便捷性为宗旨。根据不同的维度，可以对旅游新媒体营销文案进行分类。

（一）按营销目的分类

企业的营销文案是为销售服务的，但为了更好地区分文案类型，可根据企业营销的主要目的分为销售文案和传播文案。销售文案，即能够立刻带来销售的文案，如旅游产品为销售而介绍的产品信息文案、为了提升销售而制作的引流广告图等；传播文案，即为了达到扩大品牌影响力的文案，如企业品牌故事、企业节假日情怀营销文案等。

不同的文案类型，写作创意方法也有不同，销售文案需要能够立即打动人，并促使立即行动；而品牌传播文案则侧重于是否能够引起人的共鸣，引发受众自主自发传播。

（二）按篇幅长短分类

按照文案篇幅长短，可分为长文案和短方案。长文案一般是指长微博、微信公众号文章、头条文章等；短文案通常是指140字以内的微博文案或微信朋友圈文案等类型。通常，长文案需要构建强大的情感情景；短文案在于快速触动表现核心信息。

微课：**旅游新媒体文案创作流程**

（三）按广告植入方式分类

按广告植入方式可分为软广告和硬广告。软广告即不直接介绍商品或服务，而是通过其他的方式带入广告。如在案例分析中或故事情节中植入品牌广告。受众不容易直接觉察到软广告的存在，它具有隐藏性。硬广告则相反，是以直白的内容发布在对应的渠道媒体上，广而告之。企业会根据不同情况选择不同的广告方式。一般的品牌传播广告需要高强度的品牌曝光次数及直接带动销售时，企业会选择硬广告；但企业在需要补充、增加品牌曝光时，一般选择软广告。

（四）按渠道及表现方式的不同分类

传播渠道不同，文案的表现形式也不同。按渠道可分为微信推文、微博文案、头条号文案、百家号文案等。微信公众号支持多种形式的文案表现，如纯文字、语音、图片、图文、视频等。微博的发布仅支持140字，也可附图。

三、旅游新媒体营销文案的标准

微课：优秀旅游
新媒体文案的标准

（一）达到目标

旅游新媒体文案都带有强烈的创作目标，纵观各类旅游新媒体文案，基本上都是销售产品和品牌推广传播这两大基本目标。如果是一篇推荐旅游景点的文案，达到目标就是能够让受众看到这篇文案后被这个景点吸引，并最终去这个景点玩；如果是销售一款产品的文案，达到目标就是能够让受众在阅读这篇文案后对这个产品产生强烈的需求并产生购买行为。那如何才能创作出可达到目标的文案呢？

（1）通过对优质销售文案的分析，发现这些文案基本上具备了明确的商品卖点、立即购买的理由及明确的购买引导三大共性。

例如，"无二之旅"的房车旅行是其重要的业务板块，尤其是西北房车和北疆房车旅行深受粉丝用户喜爱。就发布在"无二之旅"公众号上的房车旅行文案进行解读，该产品面向的受众主要是品牌粉丝用户，所以将活动的主题确定为"冲鸭大西北，不一样的房车大环线"，是明确卖点；"立减500元/人"是立即购买的理由；海报底部的黄色咨询按钮，可引导人下意识点击咨询甚至购买，这就是明确的购买引导。

（2）通过对优质品牌传播文案的分析，发现展示品牌形象及特点按钮、展示品牌精神及带动品牌传播是这一类型文案的典型特征。

例如，"长沙方特"是长沙方特东方神画的公众号，公众号下面有三个栏目："方特简介""自助服务"及"出游必看"，全方位介绍了长沙方特的吃、住、行、游等旅游攻略以及最新活动等信息，向人们展开一幅华夏五千年历史文明精粹的灿烂画卷，如梦如幻、如泣如诉、如诗如画。其中，公众号上的一篇推文——"12月24日星空国潮夜正式开启，超前剧透必看！"主要围绕长沙方特星空国潮夜活动展开。文章介绍长沙方特以自身古风特色为出发点，结合当下年轻人所喜爱的时尚潮玩，为游客精心推出了一场奇幻趣味的圣诞元旦穿越之旅。文章以图文并茂的形式详细介绍了全新升级的主题夜场、恍如穿越的奇幻夜景、随处可见的高颜值NPC（Non-player Character，非玩家角色）、妙趣横生的互动赢好礼、赢得阵阵掌声的国潮演艺、璀璨炫目的烟花大秀等精彩看点。这篇推文集中展示了长沙方特的品牌形象、特点及品牌精神，带动了品牌的传播。

（二）用户有感

能让用户或收获感动，或引发共鸣，或自发收藏、转发，或……的文案，一般对于用户而言，要满足相关、具体、引发情绪三大表征。"相关"就是文案的内容不仅包含产品卖点，还要与用户相关，如文案包含能体现对方相关性的标签，引起用户的关注。这就要求创作者要以用户思维进行文案表达，如"行乐"公众号推出的一篇名为《去野，去治愈》的文章，展现了在疫情常态化背景下，人们想要去放松的心理需求。"具体"就是创作者在描述产品或服务时要构造画面感或营造场景感。例如，悦游全球旅行网推出的一篇名为《沙巴，风下之乡海浪轻摇》的文章，文中"受上天眷顾，婆罗洲岛北部的沙巴恰好与每年肆虐的台风擦身而过。加亚岛的日出、烤椰子的'异香'、马达京岛的星空与卡帕莱水面下穿梭的鱼群……"这些优美的词语充满了极致的美感，有见字如面的魅力。"引发情绪"则是文案内容能够调动用户的情绪，进而做出购买行动，常见的广告文案通常调动用户恐惧和喜悦两种情绪。如果想写一篇治愈人心的"走心"文案，可以从三个词入手，即故事、情感、记忆。或讲用户身上发生的故事；或诉诸那些强烈的情感，如理想、感情、情怀、奋斗等；或找回某个群体的记忆。如迪斯尼的广告宣传语——全世界都在催着你长大，只有这里会保护你的童心，一下子就会引起游客的共鸣。

（三）具有欣赏价值

优秀的新媒体文案通常是一件质量优良的文化产品，能够带给消费者足够的文艺美感、艺术享受，让消费者在接收过程中充满了愉悦感，并且在这种愉悦感中接受产品的相关信息。它们一般创意新颖。优质的文案创意对于消费者而言，具有强大的吸引力，因为这些创意都是文案创作者的智力成果，是他们经过巧妙构思而形成的文化产品，能带给消费者新鲜感、趣味性，甚至冲击力。这是一种非常重要的观赏体验，也是一种感觉强烈的刺激，会使消费者对文案印象深刻，并且愿意反复回味，转述给他人。如一则保护动物的公益广告，如图 5-1 所示。

图 5-1　动物保护公益广告

该文案用拟人的手法展现了一段大象母子的对话，小象长牙之后开心地告诉母亲，却只收到了母亲的沉默，这不免让观者将心比心，在产生巨大的震撼的同时，也会为创作者这种精妙的手法而感到惊奇。

小象："妈妈，我长牙了！"

母象："……"

小象："妈妈，我长牙了耶！"

母象："……"

小象："妈妈，我长牙了！"

母象："……"

小象："妈妈……？"

"妈妈，你不为我高兴吗？"

此外，优秀的新媒体文案还具有丰富的内涵，可以反思社会问题，可以展现时代风貌，可以表达某些群体刻骨铭心的情感，可以展现独特的艺术美等，总之，需要让消费者在了解产品相关信息之外，能够有丰厚的收获。这不仅会使消费者对产品及其品牌产生良好的印象，认为该品牌具有足够的社会关怀、文化气质和思想内涵，也能够使消费者尊重文案作品，对于其中所传递的营销信息也会认真对待。

四、新媒体文案创作思路与流程

新媒体文案的创作流程主要包含五个环节，分别是确定文案写作目的、深入调研并确定写作方向、挖掘文案卖点、文案创意的写作输出、文案复盘。

微课：旅游新媒体
文案创作流程

（一）确定文案写作目的

文案写作永恒要关注的问题是写作目的，是要尽一切努力促进商品销售，还是要通过文案建立一种品牌识别度。目的不同、文案写作的思路和方法也不同。若以商品销售为目的，创作者需要思考如何通过文案刺激受众的消费需求，建立强烈信任，促成交易行为。若以品牌传播为目的，创作者需要思考如何让文案内容符合品牌风格，引发共鸣。

（二）深入调研并确定写作方向

深入调研主要需要清楚以下三个问题：文案写给谁看？品牌（商品）的优势是什么？文案最佳的发布渠道是哪种？创作者要具体分析文案的目标人群、分析品牌（商品）的竞争性、分析目标人群新媒体渠道偏好。

1. 分析文案的目标人群

创作者要想达到营销目的，就需要接触目标用户，了解其消费动机，充分把握其消费心理，才能确定用户的购买倾向，写出符合用户消费需求的文案。用户的消费心理主要包括好奇心理、从众心理、实惠心理、攀比心理、报酬心理、名人心理等。针对用户的不同消费心理，创作者可以采用不同的文案创造方法。例如，用户的从众心理常常表现为追求热门产品、跟风购买等，针对这类消费心理的用户，可以通过宣传产品的高热度、高销量激发用户的购买欲望。

2. 分析品牌（商品）的竞争性

知己知彼，百战百胜。创作者如果清楚竞争对手的文案写作"套路"和主推卖点，就能较容易写出更优质、更具突破性的文案。创作者分析竞争对手时，可采用SWOT分析法，将企业和竞争对手内外部的条件、资源进行有机结合与概括，分析企业的优势和劣势及所面临的机会和危险，从而进行品牌问题梳理和文案推广（营销）战略的制定。

3. 分析目标人群新媒体渠道偏好

通过深入调研，从用户的角度分析产品（品牌）目标用户的痛点和需求、产品（品牌）自身的优势、产品（品牌）的定位及合适的新媒体渠道、合适的投放平台，具体见表5-1。

表 5-1　新媒体渠道偏好一览表

平台	概况	客户画像	优势
公众号	自 2012 年开始兴起，已经度过 10 多年时间，公众号是微信公众平台，是面向企业、机构、媒体和自媒体的订阅型平台	根据赛道和内容不同，比较偏向 20 ～ 45 岁人群	因为和微信连通，垂直性和私密性较强，能一对一互动。目前有订阅号和服务号两种，也可以认证公司企业号。服务号可以直接给用户发送提醒信息，更方便
抖音	国内最大的短视频平台，拥有 8 亿日活跃用户，用户分层比较广泛，可以满足不同用户需求。商业化成熟：带货，直播，预约链接，团购……	18 ～ 55 岁用户居多，用户比较活跃	商业化比较成熟，对于公司来说有较好的收益，对于个人来说也有很多选择，比如探店博主、美妆博主、带货博主、读书博主等
快手	快手的前身，叫"GIF 快手"，最初是一款用来制作、分享 GIF 图片的手机应用。2012 年 11 月，快手从纯粹的工具应用转型为短视频社区，成为用户记录和分享生产、生活的平台	35 ～ 55 岁居多，三、四线城市及农村用户居多	内容更接地气，如农村生活、"尬剧"等
小红书	一个生活方式平台和消费决策入口，它的品牌定位是"生活方式社交平台"。通过机器学习对海量信息和人进行精准、高效匹配，让用户可以通过短视频、图文等形式记录生活点滴，分享生活方式，并基于兴趣形成互动，更侧重于生活方式和消费决策	18 ～ 45 岁，一线城市女性居多	与抖音等平台相比，小红书在引领生活方式方面的表现尤为突出。抖音虽然也涌现出众多热门话题，但多数聚焦于具体的个人、挑战或热梗，这些话题虽然火爆一时，但往往难以融入人们的日常生活
知乎	一个中文互联网高质量问答社区和创作者聚集的原创内容平台，它的定位是专业讨论和知识分享。知乎凭借认真、专业、友善的社区氛围、独特的产品机制以及结构化和易获得的优质内容，吸引了中文互联网科技、商业、影视、时尚、文化领域最具创造力的人群	用户多为男性，高学历及经济发达城市的男性居多	平台的优势无可匹敌，几乎能找到关于任何问题的精彩答案；同时，平台上的长尾流量巨大，过去几年的内容仍然能够吸引大量的流量
B 站	早期是一个 ACG（动画、漫画、游戏）内容创作与分享的视频网站。经过十年多的发展，构建了一个源源不断产生优质内容的生态系统，涵盖 7 000 多个兴趣圈层的多元文化社区	用户多为男性，高学历及经济发达城市的男性居多	提供强烈的情感归属感，用户对平台有较高的忠诚度。构建了一个独特的圈子，让用户在这个世界找到了属于自己的位置

（三）挖掘文案卖点

卖点就是当描述产品本质后，告诉用户产品的功能及使用产品后可满足受众的心理，给用户带来的实际利益，可以帮助用户解决的问题，即卖点＝产品特点＋带来的体验＋体验解决的问题。

这里强调的实际利益必须是本企业产品独有的、竞争对手不具备的，同时，这个利益是得到大多数人认可的。

例如，贵州推出一款名为"一路向黔·贵州印象：感受 26 度的夏天"的旅游线路，找到旅游者参加夏日旅游最大的痛点是炎热；结合这款产品，对用户提出了一个明确的利益点——避暑；"爽爽的贵阳""凉都六盘水""23 ～ 26 ℃的气温"等地区形象深入人心，这个利益点与其他地域旅游线路相比具有较强的差异性，最关键的是可以帮助用户解决夏日出行怕热的问题。

（四）文案创意的写作输出

在明确了文案的写作目标、目标人群、竞争对手及自身的卖点后，针对用户的痛点，创作者要用产品进行匹配，看产品能解决用户的哪个痛点及如何解决，由此形成解决方案。围绕产品的卖点，结合媒体投放渠道的特性，再进行创意思考，然后打磨细节，如设计海报、撰写软文、拍摄视频等，最终完成文案写作输出。

微课：旅游新媒体
文案创作设计切入点

输出文案创意是文案创作中比较关键的步骤。在这一步，创作者需要对各种文案素材进行整理和分析，同时，对文案的发布平台、目标用户对文案的接受程度进行综合考虑，展开创意联想，使用户自然而然地接收营销信息。

（五）文案复盘

复盘即对已做过的工作内容再次梳理和总结。通过数据、目标人群的反馈总结文案工作中的优点、缺点，优点继续保持，缺点则需要提出修改及改进意见并加以保留，以备下次创作文案时参考。

任务二　旅游新媒体营销文案写作

一篇结构完整的旅游新媒体营销文案一般包括标题、开头、正文和结尾四个部分，这也符合大多数用户的阅读习惯。一篇精彩的文案通常选择用标题吸引用户点击，用开头勾起用户的阅读欲望，用正文降低用户的跳出率，用结尾引导用户采取相应的行动。

一、标题写作策略

新媒体营销文案的标题是居于文案开头的简短语句，常常起到引人注意、点明主题的作用。新媒体营销文案标题的写作策略是为了提升营销效果，针对标题部分进行的写作方法总结。

微课：旅游新媒体
文案标题写作策略

"广告教父"大卫·奥格威说："阅读标题的人数是阅读正文人数的五倍。除非你的标题能帮助你出售自己的产品，否则你就浪费了 90% 的金钱。"在互联网时代，标题是决定消费者是否继续接收信息的前提条件，重要性更为凸显。

（一）悬念式标题

悬念式标题是指在标题中设置提问、强调产品功效、营造神秘气氛等，激发消费者的好奇心，从而使其对文案的具体内容产生强烈的兴趣。悬念式标题可分为提问式标题、强化功效式标题、营造神秘感标题三种。

微课：悬念式文
案标题案例

1. 提问式标题

提问式标题通常会结合消费者的某个关注点来发问，如"新疆旅游包车带司机多少钱一天？""赛里木湖住房为什么这么贵？""新疆太美了，该怎么玩？"从而激发人们强烈的兴趣。这些标题经常会包含"为什么""怎么办""如何"等字眼。

有的提问式标题只提出问题；有的提问式标题则含有一些关键的信息点，这种半遮半掩的方式是为了进一步刺激消费者的好奇心。例如，公众号"凯叔讲故事"推出的文案《凯叔直播 3 分钟卖光 500 套的学习桌椅哪里好？更省空间，足够用 15 年》，采用了提问式标题，在标题中添加了不完整的答案，强调了该桌椅节省空间并能用上 15 年，但是没有把具体的品牌讲出来，使消费者更为迫切地想知道答案。

2. 强化功效式标题

强化功效式标题是指在新媒体营销文案的标题中，对产品的功能和效果进行充分展示，借此吸引消费者。强化功效式标题应当语言简洁、准确，充分表达核心内容。例如，《不出国门的亲子游性价比之王，美景堪比清迈、清莱等东南亚小众旅行胜地》一文，采用的是强化功效式标题，容易引起读者的重视，并在正文中对标题强调的效果进行了详细说明，与标题形成有效的呼应。

孩子们在这里可以体验到农田西瓜采摘、雨林观光、雨林穿越，可以参加热带雨林飞拉达科考体验，还可以去星空露营基地、溶洞探险，这对孩子的体魄和胆量都有很好的提升作用。

除自然景观外，西双版纳的人文资源也非常丰富。此外，西双版纳东南部、南部和西南部分别与老挝、缅甸山水相连，这里有很多小镇位于边境。如《爸爸去哪儿》播出后，大火的"中缅第一寨"——勐景来，和一不小心就跨出国境的边境小镇——打洛镇，和一个原汁原味的小镇"舅舅的后代"民族——基诺族。在这里不仅可以观赏基诺山风光，还可以体验浓浓的基诺族民俗。

3. 营造神秘感标题

探秘心理是人类的常见心理。营造神秘感的标题，是吸引受众的有效手段之一。虽然这类标题大多表面上采用了陈述的方式，但其实都留了一个问题给消费者，消费者如果想知道答案，就必须将文案阅读完毕。例如，"新疆已回，我的建议是不要 6 ～ 8 月份去""一年仅有20 天的限定美食，不出门就能吃到！""刚从长沙回来，说些大实话给你们……"等。

（二）恐吓式标题

恐吓式标题，通过对生活方式、消费习惯的一些负面效果、隐性危害的重点进行描述，以引起消费者的重视，尤其能够吸引存在类似隐忧的消费者。

1. 突出负面效果

一些恐吓式标题，通过细致、具体地描述负面效果的长远影响以及列举具体数字、比喻等方式引发消费者的紧张心理，使他们因急于改变现状而愿意迅速购买产品。例如，"防晒霜没涂对，等于白涂！一个夏天老三岁！""喝错茶，会出事……""4 ～ 7 月去三亚不做攻略 = 白来！劝退！"等。值得注意的是，营销文案中的信息应当科学准确，不能胡编乱造，否则就是虚假广告，容易引起消费者的厌恶情绪。

2. 借助证言

一些恐吓式标题，借用专家、权威、消费者之口，以及一些调查数据进行观点的表达或者某一产品的典型推荐案例。例如，"什么是最健康的食物？这是营养专家给的答案""全球情绪专家：掌握情绪的 24 条建议""去了 6 次三亚了，感觉只有这几个地方值得去"等。借助证言的恐吓式标题是一种非常有力量的标题，因为消费者会产生一种"证人心理"，也就是更相信第三方的意见而非企业的自我展示。

（三）直言式标题

直接言说是一种比较常见的新媒体营销文案的标题写作方法，直奔主题，直接展示宣传产品的特征和效果，让受众产生先入为主的看法。这种标题通常会采用罗列数字、准新闻报道、直宣效果三种方式。

1. 罗列数字

罗列数字的标题由于信息明确而容易让人产生真实、可信的印象，典型案例如"10W+人推荐的广州长隆八大热门打卡点！暑假照着玩倍儿爽！""玩学习，206个重点学校学子的秘密"等。为了创作这类标题，创作者可以收集与产品、消费者、企业、企业家的相关数据，如企业家的年龄、企业历史年限、产品技术的系数、消费者数量、企业销售数额及与产品有关的各种数据等。

2. 准新闻报道

准新闻报道式标题就是将企业举办的一些产品创新、促销活动、公关活动等信息，进行简单、直白的信息发布，典型案例如"紧急通知！事关端午假期安排！6月特惠一览！""活动招募，萌趣童心六一主题亲子活动！"等。这类标题的特点是较为正式、严肃，适合企业的日常官方宣传。

3. 直宣效果

直宣效果类标题直白地介绍了产品特征和产品功效，特点是简练、直接、不拖泥带水，适用于消费者已经熟悉的品牌，典型案例如"良品铺子：用美味感动世界""《早餐中国》，只要早起，你就能找到故乡""了解这些，让滑雪更畅快、更自由"等。

（四）反差式标题

有些新媒体营销文案选择具有强烈反差的标题以突出产品的效果，这样的对比容易引起消费者的注意，如"冲浪酷女孩嗨吃18店，谁说运动与美食不可兼备""一条毛巾，何以征服国民"等。这类标题通常表达一种强烈对比而产生"不合理"，冲击消费者的认知，使这类标题能够在海量信息中脱颖而出。

2019年腾讯广告营销服务线发起"新匠人新国货"品牌计划，推出了家纺品牌之一——大朴。大朴的新媒体营销文案采用了具有强烈反差的标题——"卖疯了的老粗布凉席，有颜值、有故事"；其中，"卖疯了"与"老粗布"之间形成反差，"老粗布"与"有颜值、有故事"之间形成反差。让人不禁产生疑问，老粗布为何会如此受欢迎。

📖 **课堂讨论**

下面哪个标题让你想要点开文章一探究竟？它们分别属于什么形式的标题？
（1）从衣饰到水杯，被这些龙年故宫文创美到了！
（2）官宣！"纪念紫禁城建成600年暨故宫博物院成立95周年"重点活动公布！
（3）刚从丽江回来，说些大实话给你们……

二、开头写作策略

新媒体营销文案的开头具有承上启下的作用，上需承接标题，下需引导用户进一步阅读。文案开头的写法多样，有直接开头、名言开头、故事开头、热点开头、悬念开头、提问开头、自叙开头、修辞开头等。

（一）直接开头

直接开头就是开门见山，直奔主题。即文案从开始就会引出文中的主要人物、活动或故事，揭示主题或点明说明的对象。直接开头要求快速引出文案中心内容，将文案需要表达的内容直接展现给用户。对于营销性质的文案来说，直接开头就是直接说明某种产品或服务的好处，介绍其如何解决某种问题等，介绍时可围绕产品或服务本身的功能或特性展开，同时结合用户的情况，以引起用户的共鸣。例如，《比起景德镇，我更爱这个上榜国家地理的小城》这篇文章的开头部分就是典型的直接开头。

低调的江西是我多次来过的省份，想必江西的美，大家都有目共睹。比起爆火的景德镇，我更喜欢上饶。上饶的很多地方都极具特色，值得花几天时间慢慢回味。

（二）名言开头

名言开头即在文章开头精心设计一些短小、精练、扣题的句子，或使用名人名言、谚语或诗词等，引领文章的内容，凸显文章的主旨及情感。这是一种既能吸引用户，又能提高文章可读性的方法。名言本身是对文章内容的归纳、解释和论证，具有言简意赅、画龙点睛的作用，也能使用户更深刻地体会人生哲理。例如，某早读类 App 的文案就是以名言开头。

雨果说："有一种东西，比我们的面貌更像我们，那便是我们的表情；还有另外一种东西比表情更像我们，那便是我们的微笑。"

人生真正的财富，其实是你脸上的微笑。

微笑是一种积极面对生活的态度，要想生活对你笑，你就得先对生活微笑。

（三）故事开头

故事开头即情境导入，就是在文章的开头创造一个故事情境，可以用富有哲理的故事，或与要表达的中心思想相关的故事揭示道理；还可以直接写故事，然后进行商业植入等。故事的特点是生动有趣，普适性强。值得注意的是，应当根据实际需要进行故事的编排。例如，福建省文化和旅游厅推出由福建旅游形象大使某明星倾情出演的 2020 年官方文旅宣传片《有福相见》，如图 5-2 所示。此片以"人生海海，有福相见。"为主题，讲述某明星扮演的都市白领姚敏在福建寻找自己内心的旅程故事，宣传片中融合了多姿多彩的福建滨海山水旅游资源与质朴如初的人文精神，展现了一段充满惊喜而又理所当然的"福见"旅途。这次的宣传片不同以往城市形象片的调性，大胆采用故事形式呈现福建的精神内核。

图 5-2 《有福相见》宣传海报

"我们总在路上，马不停蹄奔向未知的远方……""每天都觉得自己好累啊，关键是真不知道是为了什么？"姚敏是一位努力上进的职场人，马不停蹄地奔向未知的远方，却忽视了内心的真正需求。

"无论什么时候，请记住我们的约定。如果不开心，就回来找我吧。"

正当迷茫之际，收到了一封来自 15 年前同学丁某的信件，触动了她的内心。于是，姚敏决定回到家乡福建寻找丁某，开启她的"福见"旅途。

该片故事性的舒适方式，代入感极强，短时间内就在线上、线下引发热度。

（四）热点开头

人们总是对新发生的或引起广泛讨论的事情较为关注，所以在正文开头使用热点事件也不失为一个吸引用户注意力的好办法，如在推荐旅游目的地或旅游产品时，可以从最近热门的红毯活动、电影或电视入手，分析活动情形或剧情，再将用户的注意力引向自己推荐的产品，从而提升产品热度。在做品牌推广时，可以借助节日、热点新闻等撰写推广文案。利用热点引入正文的文案通常阅读量较高，在用户之间也很受欢迎，因此，创作者在写作过程中可以适当地借助热点。例如，2023 年，随着电视剧《去有风的地方》的爆火，大理又迎来了一大批影迷前来观光旅游，原本小众的旅游地如凤阳邑、沙溪古镇等都迎来了大量游客。很多创作者抓住热点创作文案进行营销宣传。例如，这篇《【去有风的地方 品最美的风物】快来 get〈去有风的地方〉同款线路！漫游大理（一）》文章的开头部分就是典型的热点开头。

《去有风的地方》播出 3 个月有余
大理旅游热度高涨
大家都"乘风"而来
《有风》同款线路受追捧
大理成了"有风文化主题目的地"
这个春天
让我们沿着《有风》的足迹
开启治愈的"有风"之旅吧！

（五）悬念开头

悬念开头通常是指在新媒体营销文案的开头部分设置悬念，不直接把答案告诉消费者。一方面，可以使消费者保持耐心，从而能接收更多的营销信息；另一方面，能继续延展消费者的好奇心，使消费者对于后面揭晓的答案更为重视。例如，某美食公众号的文案《10 年老牌宝藏店，开到西单了》开头部分就是以悬念开头。

必去理由：
北京老牌日料店
一碗鳗鱼饭火了 10 年
新仔的宝藏店铺
如今从五道营开到了西单
看看你们有没有打卡过

开头部分罗列了必去理由，进一步强调了该日料店的特色和打卡的必要性，让消费者对这个店铺的美食更为期待，更愿意迅速探店。但是，由于不知道店铺的名字和地址，只能继续阅读接下来的文案。

（六）提问开头

疑问句总能引起人们的好奇心，以提问开头的好处是可以通过提问的方式自然而然地引出文案的主题，这样不仅能引发用户的思考，还会显得文案主旨鲜明、中心突出。例如，某生活官网在元旦期间发布的软文就使用了提问开头，让用户在思考的过程中对文中提到的"元旦礼物"充满兴趣。

> 这个元旦，你渴望收到谁送的礼物呢？
> 是你的闺蜜，还是你最喜欢的那个人？
> ××生活为感恩粉丝一年来的支持，决定送一份元旦礼物给大家！

（七）自叙开头

一些新媒体营销文案创作者会选择第一视角进行写作，在文案的开头部分讲述自己的亲身经历，这不仅能够与消费者拉近距离，也容易增强产品推荐的真实性。自叙式开头通常会表达出个人化风格极强的观点，对于消费者而言，也具有特殊的吸引力。例如，某公众号发布的《Le Labo 檀香木 33，秋日暖阳的极致温柔》，作者以美妆编辑的身份在文案开头分享自己喜欢的香水，表达了自己对檀香木香味香水的感受，认为它具有神圣感，会让心神平静，然后推荐了某品牌的某款檀香木香味香水。

> 我是一名不折不扣的木质香爱好者，檀香木便是我心目中"白月光"般的存在。
> 它能带来一种特别的"神圣感"，令人沉醉其中、深深着迷，心神也跟着不由自主地平静下来。
> 而在众多主打檀香木香调的香水中，我尤其偏爱 Le Labo 这支 Santal 33。
> 清冽通透的木质气息，带着一丝清冷与孤傲。

（八）修辞开头

新媒体营销文案作为具有欣赏价值的文本，消费者常常会被文案本身的文采所吸引。一些新媒体营销文案会在开头进行妙趣横生的文字描写，借助一些修辞手法，让消费者在欣赏文案的同时，愉悦地接收广告信息。例如，2020 年飞猪发布的"双十一"视频广告的文案《好久不见》的开头，采用了排比的修辞手法，增强了文案的吸引力。

> 好久没有在博物馆入口排长队了
> 好久没有在晴空塔上拍照发朋友圈了
> 好久没在国际航班上失眠了
> 好久没在现场听见球迷的欢呼了

分享点评

《我的阿勒泰》路线，5k 起游玩阿勒泰被治愈

> 有人说："人生要去两次阿勒泰，一次是把心丢在这里，一次是去把心找回来！"
> 《我的阿勒泰》火了，果不其然，新疆文旅坐不住了。
> 才 4k 游电视剧同款阿勒泰！

北疆一路下来真的被狠狠治愈了！

这里雪山、草原、野花、湖泊；

奔腾的骏马，淳朴的牧民；

每一帧都美成童话。

这里不是瑞士，是夏天的阿勒泰

新疆满足你对美景的所有幻想！

（资料来源：小红书，一起走吧旅游部落）

点评：随着电视剧《我的阿勒泰》热播，人们再一次被大美新疆所折服！剧里娓娓道来的阿勒泰生活，雪山青草、田园牧歌交织，让人心生向往。美景、美食、美人，仿佛一阵清凉又治愈的风，吹散了快节奏都市生活的燥热。很多创作者抓住热点，创作文案进行营销宣传。例如，这篇《我的阿勒泰路线，5k起游玩阿勒泰被治愈》文章的开头部分，就是典型的热点开头。

但也要注意，在写作新媒体营销文案的标题时，一定不要为吸引用户注意力而成为"标题党"。《互联网新闻信息标题规范管理规定（暂行）》规定，严禁各类夸张、猎奇、不合常理的内容表现方法等"标题党"行为。营销者应当通过新媒体营销文案的标题，传达正确的立场、观点、态度，切忌恶意用标题炒作或蓄意制造舆论热点。

三、正文写作策略

正文是指新媒体营销文案标题之后的内容，通常是文案的主体，是渐进说服消费者的部分。一篇优秀的新媒体营销文案，通常会有清晰、严密的结构，可以让新媒体文案的营销效果更好地实现。

微课：总分总式
正文文案案例

（一）总分总式正文结构

总分总式正文结构是新媒体营销文案应用非常广泛的一种结构。第一个"总"是用来表明主要观点的；"分"的部分是为了说明观点的合理性，具体通过不同的论据支撑；第二个"总"是最后的总结，与最初的观点形成呼应。以某公众号《2024限定之城|倒计时5天！赛里木湖音乐嘉年华攻略大放送》为例进行分析。

1."总"表明观点

"总"表明观点类文案通常会在开头旗帜鲜明地表达观点，直接而明确，在消费者心中建立一个明确的印象，具体阐明产品特点、产品功效、消费问题解析、生活方式等。在《2024限定之城|倒计时5天！赛里木湖音乐嘉年华攻略大放送》中，首先提出"2024赛里木湖音乐节倒计时5天"，然后直接写到"大家期待已久的赛里木湖音乐嘉年华攻略终于登场"，并在接下来的部分，从交通、入场、集市及必带物品等几个方面给出了详细的建议。

2024赛里木湖音乐节

倒计时5天

大家期待已久的赛里木湖音乐嘉年华攻略终于登场！

带你轻松玩转嘉年华，

全方位感受旋律与节奏的无限魅力～

从晨曦初照到夜幕低垂，

从湖畔微风到璀璨星空，

从热辣舞台到趣味集市，

从浪漫景色到露天电影……

希望你能沉浸其中，广交好友，随乐而动。

2. "分" 罗列论据

在接下来的正文中，从交通、入场、集市、休息、住宿、玩法、周边、必带物品及入场须知等几个方面给出了详细的建议。从中可以看出，这里交通便利，周边住宿选择多样且方便，能品尝到新疆当地的特色美食，还有赛里木湖音乐嘉年华超精美定制周边等，更有潮玩手办惊艳亮相嘉年华现场，为乐迷带来新颖潮流的互动体验等。这样全面详细且具有特色的音乐节介绍，可以对消费者产生良好的说服效果。

关于交通

自驾前往的乐迷可以把车停在本次音乐节主舞台的对面，已经设置了专属停车位；不自驾的乐迷可以选择乘坐音乐节的大巴车到达，我们在博乐、伊宁两地的市中心、火车站和机场都安排了定点大巴车将大家接送至目的地（具体的时刻表及收费标准以后续官方发布为准）。

关于入场

请乐迷们准备好电子票或纸质票前往检票口，为了避免重复检票，我们会以荧光戳为标记，并发放音乐节手环——这不仅是乐迷身份的象征，更是连接乐迷之间共同热爱与激情的纽带，就让它们陪伴音乐节的全程，见证每个精彩绝伦的瞬间吧！

关于集市

场地的左右两侧是集市区域，集市区内开设了 80 多个商铺，吃喝玩乐应有尽有。在这里，不仅仅能品尝到新疆当地的特色美食，还有更多其他城市的风味佳肴等你来发现……

3. "总" 总结观点

在正文的结尾部分，通常进一步总结观点，呼应开头提出的观点。一方面，是为了表明产品的可信性；另一方面，是为了进一步强化消费者对产品的印象，促使消费者产生购买的想法。例如，《2024 限定之城 | 倒计时 5 天！赛里木湖音乐嘉年华攻略大放送》结尾部分的总结，采用了呼吁、祝愿进行总结，呼应开头的观点。

祝每一位踏入赛里木湖嘉年华的乐迷，都能在这里收获一段珍贵、愉快的体验！和来自五湖四海的朋友们一起，共同编织属于这个夏天的美好记忆。

（二）递进式正文结构

递进式正文结构是指新媒体营销文案在正文中通过层层推进的方式，不断地论证观点，推介产品。这样的论证相当于循序渐进地说服消费者，能够渐渐地化解消费者的各种疑虑，较为自然地接受产品。递进式正文结构大致可以分为三种：第一种是从现象入手，逐渐深入地分析本质，提出观点，进而推出产品；第二种是在开头直接阐述一个观点，在正文部分进行深入论述；第三种是按照"提出问题、分析问题、解决问题"的顺序进行，即先说"是什么"，再谈论"为什么"，最终总结"怎么办"。

如某公众号发布的《【我在侗寨过大年】年味十足的冬令营来啦！玩转中国年！》以人们常见并关注的问题——"如何过年才有年味"开头。这样的问题具有普遍性，以此开题自然能够吸引消费者的注意力。具体文案如图5-3所示。

图 5-3　某文案中的提出问题式开头

在接下来的正文中，首先点明冬令营"五大主题活动：寻俗、寻福、寻味、寻乐、寻爱"；然后详细介绍了"特色活动：寻俗，入侗寨寻侗味；寻福，贺新春辞旧岁；寻味，品美食留年味；寻乐，趣享成长足迹；寻爱，我在侗寨交朋友；聆听党史，牢记使命"。通过这些特色活动的介绍，侗族浓浓的年味跃然纸上；接下来，介绍了"营期活动安排""四大营员装备""超高师资配比""餐食安排"以及"住宿环境"，使消费者对这次冬令营活动的吃、住、行、游，以及各方面的服务有更深入、更详细的了解，也使得这次冬令营"年味十足""玩转中国年"的特色更为突出。具体文案如图5-4所示。

（三）转折式正文结构

转折式正文结构是指创作者在新媒体营销文案的正文中，先抛出一种现象或观点，再对这种观点、现象进行否定，然后正面提出自己的观点。首先，由于正文具有一定的冲突性，使消费者在阅读的过程中，能够感受到更多的趣味性；其次，从一种比较流行的现象或观点入手，接受度较高；而随着正文有理有据地提出新观点，消费者比较容易接受。例如，某公众号的文案《当代成年人的崩溃，都从一句"习惯了"开始》，在文案的开头提出现代人的一个生活态度就是"习惯了"，这种态度表达了现代人的无奈，对于生活带来的压力默默忍受，不愿改变。

前几天，办公室日常聊起生活。
一个实习生突然感叹说："我真的很怕，自己到最后习惯了2020。"
我们采访了身边的朋友，问问这一年，大家都"习惯了"些什么。

正文在接下来的部分，开始提出习惯的"消极性"，即"比伤痛本身更令人心疼的，是习惯了伤痛"，点明这种状态不佳。

比伤痛本身更令人心疼的，是习惯了伤痛。
有的人，将"忍"变成了习惯。
"哎，公司又裁员了，幸好名单上没我，什么朝九晚十，什么创业公司文化，反人类又让人抓狂，算了，特殊时期，求稳，咬牙忍。"
"毕业一年了，还是不习惯早起，要指纹打卡！要开早例会！骂骂咧咧发泄一通之后还是习惯性地在手机上定18个闹铃。"

图 5-4　某文案中的层层递进介绍内容

　　之后，正文提出"让自己和世界变得更好，才是我们该习惯的事。"明确反驳"习惯了"这一流行观点，具体提出从一件小事入手，改变并不难。

　　让自己和世界变得更好，才是我们该习惯的事。
　　也有人，试着为更好的生活做出改变。
　　"疫情过后，我变得更懂得珍惜了，会认真对待和身边人一起做的每一件平凡小事，以前吃饭时习惯各自玩手机，现在会花时间一起下厨房做一顿有仪式感的晚餐，这成了我们之间的新习惯。"
　　"开始习惯不把'多喝热水'当耳旁风了。"

　　在正文的结尾，提出现代人们需要关注健康，养成一种新习惯和好习惯，顺势提出了接种流感疫苗的倡议。

　　更好地去爱，从改变习惯开始。
　　让接种疫苗这件对于成年人来说有些遥远的记忆，重新成为热搜话题，被广泛提及。
　　这个冬季，预防流感，为自己和爱的人接种流感疫苗，成为表达爱的新习惯。

新媒体营销文案的正文结构策略决定正文内容的组织方式，也决定文中观点的表达方式，其实也就是设置说明消费者的方式。因此，设计正文结构还应该考虑消费者的信息接收习惯、理解习惯和逻辑思考习惯等。

四、结尾写作策略

新媒体营销文案的结尾是正文的重要部分，通常是影响消费者态度和行为的最后一步。一个精彩的结尾通常可以让消费者发出赞美的感叹，使其深有感触，有的会立刻采取购买行动；而一个粗糙的结尾会使消费者觉得虎头蛇尾或深度不够，难以对品牌、产品形成好印象，更不愿意去购买。

（一）转折式结尾

转折式结尾就是用出其不意的逻辑思维，使展示内容跟结局形成特别的逻辑关系，从而达到出人意料效果的结尾类型。转折式结尾能够借助落差产生震撼人心的效果，让消费者惊叹于文案的独特构思，引起消费者的讨论，从而在他们心中留下深刻的印象。例如，一篇题为《异地恋时，值得为了爱情放弃我的工作/学业吗？》的文案的结尾就是转折式结尾。这篇文案本来在围绕异地恋讨论平衡爱情和工作（学业）的办法，但在结尾突然给泡面打了广告，让人猝不及防。

（二）号召式结尾

号召式结尾通常号召消费者转发、分享、点赞、参加抽奖。一方面是为了让消费者帮助传播，扩大新媒体文案的影响力；另一方面是为了激发消费者采取购买行动。通常会在文案结尾中，附上优惠券、购买链接、转发福利等。除推出团购价格，号召消费者带领亲朋好友一同购买外，也对支付截止时间做了明确的说明，增加了消费者的购买紧迫感。

 课堂讨论

新媒体营销文案的号召式结尾通常要有哪些信息要点？这些要点通常如何表达？

（三）讨论式结尾

一些新媒体营销文案会在结尾抛出一个开放式的题目，让消费者一起探讨和思考，形成热闹的交流氛围，让消费者交换想法和经验。消费者在获取了更多的交流信息之后，会对产品更有信心，更愿意购买。例如，六神官方微博会经常发布一些日常问候或产品使用经验，很多消费者在评论区进行回应。对于其他消费者而言，这些分享可信度很高，具有借鉴意义。

（四）"金句"式结尾

在网络中，"金句"的流传度很高。"金句"通常富含哲理、幽默感，遣词造句别具一格，能够让人迅速记住，并且乐于传播。一些新媒体营销文案会采用"金句"式的结尾总结全文的观点，帮助消费者理解观点，或进一步提升全文的思想高度等。例如，2020年京东的"618"的一个广告，具体文案如下。

你已经是一个成熟的碗了
要学会照顾自己
解放双手，逛京东家电买松下洗碗机

任务三　旅游新媒体内容营销创作与策划

一、旅游新媒体内容营销流程

新媒体平台是旅游内容生产和传播的重要渠道，具有良好的媒体宣传和媒介带动作用，有利于销售旅游产品、服务，塑造旅游目的地品牌，展现地方特色。在同质化现象严重的新媒体时代，想要成功地吸引消费者的注意，就必须生产出优质的内容，用内容作导流，做好旅游新媒体内容营销。

（一）明确目标

目标制订有两个原则：一是目标重要且唯一。在策划活动时，需要明确本次活动最想达到的活动目的。二是目标具体且量化。对于旅游企业或政府文旅部门来说，营销活动的目标基本是提高品牌知名度和影响力。对于旅行社、在线旅游平台等代理商或中介平台来说，营销活动的目标基本上是提高销量。

针对不同旅游行业和旅游产品，常见的营销活动目标如下：

（1）拉新：注册官网、应用程序（App）、微信小程序、关注公众号等。

（2）促活：培养用户习惯，增加旅游品牌或产品黏性，包括但不限于登录平台、浏览视频、阅读文章、完成任务等。

（3）成交：特价活动等。

（4）传播：转发、分享等。

（二）明确目标客户

对于旅游企业持续发展最重要的就是稳定目标客户与潜在客户，它们与旅游品牌、产品定位息息相关。例如，平遥古城与长隆野生动物园的目标客户不尽相同，峨眉山与回民街的目标客户也多有不同。明确的目标客户可以初步确定相关的内容创作方向，通过制订品牌的内容矩阵，确定合适的场景、受众和内容。

（三）明确内容创作的独特性

明确目标客户与潜在客户后，要系统了解其需求、喜好、消费习惯等多元信息，在此基础上思考内容创作的特性，既体现与客户的关联，也区别于竞争对手，吸引并激发客户兴趣与忠诚度。基于目标用户需求与活动目标，定制创意内容、品质内容、推广文案。

（四）持续开发具有价值的内容

内容营销有新鲜感，消费者会对内容产生依赖，不断关注内容新动向，并从每次新产出的内容中获得价值，然后再次消费。优质内容的规模化离不开扎实的前期准备：逐步建立企业品牌、行业的知识库，对已有的用户生产内容（UGC）、专业生产内容（PGC）进行收集、整理，将孤立、非结构化的数据加工成有序、彼此关联的结构化数据，并在此基础上打造每个品牌自有的内容工厂。

（五）选择新媒体平台

整合自身及可合作的外部推广资源，自主或合作搭建新媒体营销矩阵，即横向搭建由多个新媒体平台渠道组成的外部矩阵及纵向对某个平台进行生态布局构筑的内部矩阵，垂直触达和覆盖目标用户。根据营销所处的阶段判断，选择与旅游品牌、产品相适应的平台，一般选择3～5个不同平台形成平台营销矩阵。根据活动节奏提前准备并做好推广配合，依托横纵贯通的旅游新媒体矩阵，精准投放，制造网络"爆点"。

（六）选择发布频率

除去对热点话题或事件的临时调整，一般创建一个固定的内容发布时间表，便于用户锁定内容并产生期待。

（七）选择内容发布模式

常见的内容发布模式包括网络日志、图片、视频、信息图表、广播、下载文件、电子书等。这些内容将会成为与客户互动的基础。

（八）使用搜索引擎优化策略

建立搜索引擎优化策略有助于满足企业的内容战略目标。它将提高品牌影响力，同时确保品牌在合适的时间遇见正确的客户。

（九）管理发布

一些内容软件能够帮助创建、发布及分析数据，如简媒、蚁小二、易媒助手等。外包方式通常是维护和管理品牌内容最好的方式。

（十）追踪数据

对活动数据要进行监控和反馈，通过技术部门从新媒体第三方平台获取数据，随时追踪营销流程，及时发现问题与不足。对平台发布的内容、流量动态等数据进行多维度快速分析，以便实时调整活动策略。常见的数据分析指标：总访问量、下载量、退回率；网页注册、文章下载；社交媒体点赞率、评论、分享、关注、互动；搜索引擎策略关键字排名、退回率、浏览量；转换率、交易率等。

 分享点评

新媒体营销频出圈"好客山东"抓铁粉

文旅产业指数实验室发布 2022 年度全国省级文旅新媒体传播力指数报告，山东省在报告中的综合传播力指数、微信传播力指数、微博传播力指数、头条号传播力指数和抖音号传播力指数五项指数排名中获得四项第一、一项第三的好成绩。据统计，自 2021 年 1 月至 2023 年 2 月，在全国省级文旅新媒体传播力指数报告中，山东省已经连续 24 次获得综合传播力指数全国第一。

▌产出优质内容

肖某成为"好客山东"短视频账号的粉丝，源于该账号发布的临清托板豆腐短视频。"视频中，店家将切好的豆腐放在特制的长方形木板上，食客们用两手托住木板两头，略微躬身吸食豆腐。"她回忆，视频里白嫩爽滑的豆腐加上独特的吃法，瞬间勾起了她这个美食爱好者的食欲。为此，她还专门去了一趟临清，尝到了视频里的托板豆腐。自此，肖某成为"好客山东"短视频账号的铁粉。

"丰富的旅游资源和深厚的文化底蕴为山东省文旅新媒体的内容产出提供了丰厚土壤。"山东省旅游推广中心有关负责人介绍，"好客山东"新媒体矩阵在运营过程中，始终坚持产出优质内容，创新表现形式，不断提升传播效果。

为了能让更多优质文旅资源通过创作者的镜头走进广大市民游客的视线，2022年，山东省文化和旅游厅多次组织记者、自媒体创作者赴省内各地采风，发布了一批高质量文旅宣传视频、文稿。部分直播团队还通过"房车移动直播＋无人机拍摄＋主持人讲解"的形式，用八天时间走遍了山东沿黄沿海的14个城市。

"好客山东"新媒体矩阵共有微信、微博、抖音、头条号等几十个新媒体账号，总粉丝量众多，已成为全国规模大、影响力高的文旅新媒体矩阵。2022年以来，"好客山东"新媒体矩阵共发布旅游资讯三万余条，阅读（播放）量约14亿次。

▍紧抓热点营销

"好客山东"新媒体矩阵还注重对社会热点的关注，及时抓取热点、策划话题引流，在短时间内集中造势引流，实现热点营销。

2022年8月，威海市西霞口动物园"大象给游客递鞋"新闻热点出现后，"好客山东"新媒体矩阵迅速跟进，制作相关视频在抖音等视频平台发布，很快引来800多万网友围观，单条视频被点赞近40万次。此外，"威海大鹅混进天鹅群""山东大汉酒后高歌""青岛爷爷教普通话"……都是"好客山东"新媒体矩阵发现新闻线索后，借势宣传推广，将其打造成行业热点。

除紧跟热点外，"好客山东"新媒体矩阵还不断提升策划能力，积极创造热点。2022年11月，山东多处景点、线路入选文化和旅游部发布的长城主题国家级旅游线路、精品线路，随后，"好客山东"新媒体矩阵迅速发起讨论话题，并联动山东省内地市有关部门、旅游达人、市民游客参与话题互动。短短十天，话题达到1.6亿次阅读量、7.7万次讨论量，在山东全省掀起一场长城旅游宣传推广热潮，网友在点赞的同时也纷纷表示要到山东体验长城旅游。

此外，针对"Z世代"年轻群体的巨大消费潜力，"好客山东"新媒体矩阵从青年消费群体视角出发，全方位、多形式推广山东文化和旅游新产品、新业态，聚焦城市新视角、出游新体验、技艺新传承、国宝新探索、精神新洗礼、文明新发现等，在新媒体发起"好客山东XIN体验"等话题，与"Z世代"展开互动。截至2022年年底，该话题总阅读次数已突破1.2亿。

▍丰富品牌宣传

在2022年10月举办的党的二十大新闻中心第三场集体采访中，山东省委常委、宣传部部长白玉刚表示，建设沉浸式沿黄文化体验旅游廊道，让"沿着黄河遇见海"成为"好客山东 好品山东"亮丽名片。一时间，"沿着黄河遇见海"引发公众关注。

"沿着黄河遇见海"是2022年山东省文化和旅游厅创新开展的新媒体联合推广活动。该活动通过短视频、图文、H5专题页、主题直播、手造及文创特色展等活动，全方位展示、宣传和推广了山东的沿黄沿海文旅资源，让"沿着黄河遇见海"迅速出圈，成为"好客山东"新媒体营销的一大亮点。

"活动相关视频在抖音、快手等平台发出后，得到热烈反响，视频全网播放量达到7 000余万次。携程数据显示，2022年国庆假期，全省十大热门景区均在沿黄沿海地区。"山东省文化和旅游厅有关负责人表示。

"博物馆说""好客山东云过年""好客山东游我助力"……2022 年,"好客山东"新媒体矩阵推出的新媒体宣传推广活动吸引众多网友"线上种草""线下打卡",这些活动多角度、多形式展现了山东的黄河文化及海洋文旅资源,有效释放了文旅消费潜力,提振了市场信心,进一步丰富了"好客山东 好品山东"品牌体系,提升了品牌影响力。

山东省旅游推广中心有关负责人表示:"2023 年,山东将围绕'好客山东 好美齐鲁'宣传推广主题,通过创新开展网络营销活动、与自媒体融媒体联动等方式,培育打造文旅新业态、新形式、新场景,激发市场潜力,带动旅游消费,擦亮'好客山东'品牌形象。"

（资料来源:《中国旅游报》2023 年 2 月 8 日）

点评: 近年来,依托"好客山东"新媒体矩阵,山东省深挖历史文化底蕴,创作了一系列有深度的传播内容,紧贴社会热点,创新表达,探索出新媒体助推文旅产业发展的"山东模式"。

旅游新媒体内容营销不但可以提升旅游品牌知名度,初步吸引目标客户与潜在客户,还可以与他们建立可靠的关联,增加销售和发展业务,有助于保持和提升品牌忠诚度。

二、旅游新媒体内容营销方法

不同的新媒体平台上,常见且有效的内容营销方法具体如下。

（一）文章内容营销

写博客文章是短视频形式风靡之前最常见也是最重要的内容营销方法。一方面,写博客文章可以更为全面、持续地介绍旅游品牌和产品,无论是分享个人旅游体验还是评测旅游产品等,都可以实现与用户的连接;另一方面,写博客文章可以实现搜索引擎优化（Search Engine Optimization, SEO）,就是将网页内容优化改善,当用户在输入指定关键词时,实现网页内容在搜索页面顶部出现或更容易被发现,进而拉近与用户的距离。用户常常更容易相信通过搜索得到的信息。因此,尽管短视频、电商等平台越发火爆,但搜索引擎优化仍然是内容营销的重要部分。

（二）视频内容营销

视频营销互动感、展现能力更强,特别是在宣传旅游品牌、企业文化和展示旅游产品时,优质的视频内容更容易突出场景体验,吸引用户关注,激发用户消费欲望。随着移动互联技术和短视频平台的快速发展,短视频内容营销成为时下的热门选择之一。

（三）声音内容营销

曾经在电视媒体时代不断丢失阵地的声音营销方式,借助播客平台,利用信息时代碎片化特点,在新媒体领域重新焕发了生机。相比于视频内容,声音内容的制作灵活度、自由度更高,成本更低。更重要的是,它并不需要像看文章和视频一样要求用户的专注度,声音内容往往与其他活动并不冲突,而且声音内容更多的是提供有趣、有价值的信息,更容易提高品牌客户的忠诚度和回购机会。例如,每个城市的交通广播、音乐广播总是比电视节目更容易得到固定用户的钟爱。

（四）电子邮件内容营销

电子邮件营销是传统且常用的内容营销方法之一。曾经使用过或关注过旅游产品的用户常常会收到有关旅游产品的电子邮件,一般是旅游品牌和产品的优惠活动通知。虽然这一类的电子邮件常常被忽略，但是它实现了与现有用户的精准互动。当用户有旅游需求时，该旅游产品就起到了内容营销的作用。

（五）意见领袖内容营销

意见领袖（Key Opinion Leader，KOL）拥有更多、更准确的产品信息，且为相关用户群体所接受或信任，对该用户群体的购买行为有较大影响力，极易引导用户改变消费决策。它发挥了社交媒体在覆盖面和影响力方面的优势。意见领袖站台发声，能够为品牌建立起属于自己的高度忠诚的"粉丝后援团"，通过口碑驱动形成品牌效应。明星在固定人群中就是名副其实的意见领袖，所以，许多旅游企业通过明星发文、视频、直播等方式推广旅游品牌和产品，进行内容营销。在旅游细分领域，产生了许多粉丝众多、影响力大的"网红"，他们在不同用户群中相当于意见领袖，旅游企业借以开发新用户、提升转换率、宣传品牌口碑等。

（六）内容矩阵营销

旅游企业可以通过构建旅游新媒体内容矩阵实现效果最大化。该矩阵不仅内容形式多元化，可以使用上述全部营销方法，在多个新媒体平台上构建内容营销矩阵，吸引不同类型用户，并且可以跨平台互相推介内容平台，如在播客平台喜马拉雅FM上推荐抖音平台旅游企业号，在意见领袖内容中推荐旅游企业官网等，实现内容互联互通，使矩阵效应最大化，不断获得新用户，且用户忠诚度更加稳固。

> **课堂讨论**
>
> 　　某明星早在2021年就被洛阳市授予"洛阳文化旅游形象大使"称号，当时由其和某明星领衔主演的热播影视剧《风起洛阳》也风靡全网，热搜频频，洛阳也早已成为网友"神仙体验卡"首选之地。更是有洛阳小伙王某某："您吃了喵？"深情推介家乡洛阳！直接在河南文旅那一两万的点赞中杀出了37万的重围！
> 　　请结合以上材料分析：
> 　　某明星宣传家乡洛阳旅游，这是哪种旅游新媒体营销方法？这种旅游新媒体营销方法有哪些优势？

三、旅游新媒体内容营销创作与策划

首先要确定内容优劣的判断标准。好的内容并不是流量最大、影响最大的内容，而是用户最认可、最需要的内容。也就是说，持续为用户创作与策划有价值的内容，是内容创作者最重要的职责。内容优劣的标准就是内容是否对用户有价值、被需要。其次要关注如何创作优质内容。因为在赢得足够的用户忠诚与信任之前，创作与策划优质内容是重要且优先的事情。

创作与策划旅游新媒体内容营销的过程与要求如下。

（一）准备工作

1. 深入了解旅游企业文化、品牌与产品定位

面向用户的企业文化就是消费者文化，也就是被用户认同的价值主张，如阿里巴巴的"客户第一"。品牌定位是指向用户展现的品牌特有价值，是用来打造品牌形象并传播价值理念的，表明了用户更喜欢这类品牌而不是其他品牌的原因，精准地阐释了品牌理念和定位。为了更好地实施内容营销，可以将旅游企业重新提炼的品牌定位细化成最实际、最精准、最具象的

简单表述。同时，还要了解产品的核心特点、与竞争产品的差异客户群和潜在客户群与产品的适配度、激发用户购买的场景等，寻找用户购买的动机与理由。

2. 深入分析用户与潜在用户人群

不同的用户有不同的个性、价值体系及消费习惯。内容创作就是洞察用户的旅游心理，分析其对旅游产品的需求，并有针对性地提出解决方案。用户视角不是查询个人身份信息，而是构建起一个知道用户想什么、想要什么、怎么触动、如何共情的信息库。一定要收集用户最新且详细的信息，而不是一成不变的信息。比如，一个在线旅游公司的目标用户不要描述成"男性，20岁，大学生，家庭收入中等"，而应是"他喜欢自由和户外活动，还没有稳定收入，但经常打短工，喜欢看抖音和知乎，爱穿工装……"；面对一个中年男子，要提供有情怀的内容；而面对"Z世代"年轻人，要提供有圈层的话题内容。

（二）为用户设计内容

为用户设计的内容，不是通常意义上文辞优美的内容，而是更容易被用户共情、更能解决用户需求的内容，也就是用户容易理解的、容易被打动的、容易与用户习惯的消费场景联系起来的内容。为用户设计内容，就是把一个有价值的解决方案置于与用户有关的场景中，让用户感受到是实际发生在身边的事。

1. 描绘一个真实感的场景

场景化内容应该清晰、真实、有细节，能合理匹配用户，以文字、图片、音乐、视频、短剧等形式呈现并刺激用户，激发用户潜在需求，实现用户通过场景连接产品内容，引导用户从"不需要"到"可能需要"再到"真的需要"。例如，推荐稻城亚丁风景区的自由行："来到这里，有热情的康巴汉子与你一起把酒，醉卧草甸……喝一口热气腾腾的酥油茶，品一杯风味独特的牦牛酸奶，吃一口鲜嫩而清香的丹巴香猪腿，转经听禅，静心会神，何其快哉！"

2. 置身场景，提出解决方案或思考

网络上有一句话："好的内容就像情书一样，让用户看一眼就着迷。"只有足够场景化的内容，才有足够的说服力打动目标用户。内容创作者要引导用户置身场景中，然后提出解决方案或思路。例如，德芙巧克力的广告内容总是一对有情人含情脉脉，构建了"有情人"的场景和"吃德芙，有甜蜜"的解决方案。这就是在创造用户熟悉的场景，然后把产品卖点和特色全部融入场景中，进而打动用户。越是详细的场景，就越容易产生画面感，用户一旦产生画面感开始联想，就很容易置身场景，从而产生消费冲动。

（三）以故事形式承载内容

不管是图文、视频还是其他载体，故事的形式可以使内容更有画面感和场景感，也更生动、更结构化。故事天然具有传播属性，更易触达用户。讲好故事有许多技巧与要求，比如要有悬念、有细节、合逻辑、能代入、有冲突、有意外等。

（四）创作内容

创作内容的过程要不断思考：内容有什么用户价值，用户可以从中获得什么；旅游品牌或产品的立场是什么，要与用户进行什么样的互动，在什么样的场景交流什么信息；内容是否传递了旅游品牌、推介了旅游产品、增强了用户黏性或推动了消费完成等。

（五）内容传播

消费行为在很多时候受到传播影响。在信息爆炸的时代，用户主动进行内容传播是内容

营销能够成功的重要因素。对旅游品牌与产品来说，用户愿意分享的内容才是更好的内容。在网络与社交媒体上有这样一个现象：浏览量最多的内容和分享次数最多的内容是不同的。吸引阅读和引发分享，是两件不同的事，甚至和点赞、打赏、评论都不同。分享追求的是传播内容、创造口碑、形成蜂鸣效应。点赞、评论和转发也并非无意识，其背后有大量的传播规律。

旅游新媒体营销策划书的一般格式（仅作参考）

旅游新媒体营销策划书的结构没有固定模式，它随着策划种类的不同而有所变化。营销策划书较为常见的结构一般包括前置部分、主体内容、预算费用、策划进度表、策划所需的物品及场地、附加说明六个部分。

一、策划书的前置部分

策划书的前置部分主要由封面、前言、目录及概述四个部分组成。

1. 封面

封面虽然不要求特别精美，但是封面所用纸张的厚度要比内文的纸张厚一些。其主要内容包括呈报对象、文件种类、密级、编号、营销策划名称、策划者姓名及所属部门、策划日期等。

需要指出的是，标题的拟定非常重要。一要易于上口，便于记忆；二要有吸引力。标题可加副标题。如果标题过长，可考虑使用规范的缩略语。有些场合为了营造声势，也要拟定一些广告词或口号列在标题后面，增加策划书的冲击力。

2. 前言

前言要言简意赅地表达策划书的重点问题。前言的具体内容一般包括策划的目的和意义，策划书所展现的主要内容，希望达到的效果等。前言部分文字要求简明扼要，一般不超过 500 字。

3. 目录

除非策划书比较简短，否则不要省略目录。读者通过目录可以概括了解策划书的主要内容。目录内容要清晰明了。

4. 概述

概述是策划书的引子，是策划书主体部分的发端。概述部分应阐明营销策划书所有内容的重点，页数最好控制在两三页，每个项目的内容用简洁的语言进行说明。

二、策划书的主体内容

主体内容是营销策划书的核心。这部分主要阐明营销策划的背景和动机，确立策划主题，并对营销策划的环境、现状和机会进行分析，最后对策划活动过程做出具体行动安排。

下面列出策划书主体内容撰写格式：

1. 策划目的

为了实现公司产品在 ××× 市场的销售目标？

为了向 ××× 市场推出新产品？

为了提高 ××× 品牌知名度和市场份额？

为了适应环境新变化，重新制定营销方案？

为了解决企业营销面临的某个具体困难？

……

2. 环境分析

营销现状与目标差距：……

优势：……

劣势：……

机会：……

威胁：……

……

3. STP 分析

市场细分：……

目标市场选择：……

市场定位：……

4. 营销目标

销售额（增长率）：……

毛利/利润（增长率）：……

市场占有率（增长率）：……

品牌知名度

……

5. 策略方案

产品/定价（策略）：……

渠道（策略）：……

促销（策略）：……

其他配套策略：……

具体行动方案（人物、时间、地点、事件）。

三、策划的预算费用

预算费用是营销策划书必不可少的部分。预算应尽可能详尽细致，各种费用项目应尽可能细化，能确切反映策划方案在执行时投入的大小。同时，应尽可能将各项费用控制在最小规模上，以求获得最优的经济效益。

预算中最常用的是"目标估计法"，即按策划确定的目标项列出细目，计算出所需的经费。这种方法计划性强，开支项目清楚。

在预算经费时，最好列出表格，列出总目和分目的支出内容，这样既方便核算，又便于以后查对。

四、策划进度表

营销策划书必须拟订一张策划实施全过程的进度表，明确表示何时做什么、由何人负责、需要何种方式的协助、需要什么样的布置等，使策划活动由单纯的构想一步步地付诸实施，并作为策划活动进程的检查标准。这是营销活动得以实施的必要保证，也是营销策划进一步具体化的产物。

拟订策划进度表的最好办法是回答好如下几个问题：

（1）旅游企业将进行什么样的营销活动？投资费用是多少？

（2）这些活动将在哪里进行？

（3）营销活动何时开始？何时结束？

（4）何人负责这些活动？

（5）整个营销计划如何控制和评估？

五、策划所需的物品及场地

在何时、何地提供何种方式的协助，需要哪些物品，需要什么样的布置，这虽不如预算资金那么困难，但误了时机，策划效果也要大打折扣，所以策划书中的这项工作也要做细致的安排。

六、附加说明

附加说明的作用在于提供策划客观性的证明。因此，凡是有助于读者对策划内容的理解、信任的资料都可以考虑列入附加说明。例如，对策划书中尚需说明的内容，可以在这里做简要的说明，对策划书中相关内容有重要参考价值或作为重要证据的相关资料也可以添加。

项目总结

旅游新媒体营销创作与策划	旅游新媒体文案的特点与趋势	从单一发声到人人自媒体；从传统渠道投放到新媒体传播；从语言规范到时尚多元
	旅游新媒体文案的类型	按营销目的分类：销售文案和传播文案；按篇幅长短分类：长文案与短文案；按广告植入方式分类：软广告和硬广告；按渠道及表现方式的不同分类
	旅游新媒体营销文案的标准	达到目标；用户有感；具有欣赏价值
	新媒体文案创作思路与流程	确定文案的写作目的；深入调研并确定写作方向；挖掘文案卖点；文案创意的写作输出；文案复盘
	标题写作策略	悬念式标题、恐吓式标题、直言式标题、反差式标题
	开头写作策略	直接开头；名言开头；故事开头；热点开头；悬念开头；提问开头；自叙开头；修辞开头
	正文写作策略	总分总式正文结构；递进式正文结构；转折式正文结构
	结尾写作策略	转折式结尾；号召式结尾；讨论式结尾；"金句"式结尾
	旅游新媒体内容营销流程	明确目标；明确目标客户；明确内容创作的独特性；持续开发具有价值的内容；选择新媒体平台；选择发布频率；选择内容发布模式；使用搜索引擎优化策略；管理发布；追踪数据
	旅游新媒体内容营销方法	文章内容营销；视频内容营销；声音内容营销；电子邮件内容营销；意见领袖内容营销；内容矩阵营销
	旅游新媒体内容营销创作与策划	准备工作；为用户设计内容；以故事形式承载内容；创作内容；内容传播

课堂实训

一、实训任务

撰写家乡旅游景区新媒体营销策划书

通过调研、讨论,选取自己家乡的一处知名旅游景点开展营销策划,撰写一份新媒体营销策划方案。方案内容包括但不限于项目分析、新媒体宣传营销计划、工作计划、项目预算与预期效益等。

二、实训目标

1. 掌握旅游新媒体营销策划方案的写作框架。
2. 培养新媒体营销策划能力。
3. 培养团队合作精神、分析问题的能力。
4. 学以致用,讲好家乡故事,培养家国情怀。

三、操作思路

1. 以家乡的一处知名旅游景点背景为依据,小组内确定新媒体推广的目标和对象。
2. 小组成员集思广益,讨论推广主题、渠道、具体形式、具体时间。
3. 整合信息,完成一份新媒体营销策划书撰写。

同步测试

一、单项选择题

1. 相较于传统营销而言，下面不属于新媒体营销变化的是（　　）。
   A. 从"效果"到"精准"　　　　　　　　B. 从"覆盖"到"互动"
   C. 从"软"到"硬"　　　　　　　　　　D. 从"轰炸"到"影响"

2. 以下不属于新媒体营销文案的特点与趋势的是（　　）。
   A. 从单一发声到人人自媒体　　　　　B. 从传统渠道投放到新媒体传播
   C. 从语言规范到时尚多元　　　　　　D. 从长文到短文

3. 按营销目的，新媒体文案可分为（　　）。
   A. 销售文案和传播文案　　　　　　　B. 长文案和短文案
   C. 软广告和硬广告　　　　　　　　　D. 微信文案和微博文案

4. 以下不属于产品卖点提炼方法的是（　　）。
   A. 围绕产品特征提炼核心卖点　　　　B. 围绕产品利益提炼核心卖点
   C. 围绕产品包装提炼核心卖点　　　　D. 围绕产品前后端提炼核心卖点

5. 按照"提出问题、分析问题、解决问题"的顺序进行，即先说"是什么"，再谈论"为什么"，最终总结"怎么办"，这种正文结构是（　　）。
   A. 总分总式正文结构　　　　　　　　B. 递进式正文结构
   C. 转折式正文结构　　　　　　　　　D. 号召式正文结构

二、多项选择题

1. 下列属于直言式标题的有（　　）。
   A. 罗列数字　　　B. 准新闻报道　　　C. 直宣效果　　　D. 反差宣传

2. 下列属于悬念式标题的有（　　）。
   A. 提问式标题　　B. 强化功效式标题　　C. 恐吓式标题　　D. 营造神秘感标题

3. 下列属于新媒体文案不同于传统纸媒的特征的有（　　）。
   A. 新颖前卫　　　B. 高度专业化　　　C. 多元立体　　　D. 语言风格轻松

4. 按营销目的分类，新媒体营销文案可分为（　　）。
   A. 销售文案　　　B. 传播文案　　　C. 长文案　　　D. 短文案

5. 好的旅游新媒体营销文案的标准包括（　　）。
   A. 达到目标　　　B. 用户有感　　　C. 具有欣赏价值　　　D. 有总结和回顾

三、思考与练习

1. 旅游新媒体文案的特点与趋势有哪些？
2. 简述新媒体文案创作思路与流程。
3. 简述旅游新媒体营销内容营销流程。

学习评价

按照表 5-2 对本项目的学习过程进行考核和评价。

表 5–2　项目五 旅游新媒体营销创作与策划学习评价表

评价指标		评价标准			评价方式		
		优	良	合格	自评 （15%）	互评 （15%）	教师评价 （70%）
工作 能力 （45%）	分析 能力 （10%）	能正确分析旅游产品新媒体营销环境、旅游产品营销目的、提炼旅游产品的特色与优势	能基本正确分析旅游产品新媒体营销环境、旅游产品营销目的、提炼旅游产品的特色与优势	能基本正确分析旅游产品新媒体营销环境、提炼旅游产品的特色与优势			
	实操 能力 （25%）	能够根据旅游企业要求，撰写优质的旅游产品/品牌营销文案；能够根据旅游企业或旅游目的地的实际要求，撰写优质的旅游新媒体营销活动方案	能够根据旅游企业要求，撰写完整的旅游产品/品牌营销文案；能够根据旅游企业或旅游目的地的实际要求，撰写完整的旅游新媒体营销活动方案	能够根据旅游企业要求，撰写完整的旅游产品/品牌营销文案			
	合作 能力 （10%）	能与其他组员分工合作；能提出合理见解和想法	能与其他组员分工合作；能提出一定的见解和想法	能与其他组员分工合作			
学习 策略 （10%）	学习 方法 （5%）	格式符合标准，内容完整，有详细记录和分析，并能提出一些新的建议	格式符合标准，内容完整，有一定的记录和分析	格式符合标准，内容较完整			
	自我 分析 （5%）	能主动倾听，尊重他人意见；能很好地表达自己的看法；能从小组的想法中提出更有效的解决方法	能倾听、尊重他人意见；能较好地表达自己的看法；能从小组的想法中提出可能的解决方法	能倾听他人意见，能表达自己的看法；偶尔能从小组的想法中提出自己的解决方法			
成果 作品 （45%）	作品 规范性 （15%）	作品完成完全合乎要求，非常规范	作品完成合乎要求，规范	作品完成基本合乎要求			
	作品 创新性 （15%）	作品具有很好的创新性	作品具有较好的创新性	作品具有一定的创新性			
	作品 展示 （15%）	逻辑性强、层次分明、思路清晰，整体形象大方、举止得体	思路较清晰，整体形象较大方、举止较得体	思路基本清晰，举止基本得体			

项目六　旅游新媒体图文营销

思维导图

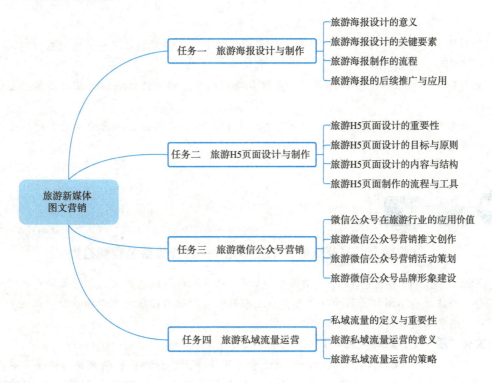

旅游新媒体图文营销

- 任务一　旅游海报设计与制作
  - 旅游海报设计的意义
  - 旅游海报设计的关键要素
  - 旅游海报制作的流程
  - 旅游海报的后续推广与应用
- 任务二　旅游H5页面设计与制作
  - 旅游H5页面设计的重要性
  - 旅游H5页面设计的目标与原则
  - 旅游H5页面设计的内容与结构
  - 旅游H5页面制作的流程与工具
- 任务三　旅游微信公众号营销
  - 微信公众号在旅游行业的应用价值
  - 旅游微信公众号营销推文创作
  - 旅游微信公众号营销活动策划
  - 旅游微信公众号品牌形象建设
- 任务四　旅游私域流量运营
  - 私域流量的定义与重要性
  - 旅游私域流量运营的意义
  - 旅游私域流量运营的策略

学习目标

○ 知识目标

1. 了解旅游海报设计的关键要素，掌握旅游海报的后续推广与应用。

2. 了解旅游 H5 页面设计的重要性，掌握旅游 H5 页面设计的内容与结构。

3. 了解微信公众号营销对旅游企业的作用，掌握微信公众号营销推文创作的细节及微信公众号营销活动策划的方法，掌握旅游微信公众号品牌形象建设的方式。

4.了解旅游私域流量的含义，掌握旅游私域流量构建的密码。

⊃ 能力目标

1.能够根据旅游产品的特点和目标受众，独立策划和设计一份具有吸引力的旅游海报，并能有效地进行后续推广。

2.能够熟练运用视觉元素设计旅游 H5 页面，提高页面的用户体验和转化率。

3.能够根据旅游企业的定位和市场需求，编写高质量的营销推文，策划并执行成功的微信公众号营销活动，制订并实施有效的微信公众号品牌形象建设方案。

4.能够深入理解旅游私域流量的价值，掌握旅游私域流量运营的策略，实现流量的有效转化和复购。

⊃ 素养目标

1.引导学生在旅游宣传设计中树立正确的价值导向，尊重地域文化和自然风光，弘扬优秀传统文化，提升对美的认识和鉴赏能力。

2.引导学生在旅游 H5 页面设计和微信营销活动中注重诚信经营，避免虚假宣传和误导消费者，增强社会责任意识。

3.教育学生在私域流量构建中，注重用户隐私保护，遵守法律法规，营造健康、安全的网络环境。

4.培养学生的团队协作精神和创新能力，鼓励在旅游宣传设计和营销活动中发挥个人特长，共同为旅游行业的繁荣发展贡献力量。

文旅融合、科技赋能、个性多元——透视旅游消费新趋势

2024 年 5 月 19 日是第 14 个"中国旅游日"。从多地举行的惠民文化旅游活动看，文旅深度融合，科技赋能不断打造消费新体验，多元个性化需求助力拓展消费新场景等，正逐渐成为当下文旅消费新趋势。

文化"活"了，旅游"火"了

牛肉丸、朥（láo）饼、糖画……潮州美食非遗集市上，形形色色的潮州传统美食香气扑鼻、"潮味"四溢。某马来西亚游客 2024 年第二次来到潮州，"感觉吃不够！以后我还会经常过来。"游客一边品尝美食，一边与潮州饮食工作者、非遗传承人互动交流，一口非遗糖画、一杯潮汕工夫茶，串联起千年古城的文化魅力。

在内蒙古鄂尔多斯市，柔软精致的羊绒制品不仅是游客常买的"伴手礼"，而且还能让游客亲身体验其制作过程；在浙江省宁海县，赏花线路与采茶研学、读书活动、绘画艺术有机结合；在上海市，访问各大博物馆的观众中，超过 50% 是 35 岁以下年轻人，超过 60% 是"拉杆箱一族"，85% 以上会在博物馆内或周边商圈购物……

以文塑旅、以旅彰文。文旅深度融合，让旅游业既服务美好生活，又促进经济发展。

2024 年以来，浙江省宁波市宁海县通过油菜花节、桃花节、樱花节三大花节，累计吸引游客 20 余万人次，带动实现旅游收入 1 350 余万元。

目前，内蒙古鄂尔多斯市的"绒都小镇"126 户商户已和 181 家旅行社签约，2023 年实现线上线下销售额超过 4 000 万元。

2024 年"五一"假期，全国国内旅游出游合计 2.95 亿人次，同比增长 7.6%；国内游客出游总花费 1 668.9 亿元，同比增长 12.7%。

宁海县徐霞客研究会执行会长麻绍勤表示，文化是旅游的灵魂。在挖掘和传承地方文化的基础上，强化地域文化与旅游项目的深度融合，为旅游发展持续注入活力。

科技赋能打造更炫消费新体验

用国际天文项目"退役"材料制成艺术装置，将海量天文数据转为可视化的图像，以互动性强、更直观的方式展现科学家与艺术家对宇宙的理解……

上海天文馆的展览"宇宙考古—探索时空的科学艺术之旅"向公众开放，给参观的游客带来震撼体验。

科技赋能文旅产业，给游客带来更多更炫的消费新体验，沉浸式智慧化是其中的新亮点。

中国国家博物馆里"华彩万象——石窟艺术沉浸体验"让石窟艺术得到全新演绎；"5G 大运河沉浸式体验区"成为扬州中国大运河博物馆人气最旺的"打卡"点；潮州涵碧楼引入虚拟现实、增强现实技术还原历史场景，讲活红色故事……

如今，"5G+智慧旅游"应用已覆盖风光绮旎的名山大川、历史文化厚重的文化遗产和古镇古城、"烟火气"十足的特色街区、精彩纷呈的戏剧演出以及悠然又活力四射的现代乡村。面向消费者的机器人送餐服务、无人机外卖、无人机旅拍服务等，已广泛渗透到旅游休闲场景。

数据显示，2024 年"五一"假期，包括上海天文馆在内的全国首批 42 家智慧旅游沉浸式体验新空间吸引消费者超 430 万人次，实现消费总额超过 2.2 亿元。

中国旅游研究院院长戴斌认为，随着 5G、人工智能、大数据、虚拟现实等新技术在文旅领域加速应用，科技赋能文旅融合高质量发展正不断展现出生机勃勃、潜力无限的广阔前景。

个性化与多元化场景丰富

徐汇西岸是"2024 上海（国际）花展"的一个会场。滨水空间咖啡香与花香四溢，骑行、轮滑、攀岩、篮球等各类体育运动场地客流"爆棚"。

游客周婷说："我们一家人来这里，老人想看看花，小孩子想玩轮滑，我想坐下喝杯咖啡，每个人的需求都不同，但在这里都能得到满足。"

随着游客需求更多元化、个性化，文旅消费场景不断突破"边界"，客源地、目的地也更加多元。

在鄂尔多斯康巴什区，"暖城七点半"春夏文旅消费促进活动给"赛车小镇"注入夜间生命力。小镇推动体育与旅游融合，培育水上运动、低空飞行等新业态，引入后备箱集市、飞机草坪音乐会，吸引更多年轻人和亲子家庭前来"打卡"和夜游。

内蒙古师范大学经济管理学院教授杨蕴丽认为，当下消费需求内容日趋多样化，餐饮、旅游、零售、商圈、文娱、数字化消费需求持续释放，旅游业态正在日益多元化。

贵州"村 BA"、甘肃天水麻辣烫、山东淄博烧烤、福建平潭"蓝眼泪"……此前相对"小众"的旅游目的地，正不断涌现出新的吸引力。

携程研究院行业分析师王亚磊介绍，从该平台"五一"订单同比增速来看，县域市场高于三、四线城市，三、四线城市高于一、二线城市。

中国旅游研究院预计，2024 年国内旅游出游人数、国内旅游收入将分别超过 60 亿人次和 6 万亿元。

戴斌说："广大游客消费需求的变迁，正在倒逼旅游从业者以全新的理念看待今天的旅游业。我们要着力完善现代旅游业体系，加快建设旅游强国，推动旅游业高质量发展行稳致远。"

（资料来源：新华网，2024 年 5 月 19 日）

🔆 启示

在当前旅游消费新趋势的背景下，旅游营销面临着巨大的机遇与挑战。旅游新媒体图文营销应不断适应市场变化和发展趋势，积极创新营销形式和手段，提升营销效果和质量。同时，注重文化内涵的挖掘和传承，满足游客的个性化需求，加强品牌形象建设，推动旅游业高质量发展。

任务一　旅游海报设计与制作

一、旅游海报设计的意义

海报设计作为视觉传达的核心手段之一，凭借图形、文字、色彩等视觉元素，将信息以直观且生动的形式呈现给广大受众。在旅游产品的推广过程中，海报设计的重要性不仅体现在其强大的吸引力和信息传递能力上，更在于其对品牌形象塑造和品牌认知度增强的关键作用。一张独具匠心的海报，往往能够成为品牌的标志性符号，使受众在众多产品中迅速辨识出该旅游企业。旅游企业也可通过精心策划的旅游海报，展示其专业、创新、贴心的品牌形象，从而在竞争激烈的市场环境中脱颖而出。

旅游海报作为吸引潜在客户的视觉媒介，在当前旅游企业社交媒体营销中占据不可或缺的地位。通过社交媒体平台的广泛传播，旅游海报能够迅速捕获游客的注意力，为旅游企业带来显著的流量增长和潜在客户积累。

二、旅游海报设计的关键要素

（一）图片设计

微课：设计旅游营销海报

图片是旅游海报设计中直观和重要的元素之一，它能够迅速抓住客户的眼球，引发他们的兴趣和好奇心。在设计旅游海报时，图片的选择和呈现至关重要。

（1）图片应与旅游企业的主题和目的地紧密相连，能够准确传达出旅游产品的核心价值和特色。例如，如果旅游企业主打海滨度假产品，那么海滩、阳光、海浪等元素应当成为海报的主要视觉元素，让客户感受到浓郁的度假氛围。

（2）图片的构图和色彩运用也是关键。一张好的旅游海报，其构图应当符合视觉美学原则，通过合理的布局和对比，使图片更具吸引力和冲击力。同时，色彩的运用也是不可忽视的，它不仅能增强图片的视觉效果，还能传达出不同的情感和氛围。例如，蓝色和白色通常用于表达海滨度假的清新和宁静，而红色和橙色则常用于表达热带旅游的激情和活力。

（3）图片的清晰度和质感也是影响海报整体效果的重要因素。在选择图片时，应确保其清晰度足够高，能够展现目的地的细节和特色。同时，图片的质感也应与海报的整体风格相协调，使客户在欣赏海报时能感受到舒适和愉悦。

（二）文字设计

文字作为旅游海报设计的核心元素之一，承载着传递信息、解释说明的关键职责。在旅游海报的设计过程中，文字设计应确保简洁明了、重点突出。旅游海报的文字内容通常涵盖以下几个方面。

1. 标题

标题作为旅游海报中至关重要的文字元素，应准确概括海报的主题和内容，同时应具备吸引力和感染力。例如，"浪漫海滨之旅"或"热带天堂探险"等标题，能够迅速捕获客户的注意力并激发他们的兴趣。

2. 正文

正文部分应简洁明了地介绍旅游产品的核心信息和特色，涵盖行程安排、景点介绍、行程日期、费用说明、联系方式及二维码的添加等关键信息。同时，突出产品特点和优势至关重要，这不仅能够吸引潜在客户的注意，还有助于旅游企业在竞争激烈的市场中脱颖而出。

"飞跃德雷克 南极＋智利 13 日"探险之旅

以某知名旅行社的"飞跃德雷克 南极＋智利 13 日"探险之旅为例（图 6-1），该海报通过精心设计的视觉元素和文案，凸显了产品的独特性和吸引力。醒目的标题"飞跃德雷克 南极＋智利 13 日"在海报顶部引人注目，搭配深邃的蓝色天幕，为观众营造了一种神秘而壮丽的氛围。随后，海报巧妙地安排了日期与价格信息，为潜在旅游者提供了清晰的行程规划和预算参考。特别强调的"全包式服务"更是将机票、住宿、餐饮、观光等烦琐事务一并包揽，让旅游者能够轻松享受旅程。此外，海报还着重介绍了"极地探险家号"游轮这一亮点，通过展示其高科技与奢华的特点，吸引了众多旅游者的目光。而"2 小时飞跃德雷克海峡，免晕船苦恼"的承诺，则为旅游者提供了一份安心与舒适。同时，海报左下角标注的特别安排"QUARK 原版冲锋衣、极地跳海勇士证、约 400 万保额美亚全球无忧保险"字样，更彰显了旅行社对旅游者安全与体验的极致关怀。这些贴心的增值服务，不仅让探险之旅更加安心无忧，也成了吸引探险爱好者的独特卖点。

图 6-1 "飞跃德雷克　南极＋智利 13 日"海报

点评：这幅"飞跃德雷克　南极＋智利 13 日"海报以其独特的视觉元素与细腻的文案构思，不仅凸显了产品的独特卖点与优势，更在无形中构建了一个令人向往的旅行愿景，极大地增强了观众对产品的信任感与向往之情。它不仅是一张海报，更是一封来自极地与南美的邀请函，邀请着每位勇敢的探索者踏上这场难忘的旅程。

在文字的排版和字体选择方面，应确保符合海报的整体风格和主题。例如，海滨度假主题的海报可采用轻松活泼的字体和排版方式，营造轻松愉快的氛围。同时，文字的易读性和可识别性也是设计中不可忽视的因素，应避免使用过于复杂或难以辨认的字体和排版方式，确保用户能够轻松阅读并理解海报中的信息。

在旅游产品海报的设计与制作中，联系方式和二维码的添加具有举足轻重的地位。它们不仅是潜在客户与旅游企业建立联系的桥梁，更是提升转化率的关键。因此，在海报设计中，应确保联系方式的呈现清晰明了，包括旅游企业的官方网站、联系电话、电子邮箱等关键信息。同时，为了提升用户体验，建议将联系方式以醒目的字体和颜色突出显示。二维码的添加为海报增添了互动性和便捷性。通过扫描二维码，潜在客户可以迅速获取更多关于旅游产品的详细信息，甚至直接完成预订。因此，在旅游海报设计中，应将二维码放置在显眼位置，并配以简明的引导语，如"长按查看详细行程""扫码二维码了解行程"等。

在实际操作中，添加联系方式和二维码的旅游产品海报在推广效果上表现更佳。例如，某知名旅行社在海报上添加了醒目的联系方式和二维码后，通过扫描二维码进行预订的客户数量显著增加，转化率提高了近30%。这充分证明了联系方式和二维码在海报设计中的重要性。旅游企业应定期检查和更新相关信息，选择可靠的第三方平台生成和管理二维码，确保其稳定性和安全性。

课堂讨论

在旅游海报中添加联系方式和二维码时，如何平衡视觉效果和功能性，同时避免对海报的整体设计造成干扰？

（三）色彩搭配

色彩是旅游海报中最为直观和强烈的视觉元素。合理的色彩搭配可以营造出不同的氛围和情绪，使海报更具吸引力和感染力。以下是一些关于色彩搭配的建议。

1. 色彩与主题相匹配

在旅游海报设计中，需要确保海报所选择的色彩与旅游产品的主题和目的地相匹配。例如，对于海滨度假产品，可以选用蓝色和白色为主色调，传达清新、宁静的度假氛围；而对于热带旅游产品，可以选择色彩鲜艳的红色、橙色和黄色等，传达热情、活力的感觉。

2. 色彩对比与和谐平衡

在色彩搭配上，要注意对比与和谐的平衡。适当的色彩对比可以突出海报中的重点元素，吸引客户的注意力；而过度对比则可能使海报显得杂乱无章。同时，也要确保色彩之间的和谐统一，避免产生过于突兀或不协调的感觉。

3. 应用好色彩心理学

色彩在心理学上具有一定的象征意义和情感影响。在设计旅游海报时，可以运用色彩心理学增强海报的吸引力。例如，蓝色通常被认为具有冷静、平和的效果，适用于海滨度假等需要放松身心的旅游产品；而红色通常具有热情、活力的意义，适用于热带旅游等需要激发游客热情和活力的产品。

4. 色彩数量与纯度适当

在海报设计中，色彩的数量和纯度也需要考虑。过多的色彩可能会使海报显得杂乱无章，难以突出主题；而过少的色彩则可能使海报显得单调乏味。因此，在选择色彩时，应根据海报的主题和风格确定合适的色彩数量与纯度。

5. 考虑色彩的文化因素

在跨文化设计中，色彩的文化因素也需要考虑。不同的国家和地区对色彩有着不同的偏好与象征意义。因此，在设计面向不同市场的旅游海报时，需要了解目标市场的文化习惯和色彩偏好，确保旅游海报能产生积极的视觉效果和情感共鸣。

课堂讨论

当旅游产品面向国际市场时，如何在色彩搭配上考虑文化差异，避免潜在的误解或不适？

三、旅游海报制作的流程

（一）明确目标与定位

微课：制作旅游
营销海报

在制作旅游海报之前，首先要明确海报的目标和定位。这包括确定海报的受众群体、传达的信息、期望达到的效果等。明确的目标和定位有助于在海报设计过程中保持一致性，并确保海报能够有效地传达信息。

（二）收集素材与灵感

收集与旅游产品相关的素材和灵感是制作海报的关键步骤，可以通过互联网、摄影作品、旅行书籍等途径获取相关素材，并从中获取设计灵感。这些素材和灵感将有助于确定海报的风格、色彩、排版等关键元素。

（三）设计草图与初稿

在收集到足够的素材和灵感后，开始设计海报的草图。草图可以手绘，也可以使用设计软件绘制。在草图中，大致确定海报的布局、色彩搭配、字体选择等关键元素。然后，根据草图制作初稿，并逐步完善和优化设计。

（四）细节调整与优化

在初稿完成后，需要对海报进行细节调整与优化。这包括检查文字的排版和字体选择是否合适、色彩搭配是否和谐、图片和图标是否清晰等。同时，也要考虑海报在不同媒介上的显示效果，确保其在各种尺寸和分辨率下都能保持良好的视觉效果。

（五）打印与发布

选择合适的打印材质和尺寸打印海报，然后将海报张贴在旅游企业门店、公共场所等地方进行宣传。同时，也可以将海报发布在旅游企业的官方网站、社交媒体等平台上，以吸引更多的潜在客户。

四、旅游海报的后续推广与应用

（一）社交媒体与线上平台的利用

在旅游产品海报的后续推广与应用中，社交媒体与线上平台发挥着举足轻重的作用。随着数字化时代的到来，越来越多的旅游企业开始利用社交媒体平台（如微信、微博、抖音等），以及线上平台（如携程、去哪儿等），扩大海报的曝光度和影响力。以微信为例，旅游企业可以通过微信公众号发布海报，利用朋友圈分享、微信群转发等功能，迅速将海报传播给目标客户。此外，旅游企业还可以利用邮件营销、短信推送等方式，将海报信息发送给已有的客户或潜在客户。这些方式具有针对性强、成本低等优点，能够有效提高旅游海报的覆盖率和转化率。在邮件或短信中，可以简要介绍旅游产品的亮点和特色，并附上相关的链接或二维码，引导客户进行深入了解或预订。同时，结合数据分析工具，旅游企业可以追踪海报的点击率、转化率等关键指标，评估推广效果，并根据数据反馈调整推广策略。

在利用社交媒体与线上平台时，旅游企业需要注意以下几点。

（1）要选择合适的平台，确保目标客户能够方便地获取到海报信息。

（2）要注重内容的创意和吸引力，通过引人入胜的文案和图片，激发客户的兴趣和购买欲望。

（3）要关注客户的反馈，及时调整和优化推广策略，确保海报能够持续吸引客户的关注。

正如美国著名营销专家菲利普·科特勒所说："营销不仅仅是销售产品，更是创造和传递价值。"在社交媒体与线上平台的利用中，旅游企业需要不断创新和尝试，通过多元化的推广手段，将海报的价值传递给更多的潜在客户，从而实现产品的成功销售。

（二）线下宣传与展示

线下宣传与展示是旅游产品海报推广中不可或缺的一环。它能够为旅游产品提供更加直观、生动的展示效果，帮助客户更好地了解产品特色和优势，进而增加购买意愿。在线下展示方面，旅游企业可以充分利用各种展示工具如展示板、易拉宝、宣传册等，将海报内容以更加直观、生动的方式呈现给客户。同时，展示现场的氛围营造也至关重要。通过精心设计的展示区域、灯光效果以及背景音乐等，可以营造出一种舒适、愉悦的氛围，让客户在轻松愉悦的环境中接受产品信息。此外，展示现场还可以设置互动环节如抽奖、问答等，吸引更多客户的参与和关注。

在进行线下宣传与展示时，旅游企业需要注意以下几点。

（1）旅游企业可以选择在人流量较大的地段设立临时展示区如商业区、交通枢纽等。通过展示精美的旅游海报和宣传册，吸引过往行人的目光，并向他们详细介绍产品的特色和优势。同时，可以设置咨询台，为感兴趣的客户提供详细的解答和咨询服务，增加他们对产品的了解和信任。

（2）旅游企业可以与当地的旅游景点、酒店、餐厅等合作，将旅游海报放置在显眼的位置进行展示。这些场所的客流量较大，能够有效提高海报的曝光率。通过与合作伙伴的互利共赢，旅游企业还能够获得更多的资源和支持，提升产品的竞争力和市场占有率。

（3）旅游企业还可以举办一些线下活动如旅游讲座、展览等，将旅游海报作为展示和宣传的重点。在活动中，可以向参与者详细介绍产品的特色和优势，并与他们进行互动交流，了解他们的需求和反馈。通过活动的举办，不仅能够提高产品的知名度和美誉度，还能够吸引更多的潜在客户，为产品的推广和销售打下坚实的基础。

在线下宣传与展示中，旅游企业不仅要注重产品的展示和宣传，更要关注如何为客户创造和传递价值。通过提供有价值的信息、优质的服务和独特的体验，旅游企业可以赢得客户的信任和忠诚，从而实现品牌的长远发展。

任务二　旅游 H5 页面设计与制作

一、旅游 H5 页面设计的重要性

旅游 H5（HTML 5 的简称，第五代超文本标记语言）页面设计在当今数字

微课：如何设计
旅游营销 H5

化时代的重要性日益凸显。随着智能手机的广泛普及和移动互联网的迅猛发展，H5 页面已成为旅游企业展示旅游产品、吸引潜在客户的重要渠道。它超越了简单信息呈现的范畴，成为旅游企业品牌形象、用户体验与市场策略的综合载体。H5 页面凭借其跨平台性、强互动性和出色的可视化效果，为旅游者带来更加生动、直观的旅游体验。因此，对于旅游企业而言，设计一款优秀的旅游 H5 页面具有至关重要的意义。

具体而言，旅游 H5 页面的跨平台性使其能够在手机、平板、计算机等多种设备和平台上流畅展示，极大地拓宽了传播范围和受众基础。同时，丰富的交互功能如滑动、点击、拖曳等，不仅增强了页面的趣味性，还能够有效吸引用户参与，提升用户对旅游产品的了解程度和满意度。此外，通过融合图片、音频、视频等多种媒介元素，旅游 H5 页面能够以视觉化的方式直观展现旅游产品的特色和优势，从而有效吸引用户的关注和兴趣。综上所述，旅游 H5 页面设计在提升旅游企业品牌形象、优化用户体验及推动市场策略实施方面发挥着举足轻重的作用。

二、旅游 H5 页面设计的目标与原则

（一）设计目标

旅游 H5 页面设计的目标主要包括以下几个方面：一是展示旅游产品的特色和优势，吸引潜在用户的关注；二是提供便捷的预订服务，方便用户随时随地进行预订；三是提供详细的旅游信息，帮助用户更好地了解旅游目的地的风土人情、历史文化等；四是提升旅游企业的品牌形象和知名度，增强用户的信任感和忠诚度。

（二）设计原则

在设计旅游 H5 页面时，需要遵循以下几个原则：一是简洁明了，页面设计要清晰易懂，避免过多的冗余信息和复杂的操作；二是美观大方，页面要具有良好的视觉效果和审美感受，符合旅游产品的主题和风格；三是交互性强，页面要具有丰富的交互效果和多媒体元素，提升用户的参与度和体验度；四是易于传播，页面要具有跨平台、易分享的特点，方便用户在社交媒体等平台上分享和传播。

微课：设计旅游 H5
页面的原则

三、旅游 H5 页面设计的内容与结构

（一）页面布局

旅游 H5 页面的布局是设计的基石，它决定了页面信息的展示方式和用户的浏览体验。在设计页面布局时，需要综合考虑页面的功能需求、用户的使用习惯以及页面的美观性。一般来说，页面布局可分为头部区域、主体区域和底部区域三个部分。

微课：常见的旅游
H5 网站

1. 头部区域

头部区域通常包含旅行社的徽标（Logo）、导航栏、搜索框等元素。Logo 是旅行社品牌形象的重要体现，需要放置在页面的显著位置，以便用户快速识别。导航栏则提供了页面的主要功能模块，方便用户快速定位所需信息。搜索框则为用户提供了便捷的搜索功能，帮助用户快速找到感兴趣的旅游产品。

2. 主体区域

主体区域是旅游 H5 页面的核心内容展示区，需要根据设计目标和原则进行合理规划。在展示旅游产品时，可以采用图文结合的方式，通过高质量的图片和简洁明了的文字描述，突出

旅游产品的特色和优势。同时，也可以运用丰富的交互效果如轮播图、滑动展示等，提高用户的参与度和体验度。此外，还可以设计一些特色板块，如旅游攻略、目的地推荐等，为用户提供更加全面、详细的旅游信息。

3. 底部区域

底部区域通常包含联系方式、版权信息、友情链接等元素。联系方式是旅游企业与用户建立联系的重要渠道，需要放置在页面的显眼位置，方便用户随时联系。版权信息则是对页面内容的保护，需要注明版权所有者和授权情况。友情链接则可以为用户提供更多的旅游资源和信息。

（二）内容设计

旅游 H5 页面的内容设计是吸引用户的核心要素，它直接关系到用户对旅游产品的感知和兴趣。在设计内容时，需要综合考虑用户的需求和兴趣点，并确保信息的准确性、真实性和吸引力。

1. 精心选择旅游产品的图片

高清、精美的图片能够直观地展示旅游产品的特色和魅力，吸引用户的眼球。同时，图片的选择要与旅游产品的内容相匹配，避免虚假宣传或误导用户。

2. 文字描述要简洁明了、突出重点

用精练的语言概括旅游产品的特色和优势，同时避免使用过于复杂的词汇或句子结构，以免让用户感到困惑或失去兴趣。此外，还可以运用一些修辞手法或情感化表达，增加内容的吸引力和感染力。

3. 增加一些互动性的内容设计

例如，设计一些有趣的互动游戏或问答环节，让用户通过参与游戏或回答问题了解旅游产品；或者设计一些用户评价或分享板块，让用户能够分享自己的旅游经历和感受，增加页面的互动性和真实性。

 分享点评

大婚在即，祝英台你在哪里？

为了增加旅游 H5 页面的趣味性和互动性，可以设计与旅游主题紧密结合的互动游戏。以"大婚在即，祝英台你在哪里？"游戏为例，巧妙地嫁接了"梁祝传说"，将寻找失踪新娘子的情节与方特梦幻王国的旅游宣传相结合，创造了一个充满趣味和挑战性的互动体验。

首先，游戏以梁山伯与祝英台即将大婚为背景，设置了一个悬疑的情境：新娘子祝英台失踪了。玩家需要扮演梁山伯，在方特梦幻王国中展开寻妻之旅。这样的设定既符合了"梁祝传说"的经典情节，又巧妙地引入了旅游宣传的主题。

在游戏中，玩家需要通过点击地图中女孩的背影，让她转身，看看她是不是失踪的祝英台。这个环节的设计不仅考验了玩家的观察力和判断力，还增加了游戏的趣味性。在寻找过程中，玩家会遇到各种搞笑的角色和台词，如白娘子、铁扇公主等，这些角色

和台词的加入为游戏增添了更多的幽默元素和吸引力。

当玩家最终找到祝英台时，游戏会弹出一个方特全面免费畅玩官的招募信息。这个环节的设计巧妙地将游戏与旅游宣传相结合，既增加了游戏的趣味性，又达到了宣传旅游产品的目的。通过这样的互动游戏设计，可以让玩家在轻松愉快的氛围中了解方特梦幻王国的旅游资源和特色，提高他们对旅游产品的兴趣和认知度。

点评：旅游H5页面互动游戏设计不仅具有趣味性、互动性和挑战性，通过巧妙地结合旅游宣传主题，还可以让玩家在参与游戏的过程中了解旅游产品、提升旅游企业品牌形象和知名度，并增强玩家的信任感和忠诚度。

4. 注意页面的加载速度和响应速度

在设计内容时，要避免使用过多的图片或视频等多媒体元素，以免导致页面加载缓慢或卡顿。同时，还需要对页面进行优化和压缩，以提高页面的响应速度和用户体验。

（三）交互设计

交互设计是旅游H5页面中至关重要的部分，它直接影响到用户与页面的互动体验。以下是一些在交互设计中需要特别注意的方面。

1. 明确的导航和指引

用户在使用旅游H5页面时，需要能够迅速找到所需的信息或功能。因此，导航栏的设计要清晰明了，让用户一目了然。同时，可以在页面中加入适当的指引元素如箭头、提示框等，引导用户进行下一步操作。

2. 响应式设计

考虑到用户可能在不同设备上访问旅游H5页面，要确保旅游H5页面在不同屏幕尺寸下都能良好的显示和交互。这就要求在页面设计时要采用响应式设计，使旅游H5页面能够自动适应不同设备的屏幕尺寸和分辨率。

3. 丰富的交互效果

通过添加各种交互效果如滑动、点击、拖曳等，增强用户的参与感和体验度。例如，在介绍某个著名景点时，可以采用全景式的动画展示，让用户仿佛身临其境感受景点的魅力。同时，通过点击或滑动等交互操作，用户可以自主选择想要了解的信息。同时，还可以加入一些有趣的互动游戏或问答环节，增强用户的参与度和留存率。

4. 友好的错误提示和反馈

在用户进行操作时，如果出现错误或异常情况，旅游H5页面需要给出明确的错误提示和反馈，这有助于用户快速了解问题所在并采取相应的解决措施。同时，友好的反馈也可以增强用户对旅游H5页面的信任感和满意度。

5. 简洁明了的表单设计

如果旅游H5页面中包含表单元素（如注册、登录、预订等），需要确保表单设计简洁明了、易于填写。避免过多的输入项和复杂的验证规则，提高用户的填写效率和体验。

四、旅游H5页面制作的流程与工具

旅游H5页面的制作需要遵循一定的流程，并选择合适的工具辅助完成。下面介绍旅游H5页面制作的流程及常用的工具。

微课：易企秀
示范制作旅游H5

（一）需求分析

在开始制作旅游 H5 页面之前，首先要进行需求分析。这包括了解目标客户群的需求和兴趣点，分析竞争对手的页面特点和优势，明确自己页面的定位和目标。通过深入了解用户需求，为后续的页面设计和内容制作提供有力的支持。

（二）页面设计

在需求分析的基础上，开始进行页面设计。页面设计包括页面布局、色彩搭配、图片选择、字体样式等方面。设计时要注重页面的整体美感和用户体验，确保页面简洁明了、易于导航和操作。同时，还要充分考虑目标用户的喜好和需求，让页面更符合他们的期望。

（三）内容制作

页面设计完成后，开始进行内容制作。内容制作包括文字撰写、图片编辑、视频剪辑等方面。在制作内容时，要确保信息的准确性、真实性和吸引力。同时，还要注意文字的简洁明了和突出重点，以及图片的清晰美观和与内容的匹配度。通过精心制作的内容，可以吸引用户的注意力并提高他们的兴趣。

（四）技术实现

在制作旅游 H5 页面时，可以选择一些专业的旅游 H5 页面制作工具进行制作。这些工具通常具有丰富的模板和组件库，可以快速生成符合设计要求的旅游 H5 页面。同时，这些工具还支持自定义编辑和扩展功能，可以根据具体需求进行定制和优化。通过选择合适的制作工具和掌握相应的制作技巧，可以大大提高旅游 H5 页面的制作效率和质量。

 小资料

旅游 H5 页面设计网站推荐

对于旅游 H5 页面设计网站，推荐以下几个平台（表 6-1），它们各自具有不同的特点和优势，能够满足旅游行业在 H5 页面设计方面的需求。

表 6-1　旅游 H5 页面设计网站推荐

平台	特点	优势	官网链接
易企秀	模板设计精美，支持自定义编辑，能够满足旅游企业的个性化需求	模板数量多，且质量较高；操作简便，易于上手；支持多平台分享，方便传播	http://store.eqxiu.com/
MAKA	涵盖海报、视频等多种类型的设计模板，适用于旅游宣传、景点介绍等场景	模板风格多样，设计感强；支持快速编辑和发布；提供丰富的素材库，方便用户自由搭配	http://maka.im/v3/store
意派 Epub360	注重创意互动设计，具有较高的互动性和视觉冲击力，适用于旅游营销、活动互动等场景	提供丰富的互动组件和特效；支持自定义设计和动画效果；作品质量高，用户体验好	http://www.epub360.com/
兔展	在 H5 页面制作领域也有一定知名度，尤其适用于旅游行业的 H5 页面设计	模板库丰富，支持自定义编辑，能够满足旅游企业的不同需求	https://www.rabbitpre.com/

以上推荐的旅游H5页面设计网站各具特色，可以根据自己的需求和喜好选择合适的平台进行H5页面设计。在选择时，可以关注平台的模板数量、质量、操作便捷性、功能丰富性等方面，以确保最终设计的旅游H5页面能够满足旅游企业宣传和推广的需求。

（五）发布与推广

最后一步是发布与推广。将制作好的旅游H5页面发布到相应的平台上，如微信公众号、微博、抖音等。同时，还可以利用搜索引擎优化技术提高页面的搜索排名和曝光率。在推广过程中，可以结合其他营销手段如优惠券、折扣活动等吸引用户关注和参与。通过有效的推广手段，可以让更多的用户了解和使用旅游H5页面，提高旅游产品的知名度和销售额。

任务三　旅游微信公众号营销

一、微信公众号在旅游行业的应用价值

微信公众号作为腾讯微信平台的重要功能之一，为各类企业和个人提供了直接触达用户的渠道。在旅游行业中，微信公众号不仅是信息发布平台，更是品牌形象展示、用户互动与服务提供的重要窗口。微信公众号作为连接旅游企业与用户的桥梁，其核心价值在于能够精准传递丰富的旅游资讯与优质服务，从而构建稳固的用户关系，增强用户黏性并培养用户忠诚度。通过精心策划的图文推送、引人入胜的视频展示及便捷的小程序链接，旅游企业能够全方位地展示旅游产品的独特魅力，吸引用户关注并激发其预订意愿。尤为重要的是，微信公众号内置的多元化营销工具不仅拓宽了企业的营销渠道，还实现了从信息展示到用户转化的无缝对接。企业可以灵活发布优惠信息，利用限时折扣、早鸟特惠等手段刺激用户消费，同时借助小程序的便捷性引导用户快速完成预订流程，提高转化率。

此外，微信公众号强大的数据分析能力为旅游企业的精准营销提供了有力支持。通过对用户行为、偏好等数据的深入挖掘与分析，企业能够准确把握市场需求与趋势，为制定更加科学、有效的营销策略提供数据支撑，从而在激烈的市场竞争中占据有利地位。

微信公众号对于旅游企业营销的作用主要体现在以下几个方面：

（1）扩大品牌影响力。通过微信公众号发布高质量的旅游资讯、攻略、优惠信息等，吸引用户关注和分享，提升品牌知名度和美誉度。

（2）实现精准营销。利用微信公众号的用户标签和数据分析功能，对目标用户进行精准定位和推送，提高营销效果和转化率。

（3）提高用户黏性。通过定期发布有价值的内容、举办互动活动等手段，增强用户与品牌之间的情感联系和忠诚度。

（4）拓宽销售渠道。将旅游产品与微信小程序、微信支付等功能相结合，为用户提供便捷的预订、支付等服务，拓宽销售渠道并提高销售额。

微信公众号的注册

准备资料：新的邮箱账号和密码（未申请过微信公众号的邮箱）；企业名称、营业执照（清晰拍照版或扫描版）；管理员的身份证号、手机号，管理员需扫码验证；微信公众号头像（如企业Logo、门店门头照）；微信公众号名称和简介（门店的业务或愿景介绍，120字以内）。

注册流程：访问微信公众号官网（https://mp.weixin.qq.com/），单击页面右上角的"立即注册"按钮，选择需要注册的公众号类型（如订阅号、服务号等），输入注册邮箱和密码，单击"注册"按钮。登录邮箱查看邮件，点击邮件中的激活链接完成激活，填写企业信息、管理员信息等，并提交审核。

二、旅游微信公众号营销推文创作

旅游微信公众号营销推文是吸引用户关注、传递旅游信息、展示品牌特色的关键环节。一篇成功的旅游推文，需要兼顾内容的质量、视觉的吸引力及用户的互动性。

（一）创作原则

1. 内容要有价值

推文内容要贴近用户需求，提供实用的旅游资讯、攻略、目的地介绍等。例如，可以通过分享独特的旅游体验、推荐热门景点、解读当地文化等方式，吸引用户阅读和分享。

2. 标题要吸引人

标题是吸引用户点击阅读的第一要素。要尽可能使用简洁明了、具有吸引力的标题，突出推文的主题和亮点；避免使用过于夸张或虚假的标题，以免损害品牌形象。

微课：旅游微信
公众号营销推文创作

3. 图文结合

推文要充分利用图文结合的方式，通过精美的图片和有趣的文字，展示旅游产品的独特魅力。例如，可以使用高清的风景照片、特色美食图片等，增强用户的阅读体验。

4. 互动性强

在推文中加入互动环节，如用户投票、留言互动等，增加用户参与度和黏性。例如，可以通过举办有奖问答、分享故事等活动，吸引用户积极参与并分享。

5. 坚持原创

坚持原创或高质量的转载，确保内容的新颖性和独特性，提升用户的阅读体验。

6. 定期更新

保持推文的定期更新，让用户随时了解最新的旅游资讯和优惠信息。例如，可以根据季节、节假日等时机，推出相应的主题推文，提高用户的关注度。

（二）创作流程

1. 市场调研与用户分析

（1）行业趋势分析。深入研究当前旅游行业的市场走势，包括热门旅游目的地、消费者偏好的变化等方面。通过对旅游市场的全面审视，洞察消费者目的地的热门选择，以及消费者的喜好在时间推移中发生的演变。这不仅涉及消费者对自然风光、历史文化、美食体验的追求，还包括他们对旅游服务、交通设施、住宿条件等方面的期待和需求的变化。这样的分析有助于旅游营销人员更好地把握市场动态，调整营销策略，满足消费者日益增长和多样化的旅游需求，从而在激烈的市场竞争中脱颖而出。

（2）用户需求。为了精准地把握目标用户群体的需求，可以采用多种方式进行调研和了解。例如，通过问卷调查可以收集到用户对产品或服务的期望、使用习惯、满意度等关键信息。还可以利用社交媒体监听工具，实时关注用户在各大平台上的讨论和反馈，从而捕捉到他们在日常生活中的需求和兴趣点。全面、细致地了解用户的需求，为旅游产品的设计和优化提供有力支持。

（3）竞品分析。研究同类型旅游公众号的运营策略和内容特点，这包括了解他们的用户群体、传播方式、内容风格、互动方式等方面，以便能够在众多竞争者中脱颖而出，提供更加独特和吸引人的旅游信息和服务，通过对比和评估，找出自己的差异化竞争点，从而制定出更加有效的运营策略和内容规划。

2. 内容主题与风格确定

（1）主题定位。基于市场调研和用户分析的结果，明确旅游微信公众号的内容主题定位。例如，可以围绕热门旅游目的地、特色旅游线路、旅游文化体验等方向展开，确保内容符合目标用户的兴趣和需求。同时，结合品牌特色和优势，打造独特的旅游 IP，提升品牌影响力和用户黏性。

（2）风格塑造。根据目标用户的喜好和品牌形象，确定推文的写作风格和视觉风格。例如，可以采用轻松幽默的笔触，以故事化的方式呈现旅游体验；或采用清新自然的风格，展现旅游目的地的美丽风光。视觉风格方面，可以运用统一的色调、字体和排版方式，形成独特的视觉识别系统，提升品牌的整体形象。

3. 内容创作与排版设计

（1）内容创作。根据确定的主题和风格，进行具体的推文内容创作。注意保持内容的原创性和高质量，避免抄袭或过度依赖转载。同时，注重内容的实用性和趣味性，提供有价值的旅游信息和独特的旅游体验，吸引用户的关注和分享。

动画：旅游微信
公众号图文排版技巧

（2）排版设计。在内容创作完成后，进行排版设计。注意合理布局文字、图片和其他元素，使推文在视觉上更加美观和易读。例如，可以使用合适的字体、字号和间距，以及醒目的标题和配色方案，提升推文的吸引力和可读性。

4. 内容审核与优化

（1）内容审核。在完成排版设计后，进行内容审核。确保推文内容准确无误、没有歧义和错误信息。同时，检查图片和其他元素的版权问题，避免侵权纠纷。

（2）优化调整。根据审核结果和用户需求反馈，对推文进行优化调整。例如，可以修改部分内容、调整排版布局或增加互动环节等，提升推文的阅读体验和用户参与度。

5. 发布与推广

（1）发布时间选择。根据目标用户的活跃时间和阅读习惯，选择合适的发布时间。例如，在周末或节假日前发布与旅游相关的推文，吸引用户关注和预订旅游产品。

（2）多渠道推广。除微信公众号平台外，还可以利用其他社交媒体平台、旅游论坛和合作伙伴等渠道进行推广。例如，通过分享推文链接、参与话题讨论等方式，扩大推文的传播范围和影响力。

6. 互动与反馈

在推文发布后，积极与用户互动并收集反馈意见。例如，可以回复用户的留言和评论，解答用户的问题和疑虑；同时关注用户的反馈和建议，不断优化推文内容和运营策略。

（三）创作要求

旅游微信公众号营销推文的创作过程是一个艺术创造和审美的过程，需要深入挖掘旅游的内涵和情感，注重形式美和视觉冲击力，同时结合内容与服务，为用户提供有价值的旅游信息和独特的旅游体验。只有这样，才能创作出高质量、有影响力的旅游营销推文。

1. 内在美

内在美指的是推文内容的深刻内涵和丰富情感。它要求在撰写推文时，不仅局限于描述景点和旅游体验的表面现象，更要深入挖掘其背后的文化内涵、历史底蕴和人文情感。通过讲述生动的故事、引用经典的诗词、分享真实的感受，让用户在阅读过程中产生共鸣，感受到旅游带来的不仅是视觉的享受，更是心灵的触动和情感的升华。

2. 外在美

外在美则是指推文呈现的形式美和视觉冲击力。在排版设计上，要注重美观和易读性，通过合理的布局、醒目的标题、舒适的配色和高清的图片，为用户提供愉悦的阅读体验。同时，还可以通过添加动画、视频等多媒体元素，增强推文的视觉冲击力和吸引力，让用户在轻松愉快的氛围中了解旅游信息。

3. 内容与服务相结合

在创作旅游营销推文时，要始终牢记内容与服务相结合。内容要围绕用户需求展开，提供有价值的旅游信息和独特的旅游体验；服务要在推文中贯穿始终，通过提供预订、咨询、售后等全方位的服务，解决用户的疑虑和问题，提升用户的满意度和忠诚度。只有将内容与服务相结合，才能真正实现旅游营销推文的价值和效果。

课堂讨论

　　旅游热点和时事是吸引用户关注的重要元素。谈谈你如何结合当前的旅游热点和时事进行内容创作，以吸引用户的兴趣并提升推文的传播力。

三、旅游微信公众号营销活动策划

（一）旅游微信公众号营销活动类型

1. 投票活动

为了了解用户的喜好和需求，旅游微信公众号可以定期举办投票活动。通过邀请用户参与投票，选出他们喜爱的旅游景点、旅游方式、旅游季节等，旅游企业可以更加精准地把握市场动态，调整产品策略。同时，投票活动还能增加用户与公众号的互动，提升用户的参与感和归属感。

微课：旅游微信
公众号营销活动策划

2. 留言、转发有礼活动

留言、转发有礼活动是一种简单但效果显著的互动方式。旅游微信公众号可以鼓励用户在推文下方留言分享自己的旅游经历、感受或建议，或者转发推文至朋友圈并截图反馈，以此作为参与活动的凭证。对于积极参与的用户,旅游微信公众号可以提供一些小礼品或优惠券作为奖励,如旅游纪念品、旅游书籍、景区门票等。这样的活动不仅可以增加用户的参与感和归属感,还能通过用户的分享和转发,进一步扩大公众号的影响力,吸引更多潜在用户的关注。

3. 限时优惠活动

为了刺激用户的购买欲望,旅游微信公众号可以定期推出限时优惠活动。例如,在特定时间段内预订旅游产品可以享受折扣、赠送礼品或提供其他增值服务。这样的活动不仅可以吸引用户的关注,还能促进他们迅速做出购买决策。

4. 话题挑战活动

结合当前热门话题或节日氛围,旅游微信公众号可以发起话题挑战活动,鼓励用户分享自己的旅游照片、视频或故事,并邀请好友参与。这样的活动可以激发用户的参与热情,增加用户与公众号的互动,同时,还能扩大品牌的影响力。

5. 线上抽奖活动

线上抽奖是吸引用户参与的一种有效方式。旅游微信公众号可以设置一定的参与条件,如转发推文、留言评论等,然后抽取幸运用户赠送旅游产品或优惠券。这样的活动可以迅速增加旅游微信公众号的曝光度,吸引更多潜在用户的关注。

(二)旅游微信公众号营销活动策划要点

1. 明确活动目的

在策划旅游微信公众号活动时,首先要明确活动的目的,是为了吸引新用户关注,还是为了提升用户活跃度,或者是为了推广某个旅游产品。明确目的后,才能有针对性地制订活动方案和营销策略。

2. 精准定位目标用户

旅游微信公众号的用户群体可能非常广泛,但每个活动的目标用户可能会有所不同。因此,在策划活动时,要精准定位目标用户,了解他们的需求和喜好,以便更好地制订活动内容和规则。

3. 制订吸引人的活动规则

活动规则是活动的核心,也是吸引用户参与的关键。在制订活动规则时,要注重趣味性和互动性,让用户感受到参与活动的乐趣和价值。同时,规则也要简单易懂,避免让用户产生困扰和疑虑。

4. 提供有吸引力的奖品

奖品是吸引用户参与活动的重要因素之一。在选择奖品时,要考虑目标用户的喜好和需求,选择具有吸引力和实用性的奖品。同时,也要注重奖品的品质和数量,确保能够吸引足够多的用户参与活动。

5. 合理安排活动时间和周期

活动时间和周期的选择对于活动效果也有很大的影响。在选择活动时间和周期时,要考虑目标用户的活跃时间和阅读习惯,以及节假日、旅游旺季等因素。合理安排活动时间和周期,确保活动能够在最佳时机吸引最多用户的关注和参与。

6. 线下体验活动

结合线上推广,旅游微信公众号还可以组织线下体验活动,如旅游线路试玩、景点实地考察等。线下活动让用户更加直观地感受旅游产品的质量和特色,提高他们对品牌的信任度和忠诚度。同时，还能增加用户之间的互动和交流，扩大品牌的影响力。

（三）旅游微信公众号营销活动策划方法

1. 精准定位目标用户

在策划旅游微信公众号营销活动之前，首先要明确目标用户群体。通过数据分析和市场调研，了解目标用户的年龄、性别、兴趣、消费习惯等信息，从而制订出更符合他们需求的营销活动。例如，针对年轻用户群体，可以策划更具创意和互动性的活动；而针对中老年用户，则更注重活动的实用性和便捷性。

2. 创意策划活动主题

活动主题是吸引用户参与的关键。在策划活动主题时，要紧密结合旅游产品的特色和用户需求，创造出新颖、有趣且富有吸引力的主题。同时，要注意主题的时效性和热点性，结合当前热门话题或节日氛围进行策划，提高活动的关注度和参与度。

3. 制订详细的活动方案

活动方案是活动的执行指南。在制订活动方案时，要充分考虑活动的目标、时间、地点、参与方式、奖励机制等因素，确保活动的顺利进行。同时，要合理安排工作人员的任务和职责，确保活动的有序进行。

4. 充分利用社交媒体平台

社交媒体平台是旅游微信公众号营销的重要渠道。在策划活动时，要充分利用微信、微博、抖音等社交媒体平台，通过发布活动预告、分享活动进展、邀请用户参与等方式，扩大活动的传播范围和影响力。同时，要关注用户的反馈和建议，及时调整活动方案，提高用户的满意度和参与度。

5. 评估活动效果并持续优化

活动结束后，要对活动效果进行评估和总结。通过数据分析、用户反馈等方式，了解活动的参与度、转化率、满意度等指标，评估活动的效果。同时，要针对活动中存在的问题和不足进行反思和优化，为下一次活动的策划提供参考和借鉴。

四、旅游微信公众号品牌形象建设

（一）旅游微信公众号存在的问题

旅游微信公众号在品牌形象建设方面，虽然取得了一定的成绩，但是仍存在一些问题亟待解决。

微课：旅游新媒体营销文案方面的法律风险防范

1. 品牌定位模糊

品牌定位模糊是当前旅游微信公众号面临的一个普遍问题。许多公众号在建立之初并未明确自己的品牌定位，导致在内容发布、活动策划等方面缺乏统一性和连贯性，难以在用户心中形成清晰的品牌形象。

2. 内容缺乏创意

公众号内容的创意与独特性同样是品牌形象建设的关键因素。许多旅游微信公众号在内容创作上缺乏创新，导致用户审美疲劳，难以产生持续的兴趣和关注。为了提升品牌形象，公众号需要注重内容的创意和独特性，通过深入挖掘旅游目的地的文化、历史、风土人情等方面的特色，为用户呈现独特、有深度的旅游资讯和体验。同时，公众号还可以结合时下热点、流行趋势等元素，创作符合用户兴趣爱好的内容，吸引用户的眼球，提升品牌影响力。

3. 互动性不足

虽然旅游微信公众号在策划活动时注重互动性和趣味性，但是在日常内容推送中，互动性往往不足。公众号缺乏与用户的深入互动，如问答、投票、调查等，导致用户参与度不高，难以形成忠实的用户群体。

4. 信息更新不及时

旅游市场变化迅速，但一些旅游微信公众号在信息更新上滞后，无法及时反映最新的旅游动态和产品信息。这不仅影响了用户的决策效率，也降低了公众号在用户心中的权威性和可信度。

5. 用户体验不佳

部分旅游微信公众号在界面设计、操作流程等方面存在不足，导致用户体验不佳。用户在浏览或使用时，可能会遇到加载缓慢、页面错乱、操作烦琐等问题，这严重影响了用户对公众号的印象和好感度。

6. 品牌形象不统一

在品牌建设方面，一些旅游微信公众号缺乏统一性和连贯性。公众号在视觉设计、内容风格、活动策划等方面没有形成独特的品牌标识，导致用户对公众号缺乏清晰的品牌认知和记忆点。

（二）旅游微信公众号品牌形象建设的方法

旅游微信公众号不仅是一个推广和营销的平台，更是品牌形象展示的重要窗口。因此，在建设和维护旅游微信公众号时，要注重品牌形象的建设，提高用户对品牌的认知和信任度。

1. 精准定位，塑造鲜明的品牌形象

在旅游微信公众号品牌形象建设的过程中，首先要进行精准定位，明确公众号的品牌特色和市场定位。这包括确定目标用户群体、分析用户需求、挖掘旅游目的地的独特卖点等。通过深入了解市场和用户需求，塑造出独特且符合用户期望的品牌形象，从而在用户心中形成清晰的品牌认知和记忆点。

2. 个性包装，设计完整的视觉体系

在品牌建设方面，公众号需要注重统一性和连贯性。通过设计独特的视觉识别系统（如Logo、字体、配色等），形成独特的品牌标识。同时，在内容风格、活动策划等方面保持统一性和连贯性，让用户对公众号形成清晰的品牌认知和记忆点。一个独特的Logo、一套统一的配色方案、一套具有辨识度的字体，都能让公众号在众多竞争者中脱颖而出。这些视觉元素不仅要在公众号内部使用，还应该在相关的线下宣传品、社交媒体等渠道中保持一致，从而形成一个统一的品牌形象。同时，这些视觉元素的设计也需要与公众号的品牌定位和内容风格相契合，以便更好地传达公众号的品牌理念和价值观。

3. 坚持原创，编排新颖独特的内容

内容是公众号的核心竞争力。在旅游微信公众号的内容创作上，坚持原创是非常重要的。原创内容不仅能够展示公众号的独特性和专业度，还能够提升用户的信任感和好感度。因此，公众号应注重原创内容的创作和发布，包括旅游目的地的深度解析、独特旅游体验的分享、旅游故事的讲述等。同时，在内容的编排上也要注重新颖性和独特性，通过运用图文结合、短视频等多种形式丰富内容的表现形式，吸引用户的眼球和兴趣。

4. 固定栏目，彰显个性的自定义菜单

为了增加用户黏性和忠诚度，公众号可以设置一些固定的栏目，并通过自定义菜单的形

式展示出来。这些栏目可以包括"最新旅游资讯""旅游攻略""旅游故事"等，每个栏目都应该有明确的内容和风格。通过定期更新这些栏目的内容，不仅可以吸引用户的持续关注，还可以让用户对公众号产生依赖感。同时，自定义菜单的设计也要注重个性化和用户体验，确保用户能够轻松地找到他们需要的信息和功能。

除以上几个方面外，旅游微信公众号还要注重与用户的沟通和互动。通过定期发布用户调查、举办线上活动等方式了解用户的需求和反馈，及时调整和优化公众号的内容与服务。同时，也要注重信息更新的及时性，确保公众号能够紧跟旅游市场的变化，为用户提供最新、最全面的旅游资讯和动态。此外，还可以通过优化公众号的界面设计和操作流程，提升用户体验，让用户在使用公众号时能够感受到舒适和便捷。

为了更好地塑造旅游微信公众号的品牌形象，还要注重与其他平台的联动和合作。例如，可以与旅游网站、旅游 App 等平台进行合作，共享资源、互通有无，形成合力，共同提升品牌形象和影响力。同时，还可以借助社交媒体的力量，通过微博、抖音等平台进行宣传和推广，吸引更多的潜在用户关注和参与。

课堂讨论

在塑造旅游微信公众号品牌形象的过程中，你认为哪些元素最为关键？请结合学习内容和自己的理解，列举并解释至少三个元素。

任务四　旅游私域流量运营

分享点评

享梦游全新定位社交旅行种草平台　推动文旅行业发展优化升级

近年来，随着旅行消费人群逐渐从中老年向中青年转移，旅行方式也在不断创新。相关数据显示，"上车睡觉、下车拍照"的走马观花式传统旅行方式正逐渐被时代抛弃，而旅行中的差异化体验服务以及社交属性标签更被当代青年消费者所追捧，可随时出发的自由行和半自助游更是成了当下热门的主流旅行产品之一。与此同时，新媒体的异军突起，也加速了传统旅游行业的更新迭代。如今，新型旅行方式已经离不开从线上到线下、从虚拟到现实的方方面面，旅行早已不是一生几次的新奇体验，而是每个人唾手可得的生活方式。

"享梦游"品牌于 2016 年成立，全新定位"社交旅行种草平台"，通过布局"在线旅游＋线下实体"，打通旅游服务链路，实现在线旅游市场、线下服务场景深度互补和融合。享梦游创始人彭士平曾提到，在 2016 年品牌创立之初，让每个人都能享受旅行、生活、事业三者兼具的生活方式是他的初心和平台的使命。成立至今，享梦游始终坚持让每位旅行者都能以旅游作为载体，在行程中做自己想做的事，活出自己想要的人生。多年来，享梦游持续深耕社交旅行领域，以全新的社交旅行理念不断推动中国旅游业的发展。在享梦游的发展过程中，其旅行产品及服务不断提升并丰富，从社交旅行衍生出了主题旅行、户外露营、旅行主理人、旅行授权体验店等业务板块，让当下年轻人在朝九晚五的工作之余，还能让旅行成为一份事业。据悉，享梦游的用户主要通过"种草"分享获得，截至 2023 年 7 月在全国拥有近 26 余万用户，辐射近亿粉丝矩阵和私域流量，已经成为旅游行业新生力量。

（资料来源：国家旅游地理，2023 年 7 月 26 日）

点评： 在数字化时代，私域流量运营已成为企业提升市场竞争力、实现持续增长的重要策略。在旅游行业中，享梦游凭借其独特的社交旅行模式和创新的私域流量运营方式，成功脱颖而出，成为行业的新兴力量。

一、私域流量的定义与重要性

"私域流量"作为近年来营销领域的一个热门概念，指的是企业在自己的平台上积累、运营并可以反复利用的用户资源。在旅游行业中，私域流量的重要性不言而喻。据旅游行业报告显示，拥有稳定私域流量的旅游企业，其用户复购率和口碑传播效果均显著高于同行。这是因为私域流量不仅意味着企业拥有了一批忠实的用户群体，更意味着企业能够直接与用户建立联系，进行精准营销和个性化服务。

私域流量的重要性体现在多个方面。首先，私域流量能够降低企业的营销成本。相较于依赖第三方平台获取流量的方式，私域流量的获取成本更低，且效果更为持久。其次，私域流量有助于提升用户黏性和忠诚度。通过私域流量的运营，企业能够深入了解用户需求，提供个性化服务，从而增强用户对企业的信任感和归属感。最后，私域流量还能够促进口碑传播和品牌塑造。满意的用户会在自己的社交圈中分享旅游体验，为企业带来更多的潜在客户。

二、旅游私域流量运营的意义

私域流量运营在旅游行业中扮演着至关重要的角色，其意义不仅在于提升品牌曝光度和市场份额，更在于建立稳定且忠诚的客户关系，实现可持续的业务增长。

（一）提升用户体验

私域流量运营的核心在于持续增进用户体验。通过深入了解用户的旅游需求和偏好，旅游企业可以为用户提供更加贴心、个性化的服务。具体而言，基于用户的历史行为数据，旅游企业可以为用户推荐符合其喜好的旅游线路、酒店和景点，进而为用户提供量身定制的旅游方案。此外，旅游企业还可以通过私域流量平台，及时获取用户的反馈和建议，不断优化自身的产品和服务。针对不同用户群体，旅游企业还能制定个性化的营销策略。例如，针对年轻用户群体，旅游企业可推出充满时尚与潮流元素的旅游线路和活动；针对家庭用户群体，则可提供亲子游、家庭度假等特色产品。这种精准营销策略不仅有助于降低营销成本、提高营销效果，更重要的是，它能够有效提升用户的满意度与忠诚度，为旅游企业的长期发展奠定坚实基础。

（二）增加用户黏性

私域流量运营还能够强化用户与旅游企业之间的互动。例如，通过搭建社交媒体群组、建立会员体系等方式，旅游企业可以拉近与用户之间的距离，建立更加紧密的联系。旅游企业可以定期发布旅游资讯、活动信息等内容，吸引用户的关注和参与，同时，也可以通过互动活动、积分兑换等方式激励用户的参与度和黏性。这种互动不仅有助于提升用户对品牌的认知度和好感度，还能够促进用户之间的交流和分享，进一步扩大品牌的影响力。

（三）促进转化与复购

私域流量运营在促进用户转化和复购方面也发挥着关键作用。通过精准的用户画像和数据分析，旅游企业能够识别出潜在的高价值用户，并针对性地开展转化工作。例如，企业可以通过定向推送优惠信息、限时折扣等方式，激发用户的购买欲望，促使其完成订单转化。同时，私域流量平台也为旅游企业提供了与用户保持长期联系的机会。旅游企业可以通过定期发送旅游资讯、会员专属优惠等方式，持续吸引用户的关注，并激发其复购意愿。这种基于私域流量的用户运营策略，不仅能够提高用户的复购率，还能够为旅游企业带来稳定的收益增长。

此外，私域流量运营还能够提升旅游企业的市场竞争力。在激烈的市场竞争中，拥有稳定私域流量的旅游企业能够更好地应对市场变化，保持竞争优势。通过私域流量平台，旅游企业可以及时了解市场动态和用户需求变化，调整自身的产品和服务策略，以满足用户的多样化需求。

三、旅游私域流量运营的策略

为了有效地运营旅游私域流量，企业需要制定一系列策略并付诸实践。下面的建议旨在帮助旅游企业更好地利用私域流量，实现业务增长和品牌提升。

微课：旅游业微信
公众号构建私域流量

（一）构建精细化用户数据库

1. 核心聚焦
以用户为中心，构建详尽的用户数据库，涵盖基本信息、偏好、行为轨迹等多维度数据。

2. 深度洞察
通过数据分析，精准把握用户需求与痛点，为个性化服务与精准营销奠定坚实基础。

3. 安全守护
严格遵守隐私保护原则，确保用户数据安全无虞，增强用户信任。

（二）打造一体化私域流量平台

1. 多元触达
整合官方网站、微信公众号、小程序及社群等渠道，构建全方位私域流量生态系统。

2. 便捷体验
优化平台界面与操作流程，提供一站式信息查询、预订与支付服务，提升用户体验。

3. 内容引力
定期发布高质量旅游资讯与活动信息，吸引用户关注，增强平台黏性。

（三）强化用户互动与情感连接

1. 即时响应
建立高效客服体系，确保用户反馈得到即时响应，提升用户满意度。

2. 深度交流
通过线上活动、线下见面会等形式，与用户建立深厚情感联系，增强品牌归属感。

3. 倾听心声
积极收集用户意见，不断优化服务，构建以用户为中心的服务体系。

（四）持续优化产品与服务

1. 用户导向
紧密关注用户反馈与市场动态，灵活调整产品与服务策略，满足用户多样化需求。

2. 品质卓越

持续提升旅游产品与服务质量，树立行业标杆，赢得用户口碑。

3. 创新驱动

引入新技术、新理念，推动产品与服务的持续创新，引领行业潮流。

（五）深化社群运营与口碑裂变

社群运营是私域流量运营中的一项重要策略，也是驱动用户增长与品牌忠诚度的关键引擎。旅游企业可以通过采取多维度、精细化的运营策略构建一个既专业又充满活力的旅行社群生态。

1. 精准构建社群矩阵

依据用户兴趣、旅游偏好及行为数据，精准划分并搭建多样化的旅游主题社群，如亲子游、户外探险、文化古迹等微信群、QQ 群及论坛，确保用户都能在最适合自己的社群中找到归属感。

2. "内容为王"，价值驱动

定期发布高质量、实用性强的旅游资讯、深度攻略、独家优惠等内容，确保社群内容既有价值又具有吸引力，持续满足用户需求，激发用户参与热情。

3. 专家引领，专业赋能

邀请旅游领域的知名专家、资深达人和意见领袖作为社群顾问或常驻嘉宾，通过定期直播、在线问答等形式，为用户提供专业指导与个性化建议，提升社群的专业性和权威性。

4. 互动创新，增强黏性

设计富有创意的线上线下互动活动，如主题摄影比赛、旅游故事分享会、线下徒步探险等，增加用户之间的交流与互动，同时利用 AR、VR 等新技术提升用户体验，增强社群黏性。

5. 裂变机制，口碑传播

巧妙设计裂变活动，如"邀请好友，共享优惠""分享赢取旅行基金"等，通过社交媒体平台的广泛传播力，激励用户自发分享，形成口碑效应。同时，与关键意见领袖（KOL）深度合作，利用其影响力扩大社群曝光度，加速裂变进程。

6. 数据分析，持续优化

运用大数据分析工具，对社群活跃度、用户反馈、内容互动率等关键指标进行持续监测与分析，及时调整社群运营策略，确保社群生态健康、持续发展。

课堂讨论

在社群运营过程中，可能会遇到哪些挑战？如何克服这些挑战，确保社群的活跃度和用户参与度？如何设计新颖、有吸引力的裂变活动，激励用户自发分享和扩大社群影响力？

项目总结

旅游 新媒体 图文 营销	旅游海报设计的关键要素	图片设计，文字设计，色彩搭配
	旅游海报设计的流程	明确目标与定位，收集素材与灵感，设计草图与初稿，细节调整与优化，打印与发布
	旅游海报的后续推广与应用	社交媒体与线上平台的利用，线下宣传与展示
	旅游 H5 页面的特点	跨平台性，互动性，可视化效果
	旅游 H5 页面设计原则	简洁明了，美观大方，交互性强，易于传播
	旅游 H5 页面的内容设计	精心选择旅游产品的图片，文字描述要简洁明了、突出重点，增加一些互动性的内容设计，注意页面的加载速度和响应速度
	旅游微信公众号对于旅游企业营销的作用	扩大品牌影响力，实现精准营销，提高用户黏性，拓宽销售渠道
	旅游微信公众号营销推文的创作原则	内容要有价值，标题要吸引人，图文结合，互动性强，坚持原创，定期更新
	旅游微信公众号营销推文的创作要求	兼顾内在美与外在美，内容与服务相结合
	旅游微信公众号活动策划要点	明确活动目的，精准定位目标用户，制订吸引人的活动规则，提供有吸引力的奖品，合理安排活动时间和周期，组织线下体验活动
	旅游微信公众号营销活动策划方法	精准定位目标用户，创意策划活动主题，制订详细的活动方案，充分利用社交媒体平台，评估活动效果并持续优化
	旅游微信公众号品牌形象建设的方法	精准定位，塑造鲜明的品牌形象；个性包装，设计完整的视觉体系；坚持原创，编排新颖独特的内容；固定栏目，彰显个性的自定义菜单
	旅游私域流量运营的意义	提升用户体验，增加用户黏性，促进转化与复购
	旅游私域流量运营的策略	构建精细化用户数据库，打造一体化私域流量平台，强化用户互动与情感连接，持续优化产品与服务，深化社群运营与口碑裂变

课堂实训

一、实训任务

旅游新媒体图文营销模拟实战

选取一个具体的旅游目的地或旅游产品作为营销对象，以小组为单位制订一份详细的旅游新媒体图文营销方案。

二、实训目标

掌握旅游新媒体图文营销的实际操作，提高旅游产品的宣传推广效果。

三、操作思路

1. 明确本次营销的目的和预期效果，如提升知名度、增加预订量等。

2. 分析目标用户的特征、需求和喜好，确保营销内容符合用户需求。

3. 设计吸引人的旅游海报或 H5 页面，包括图片选择、文字撰写、色彩搭配等，确保图文内容能够突出旅游产品的特点和优势。

4. 选择适合的社交媒体或线上平台进行推广，如微信公众号、抖音、社群等。

5. 制订详细的推广计划，包括发布时间、发布频率、推广方式等，确保营销内容能够覆盖目标用户。

6. 设计富有创意的线上线下互动活动，增加用户参与度和黏性，提高转化率。

7. 对营销效果进行持续监测和分析，根据数据反馈调整营销策略，优化营销效果。

同步测试

一、单项选择题

1.旅游海报设计中，以下最为关键的要素是（   ）。

    A.图片设计　　　　　B.文字设计　　　　　C.色彩搭配　　　　　D.排版布局

2.旅游 H5 页面的特点不包括（   ）。

    A.跨平台性　　　　　B.互动性　　　　　　C.静态效果　　　　　D.易于传播

3.微信公众号营销推文创作时，以下最为重要的原则是（   ）。

    A.内容要有价值　　B.标题要吸引人　　C.图文结合　　　　D.互动性要强

4.旅游私域流量运营的核心目的是（   ）。

    A.扩大品牌影响力　B.提高用户黏性　　C.降低营销成本　　D.增加销售渠道

二、多项选择题

1.在设计旅游海报时，需要考虑的要素有（   ）。

    A.图片设计　　　　　B.文字设计　　　　　C.色彩搭配　　　　　D.背景音乐

    E.排版布局

2.旅游微信公众号营销推文的创作要求包括（   ）。

    A.内容原创　　　　　B.标题吸引人　　　　C.图文结合　　　　D.发布频率高

    E.互动性强

3.旅游私域流量运营的策略有（   ）。

    A.构建用户数据库　　　　　　　　B.打造私域流量平台

    C.强化用户互动　　　　　　　　　D.频繁发布广告

    E.深化社群运营

4.旅游微信公众号营销活动策划的要点包括（   ）。

    A.明确活动目的　　　　　　　　　B.精准定位目标用户

    C.制订吸引人的活动规则　　　　　D.提供有吸引力的奖品

    E.不需要线下体验活动

三、思考与练习

1.简述旅游新媒体图文营销在旅游行业中的重要性。

2.如何提高旅游微信公众号营销推文的阅读量和转发率？

3.在旅游私域流量运营中，如何提升用户体验和增加用户黏性？

学习评价

按照表 6-2 对本项目的学习过程进行考核与评价。

表6–2　项目六 旅游新媒体图文营销学习评价表

评价指标		评价标准			评价方式		
		优	良	合格	自评（15%）	互评（15%）	教师评价（70%）
工作能力（45%）	分析能力（10%）	能准确分析目标用户特征、需求和喜好	能合理分析目标用户特征、需求和喜好	能适当分析目标用户特征、需求和喜好			
	实操能力（15%）	能根据市场需求和竞争情况制订有效的旅游新媒体图文营销方案；能熟练设计旅游海报和 H5 页面；能运用大数据分析工具对营销效果进行监测和分析；能合理运用社交媒体平台进行有效推广	能根据市场需求和竞争情况制订有效的旅游新媒体图文营销方案；能较熟练设计旅游海报和 H5 页面；能运用大数据分析工具对营销效果进行监测和分析；能适当运用社交媒体平台进行有效推广	能根据市场需求和竞争情况制订有效的旅游新媒体图文营销方案；能设计使用旅游海报和 H5 页面；能运用大数据分析工具对营销效果进行监测和分析；能简单运用社交媒体平台进行有效推广			
	能力（10%）	能与其他组员分工合作；能提出合理见解和想法	能与其他组员分工合作；能提出一定的见解和想法	能与其他组员分工合作			
	创新能力（10%）	能在营销方案设计中展现独特的创意和想法；能在营销活动中运用新颖的互动方式，提高用户参与度和黏性	能在营销方案设计中展现创意和想法；能在营销活动中运用恰当的互动方式，提高用户参与度和黏性	能在营销方案设计中展现个人想法；能在营销活动中运用互动方式，提高用户参与度和黏性			
学习策略（10%）	学习方法（5%）	格式符合标准，内容完整，有详细记录和分析，并能提出一些新的建议	格式符合标准，内容完整，有一定的记录和分析	格式符合标准，内容较完整			
	自我分析（5%）	能主动倾听、尊重他人意见；能很好地表达自己的看法；能从小组的想法中提出更有效的解决方法	能倾听、尊重他人意见；能较好地表达自己的看法；能从小组的想法中提出可能的解决方法	能倾听他人意见；能表达自己的看法；偶尔能从小组的想法中提出自己的解决方法			
成果作品（45%）	作品规范性（15%）	作品完成完全合乎要求，非常规范	作品完成合乎要求，规范	作品完成基本合乎要求			
	作品创新性（15%）	作品具有很好的创新性	作品具有较好的创新性	作品具有一定的创新性			
	作品展示（15%）	逻辑性强、层次分明、思路清晰，整体形象大方、举止得体	思路较清晰，整体形象较大方、举止较得体	思路基本清晰，举止基本得体			

项目七　旅游新媒体短视频营销

 思维导图

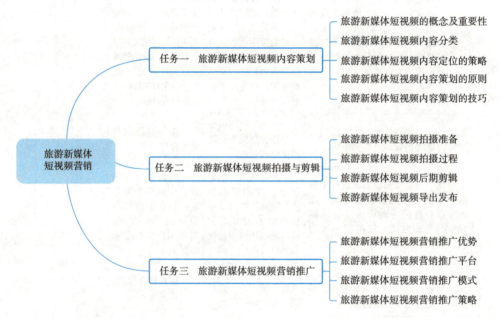

- 旅游新媒体短视频营销
  - 任务一　旅游新媒体短视频内容策划
    - 旅游新媒体短视频的概念及重要性
    - 旅游新媒体短视频内容分类
    - 旅游新媒体短视频内容定位的策略
    - 旅游新媒体短视频内容策划的原则
    - 旅游新媒体短视频内容策划的技巧
  - 任务二　旅游新媒体短视频拍摄与剪辑
    - 旅游新媒体短视频拍摄准备
    - 旅游新媒体短视频拍摄过程
    - 旅游新媒体短视频后期剪辑
    - 旅游新媒体短视频导出发布
  - 任务三　旅游新媒体短视频营销推广
    - 旅游新媒体短视频营销推广优势
    - 旅游新媒体短视频营销推广平台
    - 旅游新媒体短视频营销推广模式
    - 旅游新媒体短视频营销推广策略

 学习目标

⬥ 知识目标

1. 了解旅游新媒体短视频的概念及重要性。

2. 掌握旅游新媒体短视频内容定位策略与内容策划的技巧。

3. 掌握旅游新媒体短视频拍摄和剪辑的基本步骤与方法。

4. 了解旅游新媒体短视频营销推广的平台及其特点，掌握旅游新媒体短视频营销推广的策略。

➲ **能力目标**

1. 能够独立创作以旅游为主题的短视频内容。
2. 能够运用各种拍摄和剪辑工具，提升视频质量。
3. 能够有效地在不同平台上进行旅游新媒体短视频的推广和营销。

➲ **素养目标**

1. 培养旅游营销的市场意识和利用新媒体开展营销的创新思维。
2. 培养旅游新媒体短视频制作的动手能力和质量意识。
3. 拓展旅游营销的新视野，增强服务旅游产业市场营销的能力和水平，提升服务旅游产业的担当意识和奉献精神。

文旅爆火，短视频助攻

"一刷短视频，就捂不住腰包，管不住双腿。"站在黑龙江哈尔滨中央大街的李某，裹着一身厚厚的羽绒外套，举着手机，寻找最佳自拍角度。

李某直言，这趟哈尔滨旅行很值得，"最近天天刷短视频看直播，被哈尔滨美妙的雪景和火热的氛围吸引了，忍不住在线下单，来了一趟说走就走的旅行。"

2023年，旅游出现了井喷式增长。据文化和旅游部公布的数据显示，2023年前三季度，国内旅游总人次36.74亿，比2022年同期增加15.80亿，同比增长75.5%。

和李某一样，很多年轻人都是在刷短视频或看直播的时候，喜欢上了某个城市或某个景区的风景和人文，被这类文旅视频种草后，便开启了一场"说走就走"的"特种兵式旅行"，这种旅行打开方式正成为一种潮流与风尚。

短视频带火文旅

2023年，此前经历三年冷寂的旅游市场爆发出了惊人的活力，不仅那些常年热门的旅游景区和旅游城市热闹起来了，一些非常冷门的城市和景区也出人意料地"大火"，如山东淄博和黑龙江哈尔滨。

这两个城市突然"火"起来的原因有很多，但有一点是相似的，那就是短视频起到了重要的助推作用。

无论是淄博还是哈尔滨，前期都是当地文旅部门通过短视频做宣传，大力推广当地的旅游资源和人文风情，吸引越来越多的人去旅游，并给喜欢旅游的年轻人"种草"。

当游客多起来之后，当地文旅部门又趁热打铁，发动当地人和游客，拍下当地旅游火热的相关视频，在短视频平台上大量分发，加上直播的方式，对旅游的进一步"火热"起到推波助澜的作用。

和李某一样，江苏的"80后"阿青也是因为刷到了一个哈尔滨"大火"的视频，第一次知道了东北有冰雪大世界这样的特色景点。孩子一放寒假，阿青就带着孩子坐了20多个小时的火车，到哈尔滨体验了一次冰雪之旅。

不得不说，在这场越来越"火"的文旅盛宴中，短视频起了很重要的带动作用，而旅游市场的火热，也越来越离不开短视频平台的助攻。

现在是个短视频的疯狂时代，年轻人花在短视频上的时间也越来越长。通过短视频了解全国各地风土人情，被一些景区的短视频"种草"后，再决定是否开启一场旅行，是很多人的新习惯。

（资料来源：搜狐网，2024 年 1 月 22 日）

 启示

重庆的"轻轨穿楼"、福建厦门鼓浪屿的"土耳其冰淇淋"、湖南张家界的天门山……短视频带火一家店、一条路、一个景区甚至一座城的案例屡见不鲜，短视频对消费者的旅游习惯和旅游产业的营销方式产生了深刻影响，先被"种草"，然后打卡"拔草"成为当下出游新趋势。借短视频进行营销已成旅游市场主流。如何通过短视频进行旅游营销成为各路旅游从业者和旅游产业者需要认真思考的问题。

任务一　旅游新媒体短视频内容策划

一、旅游新媒体短视频的概念及重要性

（一）旅游新媒体短视频的概念

微课：企业导师
谈旅游短视频营销

旅游新媒体短视频是指通过短视频平台发布的、以旅游为主题的短视频内容。它利用短视频的直观性、生动性和高传播效率，将旅游目的地的自然风光、人文景观、特色美食、民俗文化等内容以视频形式展现给广大用户，从而达到宣传旅游、吸引游客的目的。

（二）旅游新媒体短视频的重要性

1. 提升旅游目的地的知名度与美誉度

短视频以其直观生动的形式，能够在短时间内吸引大量用户的关注，从而提升旅游目的地的知名度和美誉度。通过精美的画面和动人的故事，让用户对旅游目的地产生浓厚的兴趣，进而产生前往旅游的想法。

2. 增强旅游宣传的互动性和参与度

短视频平台具备强大的社交属性，用户可以通过点赞、评论、分享等方式与视频创作者进行互动，形成良好的用户口碑。这种互动性不仅增强了用户的参与感，也提高了旅游宣传的效果。

3. 推动旅游业的创新与发展

旅游新媒体短视频的出现，打破了传统旅游宣传的局限性，为旅游业带来了新的发展机遇。通过短视频的创新表达方式，可以挖掘出更多具有特色的旅游资源，推动旅游业的创新与发展。

 分享点评

一条视频涨粉 300 万，"云导游"为何在抖音火出圈?

2023 年 6 月 30 日，旅游博主"路人甲旅行记"在抖音平台发布了一条视频《本着不能让老实人吃亏的原则，我必须发个视频说说这小子》，感谢一位专门带客人去本地小店，拦着客人买纪念品，一路上买雪糕、干果、水果，帮忙照顾孩子，爬下陡坡帮客人找回无人机，全程帮客人搬行李、拍照片、寻找小众"打卡点"的导游，他不仅亲切地称他为"傻小子"，更展现了这个 99 年东北小伙子远离家乡努力打拼的另一面。

在导游总是出现在宰客、强迫购物等负面新闻的年代，这样尽职尽心、真诚朴实的导游仿佛一股清流，打动了无数用户。这条视频也在抖音迅速引爆，点赞破百万，而视频的主人公"浪浪星球新疆小祁"也在几天之内粉丝量从几百涨到了 300 多万，话题"导游因游客发抖音表扬涨粉百万""新疆导游回应一夜涨粉百万"登上站内热榜。在抖音发布的《2023 文旅数据报告》中，"浪浪星球新疆小祁"也成为暑期"很火"的旅游直播间与文旅创作者之一。

从一个素人到百万粉丝网红，导游小祁在视频中直言"现在还是有点懵"。他所在的旅行公司浪浪星球更是一下子收到了几百万条咨询，后台都瘫痪了。

新疆导游小祁在抖音上的一夜成名并非偶然。一方面，2023 年暑期旅游市场强劲复苏，人们的出游意愿与文旅消费持续高涨，格外憧憬全程无忧的旅行体验，这样一位体贴入微的导游恰好戳中了人们的"痛点"；另一方面，在旅游这类服务性、体验性消费中，相比于以往的大牌旅行社，人们越来越青睐基于个人 IP、朋友式强背书的推荐。抖音上小祁这样的"云导游"应运而生，他们凭借强大的内容生产能力、极具亲和力的性格与良好的口碑，赢得了一批忠实粉丝。

（资料来源：微信公众平台，文娱价值官，2023 年 8 月 31 日）

点评：短视频和直播在重塑了无数行业的生态之后，正在将触角深入文旅行业的各个角落。无论是城市、景区还是酒店、旅行社，抖音等短视频平台都在成为日益重要的获客渠道，并拥有了颠覆传统旅游行业生态的能量。

二、旅游新媒体短视频内容分类

旅游新媒体短视频内容可以分为多个类别，每个类别都有其独特的魅力和吸引力，能够满足不同用户的需求。

（一）旅游攻略类

旅游攻略类短视频专注于提供实用的旅游信息，包括景点介绍、路线规划、住宿推荐、美食指南等。它们通常以实用性和信息量大为特点，帮助用户在出行前做好充分准备。

（二）体验分享类

体验分享类短视频着重于分享旅游者的个人体验和感受，通过第一人称视角展示旅行过程中的所见所闻。它们往往带有强烈的个人色彩，能够引起用户的共鸣，激发他们的旅游欲望。

（三）文化探索类

文化探索类短视频专注于挖掘和展示旅游目的地的文化特色，如历史故事、民俗活动、传

统艺术等。它们通过深入浅出的方式，让用户在轻松愉快的氛围中了解和学习不同的文化知识。

（四）美食探店类

美食探店类短视频以介绍当地特色美食为主，带领用户领略各地的美食文化。从街头小吃到高级餐厅，从传统美食到创新料理，这类短视频能够满足用户对美食的追求和好奇心。

（五）景观展示类

景观展示类短视频专注于展示旅游目的地的自然风光和人文景观，如壮丽的山川、秀美的海滩、古老的建筑等。它们通过精美的画面和流畅的剪辑，带给用户视觉上的享受和心灵上的震撼。

（六）主题宣传类

主题宣传类短视频通常由旅游部门、景区或相关企业制作，旨在推广特定的旅游目的地或活动。它们往往具有鲜明的主题和创意，通过故事化的叙述和精心设计的视觉效果，向用户传达目的地的独特魅力和特色活动。这类短视频不仅能够吸引潜在用户的关注，还能提升目的地的品牌形象，促进旅游业的发展。

旅游新媒体短视频几乎覆盖旅游领域的各个方面，除以上内容分类外，还有聚焦于徒步、攀岩、潜水、滑雪等的户外探险类；有利用 AR/VR 技术、无人机、智能设备等科技手段，为用户带来全新的旅行体验的科技旅行类；有绿色出行、低碳住宿，提倡环保理念的环保旅行类。随着时代的发展和个性化旅游的深入，旅游新媒体短视频在内容上将更加丰富，形式上更加多元，为用户提供丰富多样的信息和体验，为旅游业的发展注入新的活力。

三、旅游新媒体短视频内容定位的策略

在信息爆炸的当下，精准定位旅游新媒体短视频内容变得至关重要。为了吸引用户的眼球，内容创作者需要深入挖掘旅游目的地的独特魅力，并结合目标用户的兴趣和需求，制定出具有针对性的策略。

（一）深入了解目标用户需求

为了精准满足目标用户的需求与兴趣，并确保内容吸引力，可借助数据分析、市场调研等科学方法，深入剖析并准确把握用户偏好与期望。具体而言，需要细致探究用户对旅游信息的具体需求，以便为内容创作提供坚实的市场基础。同时，要重视对用户特征的精准把握，包括但不限于年龄、性别、职业、兴趣爱好等方面。例如，针对年轻用户群体，可注重融入刺激的冒险活动和潮流的打卡地等元素；对于家庭用户，则更侧重于亲子游和休闲度假等内容的呈现。通过构建精准的用户画像，才能更加精准地把握用户需求，从而制作出更符合他们口味的短视频作品，进一步提升内容的吸引力和市场竞争力。

（二）满足目标用户不同阶段的需求

在旅游规划的不同阶段，用户的需求也会有所不同。例如，在出行前，他们可能更关注景点介绍、路线规划和住宿推荐；在旅行过程中，他们可能更倾向于体验分享和文化探索；旅行结束后，分享旅行故事和美食探店类内容则可能更受欢迎。因此，内容策划应根据目标用户不同阶段的需求，提供相应的内容，以满足他们的期望，增强用户的参与感和满意度。

（三）结合热点事件和时效性内容

紧跟时事热点和季节性活动，可以为旅游新媒体短视频带来更多的关注度。例如，结合节假日、旅游旺季或特殊节日，策划与之相关的主题视频，可以吸引用户的注意力。同时，时效性内容

如最新旅游政策、优惠活动、新开景点等，也能为用户提供及时的实用信息，增加视频的吸引力。

四、旅游新媒体短视频内容策划的原则

（一）主题鲜明，内容精准

案例：短视频视角下，不一样的家国情怀，他们这样讲述……

在策划旅游新媒体短视频时，首要任务是确立一个鲜明且引人注目的主题。该主题应迅速吸引用户的注意力。同时，内容需精确定位目标用户，并且遵循正面宣传的原则，传播积极向上的信息。内容应围绕旅游目的地的核心特色和亮点展开，以展示其迷人的形象，避免内容空泛，确保用户在观看视频后能够留下深刻印象。

（二）情感共鸣，故事化表达

优秀的短视频往往能够触动人心，引发用户的情感共鸣。因此，在旅游新媒体短视频内容策划时，应注重情感元素的融入，通过讲述真实感人或有趣的故事，让用户在享受视觉盛宴的同时，也能感受到旅游目的地的独特魅力和人文情怀。

（三）创意独特，形式新颖

在短视频泛滥的时代，只有具备创意和独特性的内容才能脱颖而出。因此，策划旅游新媒体短视频时应大胆尝试新的拍摄手法、剪辑技巧和表现形式，使视频在视觉上更加吸引人，在内容上更加有深度，从而在众多短视频中脱颖而出。

（四）呈现特色，精炼表达

在策划旅游新媒体短视频时，应深入挖掘旅游目的地的独特元素，无论是自然风光、历史遗迹还是当地文化，都应通过精炼的表达方式呈现。内容应避免冗长和复杂，力求简洁明了，让用户在短时间内就能抓住重点。考虑到互联网用户时间碎片化的特点，一般视频时长应控制在合理范围内（如3分钟内），确保用户在短时间内能够获取到关键信息和亮点内容。通过精心设计的镜头语言和节奏控制，让每个画面都充满故事性和信息量，从而提升视频的观赏性和传播力。

（五）数据分析，持续优化

在发布短视频后，要及时关注视频的数据表现，包括观看量、点赞数、评论数等关键指标。通过数据分析，了解用户的兴趣点和偏好，不断优化视频内容和形式，提高视频的吸引力和传播效果。

（六）注重版权，合法用材

在策划和制作旅游新媒体短视频时，必须严格遵守版权法规，合法使用音乐、图片、视频等素材；避免使用未经授权的素材，以免引起版权纠纷，影响视频的传播和品牌形象。同时，尊重原创内容，鼓励创作高质量、有特色的原创视频，为用户提供更加丰富和多元的旅游体验。

五、旅游新媒体短视频内容策划的技巧

（一）系列化内容，形成品牌

微课：打造旅游短视频风格标签

为了在用户心中留下深刻印象，打造系列化内容是一个有效的策划技巧。通过围绕一个主题或目的地，制作一系列相关短视频，逐步构建一个具有辨识度的品牌形象。例如，可以推出"探索世界遗产"系列，每期介绍一个不同的世界遗产地，通过统一的风格和标识，让用户在观看过程中产生期待感和归属感。

（二）本地化内容，贴近用户

在策划旅游新媒体短视频时，应注重本地化内容的创作。例如，结合当地的文化、习俗和语言特点，制作贴近当地用户的内容，可以更好地吸引本地用户的关注。同时，本地化内容也有助于向外地用户展示目的地的真实风貌，增加视频的可信度和吸引力。

（三）故事化内容，引发共鸣

策划旅游新媒体短视频内容的另一个重要技巧是将内容故事化。通过讲述一个引人入胜的故事，可以更好地吸引用户的注意力，并引发他们的共鸣。例如，可以制作一系列"旅行中的奇遇"短视频，讲述旅游者在旅行过程中遇到的有趣、感人或令人惊讶的故事。通过巧妙地剪辑和配乐，将这些故事呈现得生动有趣，不仅让用户在观看过程中获得愉悦的体验，还能产生情感上的共鸣。

（四）互动化内容，增强参与

为了提高用户的参与度，策划短视频时可以加入互动元素。例如，在视频中设置问题或挑战，邀请用户在评论区分享自己的经历或观点。此外，还可以通过直播的方式与用户实时互动，回答他们的问题，展示幕后花絮，让用户感受到自己是旅行的一部分。另外，通过增强用户的参与感，可以有效提高粉丝的忠诚度和互动率。

 分享点评

旅游类视频号是怎么出爆款的？

从线下到线上，北京导游张某的带团人数从 50～60 人提升到了十几万。

据新视直播监测数据，2021 年 4 月 25 日，视频号"张导带你游北京"一场讲解故宫文化的直播，累计开播 5 小时 27 分，共有 12 万人次涌进他的直播，点了近 23.3 万次赞。

翻看他过往直播历史，张导穿梭在北京的各个文化名胜，和大家唠"后宫佳丽三千，帝后爱情故事""和珅家墙里的金砖""故宫是否真有 9 999.5 间房"……无论是一瓦一砖，还是一人、一座府邸，他都能深入浅出地厘清个中奇趣的典故。有人称他是"行走的北京活地图，北京历史的文化通"。

根据新视数据统计，在 2021 年 3 月 26 日至 4 月 26 日的统计周期内，视频号平台至少诞生了 873 个获得 10 万点赞的视频。在这些视频中，旅行摄影类别的视频共有 35 个，占总数的大约 4%，与情感类视频（占 22.5%）和美食类视频（占 6.9%）等热门类别相比，旅行摄影类别显示出更大的增长潜力。

从视频描述来看，这些 10 万赞视频，大多会描绘"日出、日落、晚霞、海、星空、花"等景色或是"西藏、新疆、广西"等热门旅游地区。为了蹭热度，视频常带的话题有"旅行推荐官""国内旅行""旅游攻略""我的旅行生活（日记）"等。

这些 10 万赞的内容，大致有以下几种分类。

1. 情感摄影类

目前，80% 左右的视频是情感摄影类内容，就是"一段美景＋一段音乐＋一行情感文案"的组合，时长也较短在 6～14 秒。这些视频画面加了后期滤镜，强调梦幻、唯美，色彩也比较瑰丽，多传达恋爱心理、青春追忆和对父母的感恩之情。据情感摄影类博主"一介 z"介绍，这类内容受众的年龄大多在 18～24 岁，偏年轻化。

2. 风光混剪类

风光混剪类短视频偏写实，大多有较为专业的摄影技术支持，以highlight形式重点串联美景的一瞬间，造成强大的视觉冲击。如2021年4月1日，"星球研究所"和"央视新闻"联合出品的短片《不到新疆，不知天地之辽阔》，以航拍和延迟摄影等拍摄手法，混剪了20个左右新疆当地美景，背景音乐铿锵有力，画面也恢宏壮丽。

值得一提的是，这种展现祖国大好河山、家乡风光的视频，极易带动用户的自豪感和认同感，从而促发互动和传播。

3. 拍照教程类

拍照教程类短视频为实用的干货，教人们拍人像和风景。如"花粉手机摄影"在2021年4月19日发布的视频，讲述了如何用华为手机拍摄夏日的星空，包括调整白平衡、对焦参数、曝光等。

4. 旅行攻略类

旅行攻略类短视频是指针对用户行程中，普遍存在的"痛点"需求，输出高信息密度的轻知识资讯，介绍旅游景点的风土人情和吃、住、行信息等。

5. 旅行vlog（视频记录）类

旅行vlog（视频记录）类短视频是以达人的深度旅游体验为输出，强调品质感和治愈感，展现美景或达人的生活方式、故事和价值观。如某知名旅行博主的视频《倒数三秒，我带你看西藏》通过旁白叙述了一段唯美的文案，结合西藏林芝的美景和人物的入镜画面，铺设了大众的理想生活。网友评论"想去""仙境"和"好美"。

你会发现大部分还是强调感官刺激、情绪调动的内容，相比之下，偏向干货、深度体验的内容占比较小。

从账号构成角度来看，除一些素人博主外，也有许多专业的摄影师、导游、OTA（Online Travel Agency，在线旅游）平台、旅行社等。

（资料来源：微信公众号"新榜"，2021年4月30日）

点评：在如今的社交媒体时代，视频号已经成为旅游内容创作者展示才华、吸引粉丝的重要平台。从导游张某短视频成功的案例可以看出，内容的吸引力和互动性是关键。他不仅深入浅出地讲解了北京的文化历史，还通过生动的故事和幽默的风格吸引了大量用户。这种亲和力和专业性相结合的方式，使得他的短视频成为"爆款"。

因此，要想在旅游短视频上脱颖而出，创作者需要不断创新，紧跟热点，同时要注重内容的质量和深度。

任务二　旅游新媒体短视频拍摄与剪辑

一、旅游新媒体短视频拍摄准备

（一）确定拍摄主题与内容规划

1. 明确拍摄主题

在进行摄影创作之前，首先需要明确拍摄的主题。这一步骤至关重要，它将决定整个拍摄过程的方向和重点。具体来说，可以根据旅游目的地的特色和拍摄需求确定拍摄的主题。例如，如果目的地以壮丽的自然风光著称，那么可以将拍摄主题定为自然风光摄影；如果目的地拥有悠久的历史文化背景，那么可以将拍摄主题定为历史文化摄影。明确拍摄主题是确保拍摄成果具有针对性和吸引力的前提。

2. 规划拍摄内容

在确定了拍摄主题之后，需要详细规划拍摄内容。这一步骤是围绕主题设计具体的拍摄内容，并详细规划拍摄路线。首先，列出需要拍摄的关键场景和画面，确保拍摄内容丰富且有条理。例如，如果拍摄主题是自然风光，那么可以规划拍摄日出、日落、瀑布、山川等关键场景；如果拍摄主题是历史文化，那么可以规划拍摄古迹、遗址、博物馆等关键场景。之后通过详细规划拍摄内容和路线，确保拍摄过程高效有序，最终获得高质量的摄影作品。

（二）制订拍摄脚本

为了确保拍摄工作的顺利进行，编写一个详尽的拍摄脚本是至关重要的。一个成功的拍摄脚本应包含以下几个关键部分。

微课：旅游新媒体
短视频策划——
脚本撰写

1. 场景设定

需要仔细选择或构建一个符合主题氛围的拍摄环境。其中包括光线、色彩、道具和布景等因素，确保每个场景都能完美地融入整体故事背景中。

2. 镜头选择

在拍摄过程中，需要明确使用远景、全景、中景、近景和特写镜头的时机和比例。通过合理运用这些镜头，确保画面的多样性和丰富性，从而更好地传达故事情感和氛围。

3. 镜头设计与构图

为了提升视觉吸引力，需要提前规划镜头运动如推拉、摇移、升降等，以及画面的构图。通过精心设计的镜头运动和构图，引导观众的视线，增强画面的视觉冲击力。

4. 时间分配

为了确保拍摄节奏紧凑且高效，需要为每个镜头合理分配拍摄时间。其中包括镜头切换、演员表演和场景转换等因素，确保每个环节都能在规定时间内顺利完成。

5. 创意效果

为了使视频成片更具独特性和吸引力，可以利用镜像、滤镜、特效等工具创造独特的视觉效果。这些创意元素可以为影片增添艺术感和观赏性，给观众留下深刻印象。

6. 旁白文案

为了增强叙事性和感染力，还需要为不同场景设计相应的旁白文案。旁白不仅可以补充画面信息，还可以引导观众的情感，使故事更加生动和感人。

 分享点评

【片名】印象龙廷

【影片创意阐释】红色基因不仅存在于抗日战争时期新泰县（今新泰市）抗日民主政府的建立，还传承于当今龙廷镇乡村振兴道路上。以"神龙"为线，从历史事件、当今发展两方面介绍龙廷镇。

【画面】孩子在山头一路奔跑（可取名"观龙台"），跑到山顶边缘，看着眼前的壮阔景象，内心疑惑。他大声喊"神龙！你在哪？"

【旁白】小时候，关于龙廷的印象，在一个个神话传说里。我们不断追寻着龙的足迹。

【画面】穿云过雾后，一条神似龙的水库出现（龙池庙水库空镜）；延伸更多龙廷的传统文化和地标画面（学校学子诵读礼圣高堂生作品的内容作背景声音）。

【学子诵读】夫礼者，经天地，理人伦，本其所起，在天地未分之前。故《礼运》云："夫礼必本於大一。"是天地未分之前已有礼也。礼者，理也。其用以治，则与天地俱兴，故昭二十六年《左传》称晏子云："礼之可以为国也，久矣与天地并。"

【旁白】这里是龙廷——新泰后花园，地处鲁中山区，泰沂山脉的交界地带，气候雨热同期。时光静谧流淌，孕育了山区无穷的宝藏，雕琢着龙廷人淳朴的气息，礼圣高堂生曾在此传礼十七篇。然而，数千年来，群山的阻隔，让这里一度被时光遗忘。

【旁白】转折，发生在20世纪30年代，在那个动乱的岁月里，一群有志青年将这里选为新泰革命的萌芽地。中国共产党新泰县第一次代表大会在这里召开，新泰县抗日民主政府在这里成立。龙廷，成为新泰人民的"小延安"。

【画面】烈士故居；革命先辈的照片；场馆内容。

【旁白】战争的硝烟散去，为了传承红色基因，人们将这些革命足迹妥善保留了下来，用一条条红色路将它们串联。路的周边，那些深情的记忆正悄悄凝望着，激励着人们不断向前。

【画面】红色展馆和道路，道路包装字幕；烈士陵园、掌平洼老井等红色元素。

【旁白】沿着红色的基因继续开拓，龙廷人走出了一条条交错纵横的振兴路。路的两旁，中草药的芳香在山野间弥漫，龙廷丹参成为中国地理标志。压弯枝头的累累硕果，跃动着龙廷人丰收的滋味。一条条振兴路，让大山深处孕养的千年宝藏得以与世人重逢，连通了龙廷人振兴富裕的希望。

【画面】四好公路；周边的农产品、光伏产业、大棚等。

【旁白】龙廷人不止满足走出去，更希望让山外的人留下来，于是，一条条旅游路蔓延开来，让世人体验着龙廷大地的好客与魅力。漫山的杏梅花，翩然似雪；娇艳的桃花，灼灼其华；一口螺旋老井，见证着掌平洼村民久久为功，更见证着乡村旅游的如火如荼。柴火炖鸡、酸浆豆腐，挑动着食客挑剔的味蕾。宽敞的民宿，接纳着天南地北的游人。

【画面】旅游路；游人元素。

【旁白】如今，贯通南北的高速路、规划中的高铁站，不断缩短着龙廷与世界的距离，更让这里获得前所未有的发展机遇。龙廷人紧跟时代步伐，乡村全面振兴的蓝图正逐步迈向现实；招商引资力度在不断加强，龙成消防已成为行业标杆；搭伴着电商的翅膀，口齿留香的月饼、香甜润心的杏梅、品质卓越的毛刷，正走向千万家庭；不忘初心、牢记使命，红色龙廷研学之旅寻梦启程；数千年来，龙廷人遇到了前所未有的蓬勃新篇。

【画面】高速路；电商；龙廷消防、丰收节镜头等。

【旁白】神龙的足迹，依然停留在传说里，但一条条运载幸福的路，描绘着龙廷人的奋斗足迹，成为这片沃野里新的注解。不断向前，奔赴红色龙廷、绿色生态新发展的灿烂！

【字幕】"礼圣故里，红色龙廷，欢迎您！"

【画面】开场小孩子没有等到"神龙"，落寞转身离开。这个时候，一声轻轻地龙吟声在身后响起，他惊喜转身，眼神里，一条"神龙"和他注视（出片尾字幕）。

【音效】龙吟声结尾。

（资料来源：学拍视频剪辑，2022年11月30日）

点评：《印象龙廷》短视频脚本巧妙地将历史事件与当代发展相结合，以"神龙"为线索，生动地描绘了龙廷镇丰富的历史底蕴与蓬勃的现代化进程。在体裁上采用了纪录片与宣传片相结合的方式，既保持了历史的厚重感，又展现了当代乡村的活力与希望。通过精心的策划和拍摄，为观众呈现了一个生动、立体的龙廷镇形象。

（三）准备拍摄设备与辅助工具

1.核心设备

核心设备的选择至关重要，需要精心挑选高质量的拍摄设备，如高清相机或专业级别的智能手机。这些设备能确保拍摄的画面具有极高的清晰度和稳定性，从而为用户提供最佳的视觉体验。

2.辅助设备

辅助设备也是拍摄过程中不可或缺的一部分，它们能够进一步提升拍摄质量和效率。

（1）三脚架与稳定器：这些设备能够为拍摄提供稳定的支撑，有效避免因手抖或其他外界因素导致的画面抖动，从而保证画面的稳定性和流畅性。

（2）麦克风与补光灯：通过使用高质量的麦克风，可以显著提升音频的清晰度和保真度，确保录制的声音清晰、无杂音。同时，补光灯的使用可以大幅提高画面的亮度和色彩饱和度，使画面更加明亮生动。

（3）无人机与滑轨：根据拍摄需求的不同，可以准备无人机和滑轨两种设备。无人机能够从高空俯瞰拍摄，捕捉到独特的视角和壮观的景象。滑轨则可以实现平滑的移动镜头，为用户带来更加流畅和专业的视觉体验。

（4）存储卡与电池：为了确保拍摄过程的连续性和稳定性，需要准备充足的存储卡和电池。这样可以避免因存储空间不足或电量耗尽而导致拍摄中断，确保能够顺利完成整个拍摄任务。

（四）研究拍摄目的地

1.深入了解拍摄目的地的旅游特色和亮点

在进行拍摄之前，需要对目的地进行详细的了解，包括其独特的旅游景点、文化背景和历史故事等。这些元素可以为拍摄增添丰富的内涵和深度。同时，还需要分析季节和天气对拍摄效果的影响。不同的季节和天气条件会对拍摄的画面效果产生不同的影响。例如，晴朗的天气可以带来明亮的光线，而阴雨天气则可以营造出独特的氛围。因此，拍摄前有必要根据季节和天气的变化，合理安排拍摄时间和地点，确保拍摄效果的最佳化。

2.踩点与安全评估

（1）踩点。在拍摄前，必须提前抵达目的地进行现场勘查。现场勘查是确保拍摄顺利进行的关键步骤。通过现场勘查，能够深入了解拍摄地点的环境、光线条件及交通状况。

（2）安全评估。在拍摄过程中，要对拍摄地点进行全面的安全评估，包括地形、天气、交通等方面的潜在风险。同时，还需要遵守当地的法律法规和风俗习惯，尊重当地文化和信仰，以避免不必要的冲突和麻烦。

（五）人员安排与团队协作

1. 团队组建
根据拍摄需求组建专业团队，包括摄影师、导演、场记等关键角色。

2. 明确分工
为每位团队成员分配具体职责和任务，确保其各司其职，协同高效。

3. 沟通机制
建立有效的沟通渠道，确保拍摄过程中信息传递顺畅，及时调整拍摄计划。

动画：短视频制作
团队的组建

二、旅游新媒体短视频拍摄过程

（一）拍摄技巧

1. 构图艺术
在摄影创作中，利用经典的构图技巧可以显著提升照片的视觉效果和艺术表现力。三分法是一种常见的构图方式，它通过将画面分为九宫格，将主体元素放置在交点或线上，从而达到平衡而富有动态的效果。对称构图则是通过画面中的对称元素，创造出一种和谐、稳定的感觉，使观众的视线自然集中在画面的中心。框架构图则是通过前景中的框架元素如窗户、门框等，引导观众的视线深入画面，增强画面的层次感和深度感。这些经典的摄影构图技巧，不仅能够帮助摄影者更好地组织画面元素，还能提升照片的视觉冲击力和艺术表现力。同时，注意前景、中景、背景的层次感，使画面更加立体和丰富。

2. 光线运用
光线是摄影的灵魂。在拍摄过程中，要善于利用自然光和人造光，通过调节光线角度和强度，营造不同的氛围和情绪。例如，在清晨或傍晚拍摄，利用柔和的侧光或逆光，可以展现出景物的轮廓美和质感。同时，注意避免强烈的光线直射镜头，造成画面过曝或眩光。

3. 运动捕捉
对于动态场景，如游客在旅游路上的欢声笑语、农产品的采摘过程等，要灵活运用快门速度和连拍功能，捕捉瞬间的精彩。同时，使用跟拍、滑轨等辅助设备，可以实现平滑的追踪拍摄，增强画面的动态感和流畅性。

4. 色彩搭配
色彩是吸引用户眼球的重要因素。在拍摄过程中，要注意色彩的搭配和对比，使画面更加鲜明和生动。例如，在拍摄乡村旅游目的地的丰收节时，可以突出金黄色的稻谷、红彤彤的果实等暖色调元素，营造出丰收的喜悦和热闹的氛围。

5. 细节呈现
细节是展现旅游目的地特色和魅力的关键。在拍摄过程中，要善于发现并捕捉那些能够体现地方特色和文化底蕴的细节元素。例如，拍摄传统民居时，可以关注其独特的建筑风格、雕刻图案和装饰细节等；在拍摄农产品时，可以近距离拍摄其纹理、色泽和形态等。

6. 创意视角
尝试不同的拍摄角度和视角，可以带给用户全新的视觉体验。例如，使用无人机从空中俯瞰山的壮丽景色；或者使用低角度拍摄，使观众仿佛置身于地面之上，感受与平时不同的世界。此外，还可以运用鱼眼镜头、微距镜头等特殊镜头，创造出独特的视觉效果。

7. 故事讲述

通过镜头讲述一个完整的故事或场景，能够增强用户的代入感和共鸣感。在拍摄过程中，要注重情节的连贯性和情感的表达。例如，拍摄一段游客在某地旅游过程中的感人故事，展现该旅游地的魅力和好客之情。

(二) 现场调度

1. 现场指挥

在现场调度过程中，需要有一个经验丰富的现场指挥统筹全局。现场指挥负责协调各个拍摄环节，确保拍摄工作有序进行。现场指挥需要具备敏锐的观察力和应变能力，以便在遇到突发情况时迅速作出决策。

2. 场景布置

根据拍摄内容和场景需求，进行合理的场景布置。这包括调整道具、背景、灯光等元素，以营造出符合拍摄主题的氛围。场景布置要注重细节，确保每个镜头都能呈现出最佳效果。

3. 演员指导

如果拍摄内容涉及演员表演，现场调度还需要包括对演员的指导。导演和场记需要与演员进行充分的沟通，确保演员能够准确地表达角色的情感和故事情节。通过排练和现场指导，帮助演员更好地进入角色，提高表演质量。

4. 拍摄顺序

合理安排拍摄顺序可以提高拍摄效率，减少时间和资源的浪费。现场调度需要根据场景的实际情况和天气条件，灵活调整拍摄计划。例如，优先拍摄外景或内景，根据光线变化调整拍摄顺序等。

5. 安全措施

在拍摄现场，安全是至关重要的。现场调度需要确保所有工作人员和设备的安全，避免发生意外事故。这包括设置安全警示标志、确保现场通道畅通、检查设备安全等。同时，还要制订应急预案，以便在紧急情况下迅速应对。

6. 后勤保障

拍摄过程中，后勤保障同样重要。确保现场有足够的饮用水、食物和休息区，为工作人员提供良好的工作环境。此外，还要做好拍摄设备的维护和保养工作，避免因设备故障影响拍摄进度。

三、旅游新媒体短视频后期剪辑

旅游新媒体短视频的剪辑是一个涉及创意、技术和艺术性的过程。在后期剪辑过程中，要避免版权问题：确保使用的音乐、图片等素材具有合法版权，避免侵权纠纷。短视频时长应控制在合理范围内（如 1 ～ 3 分钟），确保用户能够保持注意力，有良好的用户体验。

微课：旅游新媒体
短视频剪辑技巧

(一) 剪辑技巧

1. 精选素材

在后期剪辑过程中，首先要对拍摄的素材进行仔细筛选，挑选出最优质、最具表现力的画面。这需要剪辑师具备敏锐的审美眼光和对故事内容的深刻理解。

2. 节奏把握

剪辑过程中要注重视频的节奏感，合理安排镜头的切换速度和时长。通过调整镜头的快慢，可以更好地引导用户的情绪，增强视频的感染力。

3. 音效搭配

音效是视频的重要组成部分，合适的背景音乐和音效可以增强画面的氛围感。在后期剪辑时，要根据视频内容选择合适的音乐和音效，使画面和声音达到完美的结合。

4. 特效运用

适当运用特效可以提升视频的视觉效果，但要避免过度使用。特效的使用要与视频内容和风格相匹配，起到锦上添花的作用。

5. 色彩调整

在后期剪辑中，色彩调整是一个重要的环节。通过调整画面的亮度、对比度、饱和度等，可以使视频的色彩更加协调和美观，增强视觉冲击力。

6. 文字与解说

合理运用文字和解说可以增强视频的信息传递效果。在后期剪辑过程中，要根据视频内容和节奏，恰当地添加文字说明和解说词，使用户更容易理解视频所要表达的内容。

（二）后期制作流程

1. 导入素材

将拍摄的原始素材导入剪辑软件，进行初步整理和分类，方便后续剪辑工作。

2. 粗剪

在粗剪阶段，根据拍摄脚本和素材内容，初步确定视频的结构和顺序，剔除不需要的镜头。

3. 细剪

在粗剪的基础上，进行细致的剪辑工作，调整镜头的顺序和时长，确保视频的流畅性和连贯性。

4. 音频处理

对视频中的音频进行处理，包括背景音乐、音效的添加和调整，以及对话和解说的录制和编辑。

5. 色彩校正

对视频进行色彩校正，确保画面的色彩符合整体风格和氛围要求。

6. 特效添加

根据需要，在视频中添加适当的特效，增强视觉效果。

7. 最终输出

完成所有剪辑和后期制作工作后，进行最终输出。输出的视频格式和质量要符合发布平台的要求，确保视频在不同设备上的兼容性和播放效果。

小资料

旅游视频制作软件推荐

在制作旅游视频方面，各种计算机软件各显神通，它们的特色功能（表7-1）能够满足不同用户群体的多样化需求。

表 7-1 不同计算机软件的特点

名称	特点
Adobe Premiere Pro CC（简称 PR）	（1）功能强大。不仅适合专业人士使用，视频编辑爱好者也可以使用它来实现视频、音频素材的编辑合成以及特技处理（如切换、过滤、叠加、运动及变形五种特技）。 （2）兼容性好。支持多种操作系统（Windows 和 Mac），能够编辑多种格式的视频文件（如 mp4、avi、wmv、mpeg 等）。 （3）生态系统完善。提供熟悉的非线性编辑界面、无与伦比的生态系统和强大的工具功能，包括自动重构工具、强化 HDR（High Dynamic Range Imaging，高动态范围成像）效果、文本、图形和音频编辑等。 （4）输出质量高。视频输出支持最高 8K 级别的清晰度，可完美制作一部专业级影片
Final Cut Pro X	（1）专为 Mac 系统设计。这款软件是苹果公司专门为苹果笔记本（Macbook）打造的视频编辑软件，具有超多的功能，如分组工具、效果选项等。 （2）操作简便。界面设计直观，容易上手，比 Adobe Premiere Pro 更容易操作。 （3）协同工作。可以体验到 Final Cut Pro X 与 iTunes 之间的协同工作
Vegas Pro	（1）调色功能强大。非常适合需要精细调色的旅游视频制作，调色功能非常强大。 （2）学习成本低。在非编软件里面比较容易学习和理解，还可以自动添加默认转场效果
Corel VideoStudio Ultimate（会声会影）	（1）界面友好。界面清晰，操作简单，适合初学者和视频编辑爱好者。 （2）功能全面。支持视频叠加、运动跟踪、360°VR 视频等特色编辑功能，同时支持几乎所有视频格式，包括 VR、3D 等，清晰度最高至 4K
Foxit（福昕）	具有配音、字幕、转场、特效、调色、变速和画中画功能，内置 1 000 多个视频贴纸动效素材，零基础也可以快速上手
万彩剪辑大师	操作简易，功能强大，集 PR、Adobe After Effects（AE）、Photoshop CS（CS）为一体，支持多轨同时剪辑，提高剪辑效率，内置免费音频和音效资源，以及海量字幕、滤镜、蒙版、贴图等素材特效

四、旅游新媒体短视频导出发布

（一）导出设置

1. 调整格式

为了确保短视频在各个发布平台上都能顺利播放，需要根据每个平台的具体要求调整短视频的格式和分辨率。不同的平台可能支持不同的短视频格式，如有些平台可能倾向于使用 mp4 格式，而有些平台则可能更喜欢 mov 格式。此外，分辨率的选择也至关重要，不同的分辨率会影响短视频的清晰度和加载速度。因此，在导出视频之前，要仔细研究各个平台的推荐设置，以确保短视频在上传后能获得最佳的播放效果。

2. 压缩体积

在确保短视频画质不受太大影响的前提下，尽量压缩视频的体积，以便于上传和分享。短视频体积过大不仅会占用大量的存储空间，还会导致上传和下载速度变慢，影响用户体验。当然，压缩的目标是在不损害画质的前提下，尽可能地缩小视频文件的大小，以便用户能够便捷地上传和分享。

（二）视频发布

1. 发布平台

选择合适的发布平台（如抖音、快手、B站等）进行上传。不同的平台有不同的用户群体和偏好，因此选择合适的平台对于短视频的传播效果至关重要。例如，抖音和快手更适合短视频形式，而B站则更适合中长视频内容。

2. 标签与描述

为短视频添加合适的标签和描述信息，提高曝光度和搜索排名。标签和描述是用户在搜索和浏览时能够找到视频的关键因素。一个好的标签和描述不仅能够吸引用户的注意力，还能提高短视频在平台上的搜索排名，从而增加视频的曝光率。

3. 互动反馈

关注用户评论和反馈，及时调整优化策略。用户的评论和反馈是了解短视频受欢迎程度和改进方向的重要途径。同时，通过积极回应用户的评论，也可以与用户建立良好的互动关系。

"吸粉"六步骤

（1）注意：利用视觉、听觉等手段增强短视频的吸引力。数据显示，使用流行音乐作为背景音乐、采用鲜明的色彩搭配以及选取热门话题等手段能有效提高视频的点击率。

（2）看完：结构要紧凑，情节要连贯，避免冗余和无聊的部分。数据表明，长度适中的视频最受用户欢迎，同时，设置悬念和引导用户进行互动也能提高用户的观看完成率。

（3）点赞：正面情感表达、干货分享和短视频内容与用户产生共鸣是让用户点赞的关键。要注重内容的情感表达和信息量，同时考虑用户的喜好和需求。

（4）留言：通过提供有争议的话题、开放式问题和鼓励用户分享个人经历等方式。数据分析显示，及时回复用户留言能提高他们的满意度和忠诚度。

（5）转发：内容的传播潜力和话题的热度。数据表明，具有普遍性和实用性的内容更易被转发。同时，利用社交媒体推广和提供便捷的分享按钮也是提高转发量的有效手段。

（6）关注：设置引导语或提示语，提醒用户关注。同时，提供一些额外的内容或福利。数据显示，定期更新优质内容并保持与用户的互动能提高关注率。

任务三　旅游新媒体短视频营销推广

一、旅游新媒体短视频营销推广优势

旅游新媒体短视频营销推广之所以在近些年迅速崛起，主要得益于其独特的优势。

（一）短视频具有极高的传播效率

在快节奏的现代生活中，人们更倾向于通过简短、直观的视频内容获取信息。短视频能够在极短的时间内迅速抓住用户的注意力，以其生动的画面和直观的表现形式，有效地传递信息。特别是在展示旅游目的地时，短视频能够充分利用其独特的优势，将旅游地的特色和亮点以最直观的方式呈现给用户。无论是壮丽的自然风光、丰富的历史文化，还是独特的民俗风情，短视频都能通过精炼的剪辑和富有创意的表现手法，让用户在短时间内感受到旅游地的独特魅力。这种高效的信息传播方式，不仅满足了现代人对信息获取的高效率需求，还极大地激发了人们对未知世界的探索欲望，从而推动了旅游业的发展。

（二）短视频具有强大的互动性

通过评论、点赞、分享等多种社交功能，用户可以轻松地参与到互动中，从而形成一种良好的传播效应。这种互动不仅仅增加了用户对旅游内容的黏性，还能够激发潜在用户的出行欲望，使他们更愿意参与到旅游活动中。

（三）短视频平台通常拥有庞大的用户基础

短视频平台通常拥有庞大的用户基础，这为旅游营销提供了广阔的市场空间。通过精准的算法推荐，旅游短视频能够精准触达目标用户，提高营销效果。这些短视频平台汇聚了来自各行各业的用户，涵盖了各个年龄段和兴趣爱好的人群，使旅游营销能够覆盖到广泛的潜在用户。通过分析用户的浏览历史、点赞记录和互动行为，平台的算法智能地将旅游相关的短视频推送给最有可能感兴趣的用户，从而实现精准营销。

（四）短视频营销具有较低的成本

与传统的广告形式相比，短视频制作的成本相对较低，这是因为短视频通常不需要高昂的制作费用，如聘请明星代言人或租用价格高的拍摄场地。短视频的制作周期较短，可以迅速完成并投放市场。与此同时，短视频的传播速度非常快，能够在短时间内覆盖广泛的受众群体。通过社交媒体平台、视频网站等渠道，短视频可以迅速传播到各个角落，甚至实现病毒式传播。这种快速传播的特点使短视频能够在较低的投入下获得较高的回报，无论是品牌曝光度还是用户参与度都能得到显著提升。

二、旅游新媒体短视频营销推广平台

目前，抖音、快手、B站等平台是旅游行业短视频营销的热门选择。这些平台用户基数大、活跃度高且具有良好的互动性，有利于旅游企业与目标受众建立联系。根据旅游目标受众的偏好和平台特点，选择合适的平台进行营销推广。

法律微课堂：旅游
短视频法律风险防范

（一）抖音

抖音是由北京抖音信息服务有限公司（原字节跳动）孵化的一款音乐创意短视频社交软件，于2016年9月上线，面向全年龄用户。该平台允许用户选择歌曲，拍摄音乐作品并形成自己的作品。抖音火山版是其另一个版本，专注于15秒的原创生活小视频，帮助用户迅速展示自己、获取粉丝和发现同好。此外，抖音的官方剪辑软件功能丰富，包括视频同框、快速录屏和教程玩法等，对新手十分友好。

（二）快手

快手是北京快手科技有限公司旗下的短视频平台，诞生于2011年3月。该平台基于大数据进行用户推荐，并拥有约3亿的日活用户。快手内容丰富，涵盖了购物、生活记录等。其口号为"记录世界，记录你"，主要用户群体为"老铁文化"、低线人群和真实热爱分享的群体。此外，快手还具有直播功能，主要以竖屏方式呈现小视频内容，并支持用户生成内容（UGC）和专业生产内容（PGC）。

（三）西瓜视频

西瓜视频是北京抖音信息服务有限公司（原字节跳动）旗下的中视频平台，以"点亮对生活的好奇心"为口号。该平台利用人工智能为用户推荐感兴趣的内容，并帮助内容创作者轻松分享作品。西瓜视频不仅提供电影观看和短视频拍摄功能，还涵盖了美妆、穿搭和化妆技巧等内容。其用户主要集中在一线、新一线和二线城市的"80后""90后"。此外，西瓜视频还支持视频记录（Video blog，Vlog）和"三农"领域的创作，并提供官方教程供创作者学习。

（四）微信视频号

微信视频号是腾讯公司于 2020 年 1 月 22 日宣布内测的新平台，它是一个独特的内容记录与创作平台，为用户提供了一个了解他人和世界的窗口。不同于订阅号和服务号，视频号利用微信用户的私域流量即微信好友，实现精准沟通。其主要内容领域包括音乐、美食和知识分享。2021 年，微信视频号更是因为其创新性的传播方式入选了"2021 应用新闻传播十大创新案例"。

（五）B 站

B 站，全称哔哩哔哩，是中国年轻一代高度聚集的文化社区和视频平台。它是一个专注于二次元文化的视频网站，主要呈现方式为横屏和短视频。B 站的用户黏性极高，主要用户群体是"90后"和"00后"的二次元文化爱好者。对于那些在二次元文化方面有天赋或特长的人来说，B 站是一个值得尝试的平台。

（六）小红书

小红书是一个生活方式平台和消费决策入口，以文字、图片、视频分享记录这个时代年轻人的正能量和美好生活。它最初以分享海外购物经验为主，后来拓展到运动、旅游、家居、宠物、穿搭、美食等多个领域的信息分享，尤其受到女性用户的喜爱。小红书也是国内较早经营社区电商的平台之一，2021 年 12 月入选《中国十大独角兽》榜单第七名。

另外，还有爱奇艺号、企鹅号、百家号、腾讯号、土豆、美拍、秒拍等热门短视频传播平台。

课 堂 讨 论

如何根据不同的旅游产品和服务选择合适的短视频营销平台？

三、旅游新媒体短视频营销推广模式

（一）创意营销模式

创意营销模式的核心在于"新"，主要通过新颖的内容和富有创意的表达方式吸引用户关注，进而提升旅游目的地的品牌形象和知名度。在旅游新媒体短视频营销中，这一模式对于新景点的推广尤为重要。它通过独特的创意和有趣的内容吸引用户，强调创意、娱乐，以此引发用户共鸣，并鼓励他们进行分享和互动。创意营销模式具有以下几个特点：

1. 创意独特

创意营销模式通过个性化创意展现旅游目的地的独特魅力。短视频运用富有创造力的画面、角度和故事情节，给用户留下深刻印象，激发他们的好奇心，并强化他们了解旅游目的地信息的意愿。

2. 娱乐性强

娱乐性是创意营销模式的核心要素。短视频以轻松幽默、富有趣味的方式呈现旅游目的地相关内容，为用户提供愉悦的观看体验。制作有趣、引人入胜的内容能够吸引用户的持续关注和互动。

3. 情感共鸣

创意营销模式通过触动用户的情感，拉近他们与旅游目的地之间的距离。温馨、感人的短视频能让用户在情感上与旅游目的地建立联系，产生共鸣，并分享这种情感。

4. 个性化内容表达

根据不同用户的兴趣喜好制作个性化的短视频内容，能够更好地激发他们的兴趣。考虑不同人群的需求，如美食爱好者、户外探险者等，制作具有针对性的内容，以更好地触达目标用户。

5. 创新性营销策略

结合潮流、时事、网络热点等制作共鸣内容，激发用户兴趣。同时，借助趣味梗、趣味挑战等方式为用户提供参与互动的机会，扩大内容传播范围。

创意营销模式通过独特的创意、娱乐性和情感共鸣，将旅游目的地的独特之处呈现在用户面前。这种模式不仅能够吸引用户的注意，还能够引发他们的情感共鸣，使其与旅游品牌建立更加紧密的联系。利用不同寻常的创意内容宣传目的地，能使旅游目的地在激烈的市场竞争中脱颖而出。

（二）体验营销模式

体验营销模式在短视频旅游营销领域同样重要，其核心理念在于通过生动、个性化、能够引起情感共鸣的个人旅游体验内容，将旅游目的地的丰富体验传达给目标用户，激发他们的兴趣和参与欲望。体验营销模式的特点体现在以下几个方面。

1. 创造性展示

体验营销模式以创意的短视频内容为基础，但更侧重于通过生动的画面、情节和音乐选择，将旅游目的地的文化、美食、娱乐等元素融入其中，为用户提供在短时间内获得全面旅行体验的可能。

2. 深度情感共鸣

与创意营销模式相比，体验营销模式更强调通过深度的情感共鸣拉近与用户的距离。短视频通过展现旅游者与当地人的真实互动、探索未知领域的惊喜，以及旅行中的快乐时刻，引发用户的强烈情感共鸣，让他们更加期待亲身体验。

3. 定制化体验

虽然创意营销模式和体验营销模式都强调个性化，但是体验营销模式更注重根据不同类型的旅游者（如家庭出游者、情侣出游者、独自出游者）定制不同的短视频内容，满足他们的特定需求和兴趣，从而在观看过程中产生更强的情感联系。

4. 用户参与与分享

体验营销模式特别鼓励用户生成内容（UGC），让旅游者分享真实的旅行体验。这不仅能提高用户的信任度，还能以第一视角展示目的地的独特魅力。同时，短视频评论区的互动和分享也能丰富内容，增强用户的参与感。

5. 动态效果与沉浸感

体验营销模式在动态拍摄手法上更为突出。例如，使用快速切换画面、运动跟踪等技术，捕捉旅行中的每个精彩瞬间，为用户带来更加引人入胜、沉浸式的观看体验。

体验营销模式不仅能够吸引潜在用户的兴趣，还能在短时间内建立深刻的情感联系，引导用户更深入地探索和体验目的地。在旅游短视频营销中，体验营销模式显著提升了旅游目的地的吸引力和知名度，为旅游者营造了更加真实、深刻的情感体验。

（三）AISAS 营销模式

AISAS 营销模式是一种针对互联网与无线应用时代消费者生活形态的变化而提出的消费者行为分析模型。其包括注意力（Attention）、兴趣（Interest）、搜索（Search）、行动（Action）和分享（Share）五个阶段。这一模式通过有序的流程，引导潜在用户从了解目的地到参与最终的分享，实现全方位的旅游体验。

1. 注意力（Attention）

注意力是引起潜在用户兴趣的第一步，通过制作短视频展示目的地美景的独特之处和吸引人的活动，引发用户的好奇心和欲望。在这一阶段，短视频需要精心设计，用令人印象深刻的画面和丰富的情感元素打动用户，使其对目的地产生浓厚的兴趣。

2. 兴趣（Interest）

一旦潜在用户被吸引，接下来就要深入挖掘他们的兴趣。通过制作内容更详细的短视频，展示目的地文化、历史、美食等方面的特色，激发用户进一步了解的欲望。

3. 搜索（Search）

在兴趣阶段，用户通常会主动寻找更多的信息。短视频可以提供行程、交通、住宿等实用信息，为用户提供参考。同时，短视频的描述和评论也可以帮助用户寻找更多关于目的地的资讯。

4. 行动（Action）

用户获取足够的信息后会采取行动，如预订机票、酒店，制订旅行计划。这时，短视频可以提供特定的行动步骤，如官方网站链接、预订渠道等，方便潜在用户直接参与。

5. 分享（Share）

愉快的旅行体验通常会激发人们的分享欲望。用户通过拍摄短视频记录行程，并分享给朋友、家人和社交媒体上的关注者。这种分享不仅能为目的地带来额外的曝光率，还能为其他潜在用户提供真实的旅行参考。

AISAS 营销模式通过有序的步骤，将潜在用户从兴趣点引导到实际的分享行动中，实现了全程引导和参与。这种模式在短视频旅游营销中非常实用，能帮助旅游品牌有效地吸引和引导潜在用户，提高目的地的知名度和吸引力。

四、旅游新媒体短视频营销推广策略

旅游新媒体短视频营销推广策略主要有以下几种。

（一）精心策划视频发布时机

发布旅游新媒体短视频的时段将显著影响视频的观看量和用户的参与度。因此，必须考虑目标用户的活跃时段及旅游季节性因素，以确定最佳的发布时间。例如，在节假日前夕发布旅游攻略和景点介绍短视频，可以有效吸引用户的关注。通常建议以单次发布为主，以符合用户的观看习惯。根据抖音平台的调查数据，用户观看短视频的高峰时段主要集中在午餐时间（12 ~ 13 点）、下班后的归家路途（18 ~ 19 点）及睡前（21 ~ 22 点）。若视频发布的时间与用户的观看高峰时段相吻合，将更有效地满足用户的观看需求。

（二）深化合作与 KOL 营销

与旅游领域的意见领袖（KOL）合作，可以有效提升短视频的可信度和影响力。选择与品牌形象和目标用户匹配的意见领袖，通过他们的推荐和分享，可以迅速吸引大量粉丝关注。此外，还可以与其他旅游品牌进行跨界合作，共同制作短视频内容，实现资源共享和互利共赢。

（三）提升用户参与度与互动性

提高用户参与度是短视频营销的关键。通过设置互动环节，如评论互动、投票、抽奖等方式，激发用户的参与热情。例如，在视频中设置"你最想去的旅游目的地"投票活动，让用户参与选择，从而提高用户黏性和互动率。

（四）利用热门话题与挑战

短视频平台上的热门话题和挑战往往能迅速吸引大量用户参与。旅游短视频可以结合这些热门话题，制作与旅游相关的挑战视频，如"打卡世界遗产""舌尖上的旅行"等。通过参与热门话题，可以迅速提升视频的曝光率和传播度。

（五）优化推荐算法与个性化推荐

定期分析短视频的观看量、点赞量、评论量等数据，以了解用户的兴趣点和反馈意见。旅游企业应根据数据分析结果调整营销策略和内容制作方向，为用户推荐更加个性化的旅游内容，提高用户体验，增加用户黏性，并带动更多用户参与旅游活动，不断提高营销效果。同时，关注行业趋势和竞争对手动态，保持营销策略的时效性和竞争力。

项目总结

旅游新媒体短视频营销	旅游新媒体短视频的重要性	提升旅游目的地的知名度与美誉度；增强旅游宣传的互动性和参与度；推动旅游业的创新与发展
	旅游新媒体短视频内容分类	旅游攻略类；体验分享类；文化探索类；美食探店类；景观展示类；主题宣传类
	旅游新媒体短视频内容定位的策略	深入了解目标用户需求；满足目标用户不同阶段的需求；结合热点事件和时效性内容
	旅游新媒体短视频内容策划的原则	主题鲜明，内容精准；情感共鸣，故事化表达；创意独特，形式新颖；呈现特色，精炼表达；数据分析，持续优化；注重版权，合法用材
	旅游新媒体短视频内容策划的技巧	系列化内容，形成品牌；本地化内容，贴近用户；故事化内容，引发共鸣；互动化内容，增强参与
	旅游新媒体短视频拍摄准备	确定拍摄主题与内容规划；制订拍摄脚本；准备拍摄设备与辅助工具；研究拍摄目的地；人员安排与团队协作
	旅游新媒体短视频拍摄过程	拍摄技巧；现场调度
	旅游新媒体短视频后期剪辑	剪辑技巧；后期制作流程
	旅游新媒体短视频导出发布	导出设置；视频发布
	旅游新媒体短视频营销推广优势	短视频具有极高的传播效率；短视频具有强大的互动性；短视频平台通常拥有庞大的用户基础；短视频营销具有较低的成本
	旅游新媒体短视频营销推广平台	抖音；快手；西瓜视频；微信视频号；B站；小红书
	旅游新媒体短视频营销推广模式	创意营销模式；体验营销模式；AISAS 营销模式
	旅游新媒体短视频营销推广策略	精心策划视频发布时机；深化合作与 KOL 营销；提升用户参与度与互动性；利用热门话题与挑战；优化推荐算法与个性化推荐

课堂实训

一、实训任务

创作家乡旅游宣传短视频并进行营销推广

通过调研、讨论，选取家乡的旅游资源或知名旅游景点开展短视频制作并进行营销推广。短视频时长3分钟左右，营销推广平台可以是抖音、小红书、哔哩哔哩或微信视频号等平台。

二、实训目标

掌握短视频内容策划与制作流程；提升实际操作能力与团队协作能力；增强对旅游新媒体短视频营销的理解与应用。

三、操作思路

1. 分析家乡旅游资源，确定旅游新媒体短视频营销推广主题；
2. 研究目标用户，制订内容策划方案，收集素材，编写拍摄脚本；
3. 确定拍摄地点与时间，准备所需设备与道具；
4. 组织拍摄团队，进行角色分配与任务安排；
5. 按照脚本进行实际拍摄，确保画面质量与内容完整性；
6. 进行视频剪辑，添加背景音乐与特效、制作字幕与解说等，确保信息传达清晰；
7. 选择合适的短视频平台进行发布；
8. 制订推广计划，利用社交媒体进行宣传；
9. 分析数据反馈，评估视频效果与营销推广成果。

同步测试

一、单项选择题

1. 在旅游新媒体短视频营销中，下列不是提升用户参与度的有效方法的是（　　　）。
   A. 设置互动环节，如评论互动、投票、抽奖
   B. 在视频中仅展示美丽的风景画面，不涉及任何互动元素
   C. 举办"你最想去的旅游目的地"投票活动
   D. 制作与旅游相关的挑战视频，如"打卡世界遗产"

2. 在旅游新媒体短视频拍摄准备中，以下内容不正确的是（　　　）。
   A. 确定拍摄主题与内容规划
   B. 制订详细拍摄脚本
   C. 准备拍摄设备与辅助工具
   D. 忽略版权问题，随意使用素材

3. 在旅游新媒体短视频营销推广策略中，以下不是推荐策略的是（　　　）。
   A. 精心策划视频发布时机
   B. 深化合作与 KOL 营销
   C. 忽视热门话题与挑战的利用
   D. 优化推荐算法与个性化推荐

4. 在旅游新媒体短视频内容定位的策略中，以下不是必须有的是（　　　）。
   A. 深入了解目标受众需求
   B. 满足目标受众不同阶段需求
   C. 结合热点事件和时效性内容
   D. 忽略竞争对手动态，保持营销策略的时效性和竞争力

5. 在旅游新媒体短视频拍摄过程中，以下不重要的是（　　　）。
   A. 拍摄技巧
   B. 现场调度
   C. 随意拍摄，无须计划
   D. 人员安排与团队协作

二、多项选择题

1. 在进行旅游新媒体短视频内容策划时，需要考虑的原则有（　　　）。
   A. 主题鲜明，内容精准
   B. 情感共鸣，故事化表达
   C. 创意独特，形式新颖
   D. 呈现特色，精炼表达

2. 旅游新媒体短视频内容定位的策略包括（　　　）。
   A. 深入了解目标用户需求
   B. 满足目标用户不同阶段需求
   C. 结合热点事件和时效性内容
   D. 仅关注本地化内容

3. 在旅游新媒体短视频拍摄准备过程中，必要的步骤有（　　　）。

A. 确定拍摄主题与内容规划

B. 制订详细拍摄脚本

C. 准备拍摄设备与辅助工具

D. 研究拍摄目的地

4. 旅游新媒体短视频营销推广平台包括（　　　）。

A. 抖音 　　　　　　　　　　　B. 快手

C. 微信视频号 　　　　　　　　D. 微信公众号

5. 在旅游新媒体短视频营销推广策略中，下列正确的是（　　　）。

A. 精心策划视频发布时机

B. 深化合作与 KOL 营销

C. 提升用户参与度与互动性

D. 忽略热门话题与挑战的利用

三、思考与练习

1. 在旅游新媒体短视频拍摄过程中，如何确保画面质量和内容的完整性？

2. 为什么在旅游新媒体短视频营销推广中，利用热门话题与挑战是有效的策略？

3. 在进行旅游新媒体短视频营销推广时，如何制订有效的推广计划？

学习评价

按照表 7-2 对本项目的学习过程进行考核与评价。

表 7–2　项目七 旅游新媒体短视频营销学习评价表

评价指标		评价标准			评价方式		
		优	良	合格	自评（15%）	互评（15%）	教师评价（70%）
工作能力（45%）	分析能力（10%）	能准确分析旅游目标用户需求及家乡旅游资源特点	能客观分析旅游目标用户需求及家乡旅游资源特点	能分析旅游目标用户需求及家乡旅游资源特点			
	实操能力（25%）	能创作高质量旅游短视频脚本，并进行拍摄剪辑与营销推广	能根据要求创作旅游短视频脚本，并进行拍摄剪辑与营销推广	能创作旅游短视频脚本，并进行拍摄剪辑与营销推广			
	合作能力（10%）	能与其他组员分工合作；能提出合理见解和想法	能与其他组员分工合作；能提出一定的见解和想法	能与其他组员分工合作			
学习策略（10%）	学习方法（5%）	格式符合标准，内容完整，有详细记录和分析，并能提出一些新的建议	格式符合标准，内容完整，有一定的记录和分析	格式符合标准，内容较完整			
	自我分析（5%）	能主动倾听，尊重他人意见；能很好地表达自己的看法；能从小组的想法中提出更有效的解决方法	能倾听、尊重他人意见；能较好地表达自己的看法；能从小组的想法中提出可能的解决方法	能倾听他人意见；能表达自己的看法；偶尔能从小组的想法中提出自己的解决方法			
成果作品（45%）	作品规范性（15%）	作品完成完全合乎要求，非常规范	作品完成合乎要求，规范	作品完成基本合乎要求			
	作品创新性（15%）	作品具有很好的创新性	作品具有较好的创新性	作品具有一定的创新性			
	作品展示（15%）	逻辑性强、层次分明、思路清晰，整体形象大方、举止得体	思路较清晰，整体形象较大方，举止较得体	思路基本清晰，举止基本得体			

项目八　旅游新媒体直播营销

思维导图

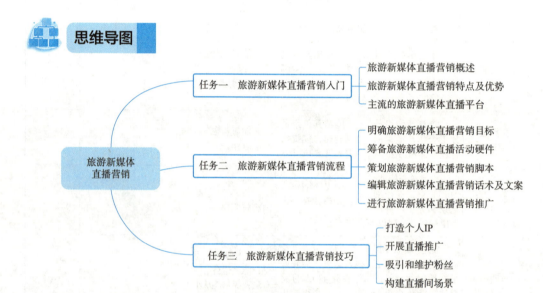

旅游新媒体直播营销

任务一　旅游新媒体直播营销入门
- 旅游新媒体直播营销概述
- 旅游新媒体直播营销特点及优势
- 主流的旅游新媒体直播平台

任务二　旅游新媒体直播营销流程
- 明确旅游新媒体直播营销目标
- 筹备旅游新媒体直播活动硬件
- 策划旅游新媒体直播营销脚本
- 编辑旅游新媒体直播营销话术及文案
- 进行旅游新媒体直播营销推广

任务三　旅游新媒体直播营销技巧
- 打造个人IP
- 开展直播推广
- 吸引和维护粉丝
- 构建直播间场景

学习目标

⊃ **知识目标**

1. 理解旅游新媒体直播营销的特点及优势。
2. 熟悉主流的旅游新媒体直播平台。
3. 掌握旅游新媒体直播营销的流程
4. 掌握旅游新媒体直播营销的技巧。

⊃ **能力目标**

1. 能够熟练按照流程开展旅游新媒体直播营销。
2. 能够合法合规地策划旅游新媒体直播营销脚本及话术。
3. 能够熟练运用直播营销的重要技巧开展旅游直播。

⊃ **素养目标**

1. 培养诚信品质，遵守秩序，尊重规则。

2. 树立合法合规意识，坚守法律底线。
3. 提升社会责任感、乡村振兴意识、市场意识、创新意识及协作意识。

新疆"网红局长"贺某：因策马雪原走红，直播带货破亿元

▍一袭红裳现英姿，单骑褐马踏边西

2020 年 12 月，一位女子身披红色斗篷，在雪地中飒爽策马的短视频迅速走红网络。该短视频累计获得 5.2 亿次点击量，近 900 万转发量。视频的主人公是时任新疆伊犁昭苏县人民政府副县长的贺某。公开简历显示，贺某，来自四川射洪，是一名共产党员。自 1999 年 12 月参加工作以来，一直在伊犁昭苏县任职。

短视频走红后，贺某在工作之余踏上了公益助农直播的道路。日复一日，她坚持每天工作十个个小时，在她的努力下，其短视频账号全网粉丝量已突破 500 万，作品点赞量达 2 000 多万，单场直播带货金额高达百万元。2021 年 4 月，贺某有了新的工作方向，任职伊犁哈萨克自治州文化和旅游局副局长。她短视频的账号名称也由最初的"贺县长说昭苏"，更新为"贺局长说伊犁"。名称虽变，但不变的是贺某积极助力乡村振兴的初心。

▍"网红局长"直播带货 1.4 亿元，带动就业 2 000 余人

2020 年 5 月，受疫情影响，伊犁出现了农产品滞销的问题，旅游业也遭受重创。当地政府各级部门随即开展各行各业的复工复产帮扶工作，并组织主播参与开展直播电商带货的工作。在此背景下，贺某走上了直播公益助农的道路。

直播镜头前的她，没有浓妆艳抹，没有过度夸张的辞藻，更多的是一位素雅的基层干部，在用真实质朴的语言介绍着她的家乡。贺某将直播平台的被动礼物收入也全部用于公益慈善事业，帮扶当地的贫困儿童和老人。

2021 年，贺某及其团队和助农企业帮助困难企业直播带货已经突破 1.4 亿元，带动直接就业人数 2 000 多人，万余名老百姓实现了增收。伊犁直播电商的快速发展，推动了当地产业结构的调整。

（资料来源：新华网，2022 年 1 月 6 日）

　　贺局长通过直播营销的方式直播带货 1.4 亿元，带动就业 2 000 余人，可见直播营销在推动乡村振兴、促进旅游业发展等方面有着极大的推进作用。

　　直播营销推动城乡产品流通，实现市场下沉，促进农村消费上行。市场下沉是拉动消费、实现流量增量的重要渠道，即三线以下城市、县镇与农村地区成为电商巨头的竞逐焦点；消费上行是指直播营销方式降低了生产销售成本，提高了农民的经济收益，又降低了农民的营销成本，即推动农村居民消费结构升级，激发农村消费潜力。市场下沉与消费上行相向而行，共同拉动农村消费的供给侧与需求侧，有效促进了农村产品和日常消费品的双向流通。通过市场下沉与消费上行努力实现从二元城乡社会经济结构走向一元，促进城乡之间和区域之间更加均衡，推进乡村振兴发展。

任务一　旅游新媒体直播营销入门

一、旅游新媒体直播营销概述

旅游新媒体直播营销是指一种采用视频直播形式进行实时互动的旅游新媒体营销活动。该营销活动以电商平台或直播平台为载体，为旅游企业达到品牌推广或产品销售的目的。

旅游新媒体直播营销的主要形式包括直播带货、直播拍卖、直播问答等。通过直播平台，旅游企业可以直接与用户进行互动，提高用户的参与度和购买欲望，从而实现品牌推广或销售增长。

微课：企业导师
谈旅游直播

（一）直播营销适用场景

直播营销主要有以下适用场景。

（1）产品发布会：实时展示新产品，吸引潜在用户。

（2）促销活动：实时发布优惠信息，激发用户的购买欲望。

（3）品牌推广：通过直播展示品牌形象，提高品牌知名度。

（4）客户服务：实时解答客户问题，提高用户满意度。

（5）教育培训：实时授课，方便学员互动和学习。

（6）娱乐活动：实时直播娱乐活动，吸引用户参与和关注。

（二）旅游新媒体直播营销要素

优秀的旅游新媒体直播要为用户营造舒适的消费环境和体验感。"人""货""场"是一场直播的三大核心要素，三者环环相扣，互相支撑。

1. 人

"人"是指整个旅游直播团队，并非单指主播一个岗位。旅游直播营销转化在于"人"的能力，但直播间的效果很大程度上取决于主播能力，优秀主播能给直播间带来人气。同样的商品、同样的价格与活动，不同直播间转化效果不尽相同，这就是主播能力带来的差异。

旅游主播作为一场直播的灵魂，其工作强度也是整个团队中最大的。目前，主流直播团体对主播的要求都是单日直播 6 小时以上，可见直播工作是对主播体力和智力的双重考验。

2. 货

"货"是指旅游直播营销产品和产品背后的供应链。表面看旅游直播营销是在比拼流量、比拼主播热度，实际上最终比拼的还是供应链能力，这就是电商行业常说的一句话"直播营销实际是一场供应链的游戏"。俗话说"好的产品会说话"，有时优质产品自带流量，甚至还能提升主播热度。

优秀的"货"需要具备成本优势、品牌优势和数量优势。成本优势是指进货成本相比其他商家较低，有利于支撑各种营销活动；品牌优势是指产品本身具有品牌知名度，这样更利于吸引用户下单。数量优势就是指货源充足，这样才能惠及更多的用户。

3. 场

"场"是指旅游直播间的场景搭建，作为"人"与"货"的载体，需要贴合主播与产品特点。尽可能营造"高大上"的氛围。线上消费同线下消费，用户会为舒适的环境买单。直播间是用户第一眼的观感体验，用户进入每个直播间，感受到的氛围都是不同的。一个脏、乱、差的直播间不可能留住用户，更不可能转化消费。

课堂讨论

你认为旅游新媒体直播营销三要素中最重要的是哪个要素？为什么？

二、旅游新媒体直播营销特点及优势

（一）旅游新媒体直播营销特点

旅游新媒体直播营销伴随着直播的发展而发展，两者息息相关、密不可分，它是一种营销形式上的重要创新，主要呈现以下特点。

1.营销效应显著性

某种意义上，直播营销就是一场事件营销。除本身的广告效应外，直播内容的新闻效应往往更明显，引爆性也更强。一个事件或一个话题，相对而言，可以更轻松地进行传播和引起关注，扩大品牌影响力。

2.用户群精准性

在观看直播视频时，用户需要在一个特定的时间共同进入播放页面，虽然这与互联网视频所倡扬的"随时随地性"背道而驰，但是这种播出具有时间上的限制，能够真正识别并抓住这批具有忠诚度的精准目标人群。

3.与用户的实时互动性

相较传统媒体，旅游新媒体直播营销的一大优势就是能够满足用户更为多元的需求。用户可以与主播实时互动，提高参与度。不仅是单向观看，还能一起发弹幕吐槽，喜欢谁就直接献花打赏，甚至还能动用民意的力量改变节目进程。这种互动的真实性和立体性，也只有在新媒体直播时才能够完全展现。

4.深入沟通，情感共鸣

在这个碎片化的时代，在这个去中心化的语境下，人们在日常生活中的交集越来越少，尤其是情感层面的交流越来越浅。新媒体直播带有仪式感的内容播出形式，能让一批具有相同志趣的人聚集在一起，聚焦在共同的爱好上，情绪相互感染，达成情感气氛上的高位时刻。如果品牌能在这种氛围下做到恰到好处的推波助澜，就可以激发用户的购买欲望，提高转化率，其营销效果一定也是事半功倍的。

5.产业化

旅游新媒体直播营销经过发展已经形成了一条完整的产业链，从供应商到服务商、从平台到主播、从用户运营到其他服务商等，每个点、每条线都有专人及专门的团队负责。

随着一些电商平台主播影响力的提高，整条产业链出现了一定变化，开始出现了主播"倒逼"服务商、服务商"倒逼"供应链的现象。直播营销的产业化有助于提升用户的体验，有助于直播的专业化管理，也有助于有关部门加强对直播行业的监管。

6.多元化

旅游新媒体直播营销的多元化主要表现在主播的多元化、内容的多元化、场景的多元化和平台的多元化。主播的多元化是指人人可直播，只要一部手机和网络，每个人都可进行直播。内容的多元化是指直播营销的内容没有固定的限制，可以是产品，可以是生活，也可以是娱乐。场景的多元化是指直播的场景可任意切换，可以是直播间，可以是生产现场，也可以根据想要达到的营销效果进行选择和调整。平台的多元化是指直播平台的类型多样，包括电商直播平台和内容直播平台。

7. 专业化

专业化意味着专业的直播团队、专业的运营团队和数据分析团队、专业的用户管理团队等。这些团队的出现也在一定程度上促进了直播行业从业人员素质的提高。

8. 模式化

模式化是指将旅游新媒体直播营销通用的技巧、方式等固定下来，形成可套用的模板，包括图形设计模板、方案策划模板等。在旅游新媒体直播营销的实践过程中，个人、企业或团队只需要按照模板的步骤操作即可。模式化让旅游新媒体直播营销更加方便，但同时也造成了一些问题，包括直播营销方式大量雷同、直播营销内容缺乏新意等。

分享点评

"文旅＋直播"，还是不是新发展趋势？

当前的文旅消费环境持续复苏，短视频、微短剧等多种宣传方式层出不穷，为文旅提供了极大的助力。"文旅＋直播"这种模式比起短视频宣传，在销售上更加直接，提供了更多机会。直播平台为传统的生活服务打开了新的销售窗口，不仅提升了消费者的购物体验，同时，也为文旅经济带来了新的机遇。

❙"文旅＋直播"成为文旅领域新常态

在以往的旅游消费中，消费者常常通过图片、文字描述和短视频等形式获取相关景点的信息。然而，旅游目的地的形象单一、宣传信息滞后、过度使用滤镜效果及存在"照骗"等问题，给消费者带来了不太理想的体验。某平台上关于"网红"景点的负面讨论话题曾引起了近4亿次的阅读量。

而"文旅＋直播"这种新模式恰好可以满足消费者获取多元化信息的需求。具体来说，消费者可以通过与主播互动和交流的方式，更全面地了解相关旅游产品，并在主播的引导下"身临其境"地感受该旅游产品是否真正符合自己的旅行需求。"文旅＋直播"这种新模式的持续火热也表明旅游行业越来越注重消费体验和氛围的营造。对于平台而言，通过直播入口缩短交易链条，对文旅经济的涉足愈发充分。

相对于直播带货的目的性，文旅内容创作更加全面，涵盖了目的地的吃、住、行、游、购、娱等多个方面，更强调体验和氛围的塑造。这种模式吸引了地方政府、媒体、景区商家、本地居民和游客，以"千屏千面"展现文旅地的历史文化、地理沿革、人文民俗和山水风光。如今，消费者已经习惯在直播间预订旅游地的酒店、团购餐饮，这已经成为文旅领域的新常态。

"直播＋文旅"在展示地方风物、打开景点知名度上具有独特优势，打造了一张又一张地方文旅新名片。通过直播的方式向消费者展示即时在线的旅游景观，有效弥补了电视、网页等传统媒介广告中旅游目的地形象单一、产品宣传滞后等缺点；通过个性化、人性化、互动性强的直播，提高了消费者探寻美景的兴趣和参与文旅传播的欲望。

"文旅＋直播"赋能乡村文化振兴

2023 年 4 月某平台发布的《乡村文旅数据报告》显示，2023 年，其新增乡村内容数超 4.59 亿个，播放量超 23 901 亿次，有 415 亿次点赞，58 亿次评论。相关直播不仅使乡土文化在更广阔的空间内被看见、被关注，成为当地旅游发展的重要突破口，更为农产品销售带来了流量、打开了市场，拓宽了销售通道。文化旅游业是带动经济社会高质量发展的重要引擎。

在培育"线上＋线下"新型乡村旅游、民俗文化消费，赋能乡村振兴方面，"直播＋文旅"同样发挥了积极的作用。在直播及短视频时代，数字助农已经成为乡村振兴的重要发展方向，有效拓宽了乡村文旅产业推介的通道，加速了数字乡村发展。文化旅游业是带动经济社会高质量发展的重要引擎。当下，"直播＋文旅"也被视为网络视听与产业结合得最充分、也最为有效的领域。在推动经济复苏，鼓励消费的背景下，要充分运用直播赋能旅游业的核心机制，充分发挥直播在满足人民日益增长的美好生活需要、营造旅游文化流行氛围、助力优秀传统文化传播、服务国家乡村振兴战略等方面的积极作用。

（资料来源：微信公众号，山西文旅新媒体，2024 年 4 月 1 日）

点评： 直播技术的应用使旅游业得到了很大程度的发展，也为旅游业营销模式创新提供了新的思路。但当前，旅游直播仍处于初步发展阶段，在发展过程中仍然存在一些问题。对此，旅游景区要充分发挥自身优势，利用好自身资源，加强对直播内容的监管，在提高直播质量的同时培养更多的旅游直播专业人才，以促进旅游业健康有序地发展。

（二）旅游新媒体直播营销优势

旅游新媒体直播营销之所以受到那么多企业的喜爱，除了顺应潮流，还离不开直播营销本身所具有的优势。直播形式的直观性、便捷性给企业带来了很大的可操作空间，同时，直播营销的多元化也使直播营销的优势更为明显。

1. 更低的营销成本

传统营销渠道主要有电视、广播、广告牌等，投放广告的成本低则几万元，高达几百万元，对于中小企业而言是一个很大的负担。相对而言，直播所需的设备很简单，有时候仅靠一部手机就能完成一次直播，同时，直播的场景由企业独自构建，整个直播营销过程的成本很低。另外，直播营销可以通过直播平台的互动，提高消费者的参与度和购买欲望，从而降低企业的营销成本。

2. 更广的营销范围

电视、广播、广告牌等营销方式的覆盖范围有限，同时需要考验用户的理解能力和想象力。而直播这一营销形式不仅能使用户同步观看，还能为其他潜在用户提供回放功能。另外，直播营销还可以将直播场景、直播内容等直观地呈现给用户。

3. 更直接的营销效果

直播所具有的代入感能够在视觉上和精神上刺激用户，使用户产生"饥饿"的感觉，另外，很多直播间都会发放福利。在双重刺激下，用户可能会自主地号召更多的人观看直播、发布与直播相关的话题信息等，形成更直观的直播营销效果，如直播观看人数破百万、上热搜、销售额破百万元等。

4. 更有效的营销反馈

传统营销方式的营销反馈需要一定的时间，而市场又在快速发展，因此，传统的营销方式可能导致信息滞后。直播营销则不同，在直播过程中，主播可与用户实时互动，如通过弹幕、评论等接收用户反馈，企业或品牌可以根据这些反馈立即采取相应的措施，缩短产品或服务等的改进时间。

5. 更好的用户体验

直播营销可以通过直播平台提供更加真实、直观的产品展示和演示，提高用户的购买体验。同时，直播营销可以通过直播平台的互动性，提供更加个性化的服务和解决方案，从而提高用户的满意度和忠诚度。

直播营销可以通过直播平台将企业的品牌形象和产品信息传递给更多的用户，提高品牌知名度。直播营销作为一种新兴的营销方式，逐渐成为企业营销的重要手段。通过直播平台，企业可以直接与用户进行互动，使消费者更好地了解企业的产品和服务，提高用户的参与度和购买欲望，从而实现销售增长。直播营销还可以提高品牌知名度、增加销售额、提高用户体验、降低营销成本。

三、主流的旅游新媒体直播平台

因为每个直播平台的目标用户不同，所以直播平台的定位、类型也不同。根据流量大小及用户规模，直播平台大致可以分为头部直播平台、腰部直播平台和专业类直播平台。

（一）头部直播平台

头部直播平台的用户规模大、流量大，且培育出了不少主播，如淘宝、抖音、视频号、快手等便属于头部直播平台，其直播内容以"带货"为主。

1. 淘宝

位于流量顶端的直播平台——淘宝，定位为直播"带货"，其直播营销也围绕直播"带货"展开。经过多年的发展，淘宝积累了大量的用户资源，用户的目的性强且忠诚度高，适合有淘宝店铺且积累了一定用户数量的店主和有知名度的主播，不适合没有直播营销技巧的新手或没有用户基础的新店。

淘宝是纯电商购物平台，以货架形式为主，拥有庞大的买家群体，主要通过店铺搜索引擎优化（SEO）、商品标题优化、搜索引擎排名在公域流量池获取流量，通过店铺商品图文、视频、评论进行转化、成交，也可通过付费投放获取流量。也就是让所有商家在淘宝整个公域流量池中寻找属于自己的客户。淘宝直播带货也属于公域流量池，只不过是换了一种卖货的形式。以往的图文形式变成了即时视频形式，也就是现场直播。但不同的是直播间成了公域流量里的私域存量空间，这个存量不像以往的图文形式购买一次就结束。留存在存量空间，就可以进行用户运营、互动交流，增加与客户之间的黏度，对于购新或复购会有很大的帮助。

2. 抖音

抖音是直播类平台的头部平台，归属于头条系（字节跳动）。其概况见表 8-1。

表 8-1　抖音平台概况表

指标	具体分析
标语（Slogan）	记录美好生活
用户属性	从一、二线城市青中年发展起来，至今已经成为全城市、全年龄覆盖

续表

指标	具体分析
平台特色	多元化，智能推荐算法，平衡流量、内容、用户、产品之间的关系，提升商业变现、内容生产的能力，推出"全域兴趣电商"概念
用户规模	日活用户约 7 亿
直播形式	电商直播、娱乐直播、游戏直播，电商直播成为近期平台的主要发展方向
呈现方式	以竖屏为主，小视频发展起来，延伸至今中视频的增长比例走高
内容生产	UGC、PGC、OGC（Open Geospatial Consortium，开放地理空间信息联盟）、PUGC（Professional User Generated Content，专业用户生产内容）
变现渠道	广告、直播电商、短视频电商、付费内容、平台活动、流量分成、KOL、KOC（Key Opinion Gonsumer，关键意见消费者）

　　抖音目前是直播领域的超级头部应用程序（APP）。如果想涉足旅游直播领域，抖音可以作为首选的直播平台，不论在用户量级，还是在相关后端服务上都有很强的优势。官方也推出了很多针对商家在直播方面的教程，相对竞争也比较激烈。抖音在未来一段时间里，关于直播方面，从推出兴趣电商到全域兴趣电商；对品牌自播，企业商家会有更多的扶持和服务，相应也会出台更多的规范措施。关于流量分配上，对于约 7 亿的日活用户，整体大盘流量不会有太多的增长空间，但在流量分配上一定会在公域、私域、商域上做调整，一是保障平台自身流量变现；二是保障不会被绝对头部达人的流量裹挟；三是保障平台创作者获取流量的相对公平性。

3. 视频号

　　视频号所属系为腾讯系。其概况见表 8-2。

表 8–2　视频号平台概况表

指标	具体分析
标语（Slogan）	记录真实生活
用户属性	基于微信的社交短视频直播平台，有视频号的一定有微信，有微信的不一定有视频号，用户群体主要集中在一、二、三线城市，中青年群体占比较多
平台特色	基于社交属性的视频直播平台，背靠微信和公众号，是一个非常适合私域经营的平台
用户规模	日活用户约 5 亿
直播形式	娱乐直播、游戏直播、电商直播
呈现方式	竖屏为主，小视频、中长视频均有
内容生产	UGC、PGC、OGC、PUGC
变现渠道	广告、电商、平台活动、KOC、KOL、私域

　　视频号背靠微信和公众号，是最大的私域流量池的经营地，更适合私域、裂变、社交。如果具备私域流量及适合私域经营的产品和服务，视频号可谓是一个不二的选择。视频号正处于快速发展的阶段，有着较为完整的服务链条，找一个合适的切入口，提前布局深耕也是有必

要的。但是视频号相对抖音和快手这些平台，想要拿到公域流量是非常困难的，视频号首先是消耗自身大量的私域，然后平台根据情况是否分配相应的公域流量。目前能在视频号拿到公域流量的除政务号外，获取公域流量占比较多的是情感号、生活号。

4. 快手

目前快手位于直播领域的综合榜二位置，用户群体主要集中在三、四线城市，跳过 PC（个人计算机）互联网时代的移动互联网用户，对移动互联网充满了期待的未知，有更多的探知欲和接受度。快手平台对于创作者的支持力度也是相对较高的，在直播电商方面布局的更早一些，在短视频和直播内容方面把控的力度没有抖音严格，造成内容水平参差不齐，但是粉丝与达人之间的关系黏性要高于抖音，也造成了快手平台独有的"老铁文化"。其概况见表 8-3。

表 8-3　快手平台概况表

指标	具体分析
标语（Slogan）	快手，拥抱每一种生活
用户属性	老铁文化，从三、四线城市发展，逐步走入一、二线城市，真实热爱分享的群体
平台特色	多元化，依托算法打通推荐和关注的协同关系，更新速度快，好物、生活、欢乐的平台
用户规模	日活用户约 3.5 亿
直播形式	电商直播、娱乐直播、游戏直播，电商直播比抖音布局更早
呈现方式	竖屏为主，小视频
内容生产	UGC、PGC、OGC、PUGC
变现渠道	广告、短视频电商、直播电商、平台活动、KOL、KOC

（二）腰部直播平台

腰部直播平台的用户数量也不容忽视，且直播内容不拘于直播"带货"。

1. 哔哩哔哩

哔哩哔哩（bilibili，以下简称 B 站）是综合类的直播平台，"电竞＋游戏"是该平台的重要直播类别之一，同时开设了音乐、萌宠等直播类别，还有学习直播、虚拟主播等新兴直播类别。该平台的特色为主播个人自主直播（"带货"），以优质内容留住用户，用户的黏性和忠诚度高。为激励主播创作更好的直播内容，B 站提供了视频播放补贴，适合小团队和有能力的个人主播。其概况见表 8-4。

表 8-4　哔哩哔哩平台概况表

指标	具体分析
标语（Slogan）	你感兴趣的都在 B 站
用户属性	二次元文化垂直类人群，以"90后""00后"为主力群体
平台特色	聚合类视频平台，泛二次元文化社区，领先的年轻人文化社区
用户规模	日活用户约 8 300 万，月活用户约 3 亿
直播形式	娱乐直播、游戏直播

指标	具体分析
呈现方式	横屏，短视频
内容生产	UGC、PGC、OGC、PUGC
变现渠道	广告、直播、平台活动、KOL

B 站是一个垂直度很高的二次元文化短视频直播平台，也在做聚合类平台，群体主要集中在"90 后"和"00 后"。"90 后"和"00 后"是未来的市场主力军，需要深度长期培养用户，或者二次元、动漫周边类，以及目标客户群体本就是"90 后""00 后"的适合选择 B 站进行深耕。

2. 小红书

小红书以用户分享信息为主，注重口碑营销。因在小红书的直播营销的完成需要观看用户到线下进行消费，故小红书又被称为"三次元社区"。小红书超过一半的用户来自一、二线城市，且多为"90 后"，适合对美食、穿搭、美妆、旅行等内容较为了解的个人主播。其概况见表 8-5。

表 8-5　小红书平台概况表

指标	具体分析
标语（Slogan）	小红书，标记我的生活
用户属性	"Z 世代""新锐白领""都市潮人""单身贵族""精致妈妈"和"享乐一族"六大人群标签
平台特色	基于达人好物笔记分享，适合品牌、产品、服务种草
用户规模	月活用户约 2 亿
直播形式	娱乐直播、电商直播，直播占比较小
呈现方式	以图文笔记发展起来，延伸竖屏为主，小视频
内容生产	UGC、PGC、OGC、PUGC
变现渠道	广告、电商、直播、付费内容、KOL、KOC

小红书作为年轻人的生活方式平台，在"她经济""宅经济""颜值经济"的驱动下，代表了一代人或一群人各类生活、消费场景。无论从用户触达率、内容展现方式及品牌产品、服务"种草"的成本来说，小红书依然是品牌做内容营销性价比较高的一个平台。如果产品服务和平台用户重叠，小红书是一个不错的品牌"种草"平台。

（三）专业类直播平台

除以上比较常见的直播平台外，还有一些专业性较强的直播平台，如游戏类、教育类直播平台。

1. 游戏类直播平台

虎牙、企鹅电竞是较受用户喜爱的游戏直播平台。前者月活跃用户量可达 4 000 多万人，适合游戏竞技技巧较为成熟的主播；后者月活跃用户量可达 700 多万人，适合新手游戏主播。

2.教育类直播平台

荔枝、小鹅通、千聊等是用户使用率较高的教育类直播平台，皆须付费。荔枝直播以语音和图文互动直播为主要直播形式，千聊以音视频录播、语音和图片直播为主要直播形式，小鹅通以语音直播、视频录播加直播、PPT直播为主要直播形式。

除此之外，为了满足社会的需求，专业类直播平台还衍生出了财经、体育、房地产等类型的直播平台，如番茄财经、企鹅体育、乐居（新浪的房地产直播平台）等。

旅游直播无顶流，东方甄选想上位

"两万年前的火山活动让海南成岛，铁红的岩浆喷向蓝得透底的天空，海南如灵龟一般在水底长成，生命活动所需要的所有物质和元素，在这里都炫目地熠熠生辉。"

坐在无边泳池的边沿，背朝大海和阳光，东方甄选的明星主播顿顿开启了熟悉的"娓娓道来"。2023年12月10日一早，"东方甄选看世界"在抖音和App内首次带着200元左右的旅游线路开播，在抖音直播间，不同于大多数"背景版文旅直播"，"看世界"中的实景打卡"含旅游量"极高。事实上，新东方早在2023年7月就官宣了进军文旅赛道，半年多成立了多家地方文旅公司，推出了大量的自营文旅、研学旅行产品，在"新东方文旅"账号售卖。而此次活动不同的是，采用的是东方甄选App的销售渠道，且产品均为第三方供应商提供。从自营到带货，从抖音直播间到东方甄选App，新东方换了一条路，又闯进文旅赛道。

正如俞敏洪所言，"基于外部平台所建立起来的商业模式，有很强的脆弱性。"文旅直播似乎成了东方甄选独立后的一颗"新子弹"，但这颗"子弹"究竟能够飞多远？

尽管没有上链接，游玩就是全部的内容，但顿顿和蓓蓓的主要目的，还是为东方甄选App引流。"如果大家想体验我们的同款行程，就点击右下角的小风车、下载东方甄选App。"此次"东方甄选看世界"播出，主要分成抖音App、东方甄选App和小程序两个阵地，分工不同。前者是通过直播间内容起到引流、"种草"的作用，而后者则负责承接转化销售。从玉米、大虾到阳光、沙滩、海浪，"明星主播＋真实旅游"成了东方甄选"打响第一炮"的策略，从数据来看，也颇为奏效。据蝉妈妈数据，抖音直播间的这场首日直播，持续了14小时左右，观看人次220.9万人次，平均在线5772人；而在东方甄选的App中，有主播讲解具体的线路，也开辟出了专门的旅游产品板块，同一时间段，App直播间的在线人数只有抖音直播间的十分之一左右。不过，晚上10点结束时，弹幕区欢庆了起来，"今天这个场观，自建房（东方甄选App）商品交易总额（Gross Merchandise Volume，GMV）达到了1600万的业绩。"1600万的数据，意味着此次App内的GMV，已经能和抖音的主账号"东方甄选"一较高下了，但简单对比一下双方的用户数据，抖音主账号"东方甄选"的观看人次1210.8万人次，平均在线2.5万人，而"东方甄选看世界"场观只有主号的六分之一。也就是说，"东方甄选看世界"用更少的观看量，更高的客单价，博得了一个几乎与主号等量的GMV。

这对于直播带货进入瓶颈期的东方甄选而言，确实是一个好消息。从短期看，文旅产品销售相比农产品等，将会大幅提升收入规模、利润率；而从长远来看，文旅不同于零售，有着更长、更深的服务链条，也代表着更广阔的天空。

（资料来源：商业数据派，2023年12月12日）

任务二　旅游新媒体直播营销流程

一、明确旅游新媒体直播营销目标

明确旅游新媒体直播营销目标有助于明确直播目的、制订营销方案及评估营销效果。直播营销目标的设定十分考验方案策划能力和方案执行能力，直播营销内容、目标用户、完成目标的时间、目标的具体数值等都需要明确。

（一）确定直播营销内容

直播营销内容是指营销对象、主播或企业（品牌）知名度、文案，以及直播所传递的生活态度等附加价值的总和。

1. 营销对象

营销对象是旅游直播营销内容的重头戏。一般来说，产品、品牌等都是比较常见的直播营销对象。在确定直播营销对象时，应确保产品、品牌等优质且正面，减少直播营销可能产生的负面影响。例如，一些直播"带货"团队为保证营销产品的质量，专门成立了质检小组，对备选产品的资质、功能等进行检查，并进行试用。

2. 知名度

在旅游直播营销中，要想增强营销效果，可利用主播或企业（品牌）的知名度提高直播热度，吸引更多的用户参与。知名主播，特别是头部主播拥有极强的号召力，选择这类主播有利于新产品（内容）迅速打开市场。企业或品牌的知名度则能使营销效果更为持久，因此，要注重提高企业或品牌的知名度或与某知名企业联名合作等，以增强直播营销的影响力。

3. 文案

优秀且与内容风格相呼应的文案可以在宣传时吸引一定的流量。

4. 生活态度

旅游直播所传递的生活态度等信息可以在一定程度上刺激用户，获得用户的认可。同时，生活态度也是直播风格的一种体现，明确生活态度是对直播风格定调，而直播风格定调也是设计和开展直播后续活动的基础。例如，某旅游达人主播在直播的过程中总是展现乐观的生活态度，让观看直播的用户深受感染，培养了很多忠实的用户，也让该主播的销售成绩高于同公司的其他主播。

（二）确定目标用户

营销的目的是留住用户，满足用户的利益诉求。因此，在明确旅游直播营销内容之后需要立刻找准目标用户，即直播营销的"买方"，明确目标用户市场、年龄阶层、经济消费能力、直播观看时间段、利益诉求、潜在需求等内容。

1. 目标用户市场

愿意观看直播的用户便是旅游直播营销的目标用户市场，精准定位愿意为直播营销对象付费的用户能让直播营销效果更加明显。例如，某直播间以低价、品类全著称，追求低价的用户和各品类的购买用户汇集在一起，组成了庞大的目标用户市场。

2. 年龄阶层

年龄阶层是指目标用户的大致年龄段和占比，明确年龄阶层有助于进行有针对性的营销。例如，完美日记在直播营销的时候经过筛选，将目标用户的年龄阶层定位在 18 ～ 28 岁，进行有针对性的营销，取得了很好的效果。

3. 经济消费能力

各年龄段的目标用户的经济消费能力影响着用户愿意为直播投入的时间、精力和金钱。一般来说，经济消费能力强的用户愿意为直播投入的时间、精力相对较少。

4. 直播观看时间段

直播观看时间段的选择非常重要。直播观看的时间段影响着观看直播的人数，与直播效果、直播营销效果有直接联系。

5. 利益诉求

目标用户观看直播一般都带有目的性，期望通过观看直播得到收获，如快乐的心情、高性价比的产品等。

6. 潜在需求

目标用户除明确的利益诉求外，还有未曾挖掘或发现的需求。例如，某美妆主播在直播时详细地介绍了不同肤质的用户选择护肤品的方法，某用户通过该介绍确定了自己的肤质，同时对相应的产品产生了需求，该需求就是用户自身未曾挖掘的需求。

（三）明确目标完成时间

旅游直播营销目标完成时间的确定，一方面是为了方便编制预算；另一方面是为了提高效率，督促相关负责人尽量在有限的时间里完成营销目标。直播营销目标的完成时间需要根据直播营销内容的多少、参与项目人员的数量等确定。

1. 直播营销内容的多少

直播营销内容的多少关系到直播营销工程量的大小及时间和精力的多少。内容多，工程量较大，所花费的时间和精力相对较多；内容少，工程量较小，所花费的时间和精力也相对少一些。例如，某女装的直播内容中有时会增添服装走秀的环节，这就涉及走秀场景的搭建，工程量便会增加。

2. 参与项目人员的数量

参与项目人员的数量关系到旅游直播营销的效率。人员充足，那么直播营销的效率会提高，目标完成的时间便会缩短；反之则会延长甚至超时。因此，在进行人员安排时要注意参与人数是否满足直播营销任务的需要，人员分工是否合理。

（四）目标数字化

将旅游直播营销目标设定为具体的数字、可量化的指标，有利于推动直播营销的进展和对直播营销效果的衡量，同时，也有利于判断主播团队的直播营销能力。例如，某企业预计通过一次直播达到 600 万元的销售额，那么这 600 万元便是此次旅游直播营销需要达到的目标，若未达到 600 万元则目标未完成，这也体现了主播团队的能力存在一定的不足。

二、筹备旅游新媒体直播活动硬件

旅游新媒体直播活动离不开硬件的支持，无论是直播场地还是直播设备，都影响着直播带给用户的感受。在直播活动进行的过程中，硬件的品质越高、种类越齐全，越有利于直播活动的开展。不同的直播活动对硬件的要求也不

微课：旅游直播准备

同，因此，硬件筹备人员可根据直播活动需求选取相应的场地及相关版本的设备。

（一）场地

直播场地影响着直播画面的舒适度，因此，安静、整洁、光线好的场地更适合开展直播活动。室内直播场地通常可以选择办公室、仓库、会议室、门店、展示厅等符合直播内容且不受外界干扰的地方，室外直播场地通常可以选择产品采购地、活动现场等受欢迎、有关注度的地方。一般来说，美妆类直播的场地不得小于 5 平方米，美食类直播的场地不得小于 10 平方米，服装类直播的场地不得小于 15 平方米，家居类直播的场地不得小于 20 平方米；室外直播场地如旅游直播等不受面积的限制，但要避免出现将时间都花费在路途中的情况。

（二）设备

由于经济承受能力和直播内容有差别，因此个人、企业或品牌采用的直播设备会存在差异。为更好地筹备直播设备，下面将直播设备按照不同的标准分为不同的版本，可按需选择。

1. 普通版

普通版是以手机（计算机）为主的直播设备，难度小且易操作，此处以手机为主进行介绍。利用手机进行直播，首先，要在手机上安装好直播 App，应准备至少两台手机，一台用于直播，另一台用于查看弹幕；然后，准备好手机充电器和手机支架，手机充电器用于随时补充手机电量，手机支架用于固定手机。普通版设备常用于泛娱乐化直播，或个人、中小型企业的"带货"直播中。

2. 升级版

升级版以单反相机为主要直播设备。用单反相机直播的画面相对于手机而言更清晰，也更有质感，同时，如果有剪辑视频的需要，也便于后期剪辑。利用单反相机进行直播，首先，需要准备一台单反相机，检查相机的 HDMI（高清多媒体接口）及传输线；其次，准备云台和脚架，以放置和固定单反相机；最后，检查采集卡是否准备到位。需要注意的是，单反相机的续航能力有限，因此不利于长时间录制，在开播前需提前充好电且在直播过程中要注意检查。

3. 精装版

精装版以摄像机为主要直播设备，并配以专业的直播编码器或编导一体的设备，画面清晰流畅、拍摄稳定。利用摄像机进行直播，首先，需要准备一台或多台摄像机，并配以专业的摄像人员，以便随时切换镜头；其次，检查摄像机是否连接直播编码器或编导一体的设备；最后，检查采集卡是否准备到位。精装版设备适用于晚会直播、会议直播等要求较高的直播现场。

此外，硬件筹备人员还应检查网络运行情况并准备补光工具。为了更好地与用户互动，不管是使用单反相机还是摄像机进行直播，都应另外配备一台手机或其他设备，以供主播或嘉宾观看弹幕。

（三）灯光

1. 直播间灯光的选择

直播间的灯光主要有主灯和补光灯两种。主灯一般为冷光源的 LED（发光二极管）灯；补光灯尽量选择可调节亮度、高频闪的灯。若想营造暖色调的效果，主灯可以选择冷色、补光灯选择暖色；若想营造冷色调的效果，主灯可以选择冷色，并选择冷色或偏冷色的补光灯。

2. 灯光的摆放

主灯和补光灯的配合使用形成了主光、辅助光、轮廓光、顶光和背景光五种光。主光主导光源，决定着画面的主调，在布光中，只有确定了主光，才能添加辅助光、背景光和轮廓光等，主光可以使主播脸部受光匀称，这也是灯光美颜的第一步；辅助光是为了改善阴影面的层次与影调，通过调节辅助光增加整体立体感，突出侧面轮廓；轮廓光又称为逆光，通常放置在主播身后的位置，勾勒出主播轮廓，可以起到突出主体的作用；顶光是次于主光的光源，从头顶位置照射，给背景和地面增加照明，能让主播的颧骨、下巴、鼻子等部位的阴影拉长，从视觉上拉长脸部轮廓，达到瘦脸的效果，这也是主播常用光之一，如果房间的顶灯足够亮，可以不用另外增加；背景光的主要作用是烘托主体或渲染气氛，可以使直播间的各点亮度都尽可能地统一和谐。

其中，主光正对主播面部且与镜头光轴成 0° ~ 15°，顶光位于主播头顶且距离不超过2 米，辅助光放在主播两侧距离主播较远的地方，轮廓光摆放在主播身后，背景光（多光源、低亮度为宜）可摆放在背景周围的各角落起渲染的作用。在理想状态下，五种光一应俱全，但受经济条件、场地大小等的限制，有些光会有所缺失。表 8-6 为直播间常见的灯光摆放方案。

表 8-6　直播间常见的灯光摆放方案

灯数量	灯类型	主/补光灯	位置摆放	适用对象	优点
1 盏灯	环形灯	主灯	距人 1 米左右的正前方，且比人高 15 厘米	仅有主播的直播间	操作简单，有瘦脸、美颜的效果
2 盏灯	不限（加柔光纸，功率相同为宜）	一主一补或同主	靠近摄像头的两侧且与摄像头的距离相同，略高于摄像头，光线投向主播	脸型匀称、年轻的主播，坐着"带货"的直播	凸显脸部优势、直播内容
3 盏灯	环形灯 1 盏、柔光灯 2 盏	环主柔补	环形灯放在主播正前方，柔光灯放在主播两侧且与主播间的距离相等	服装、美妆、珠宝、人物专访等空间小的直播场景	还原立体感和空间感
	球形灯 1 盏、柔光灯 2 盏	球主柔补	球形灯在镜头上方且高于镜头和主播，柔光灯放在主播两侧		
4 盏灯	环形灯 1 盏、带灯落地反光伞或柔光灯 2 盏、顶灯 1 盏	环主，其他补	环形灯正对主播，带灯落地反光伞或柔光灯放在主播两侧且距离相等，顶灯位于主播头顶上前方	有助播或嘉宾参与的直播、"带货"直播	照亮主播正面和空间
5 盏灯	球形灯 1 盏、长方形柔光灯箱 1 盏、环形补光灯 3 盏	球主，其他补	球形灯正对主播；2 盏环形补光灯位于主播两侧且光线打向主播，另 1 盏环形补光灯位置低于主播脸部，光线可投向主播或产品；长方形柔光灯箱放在主播身侧，光线投于背景墙，用于补光	知名主播直播间、物件较多的直播间	提升画面的质感

三、策划旅游新媒体直播营销脚本

一场好的直播离不开一个设计严谨的脚本。直播脚本可以最大限度地帮助主播把控直播节奏，规范直播流程，达到预期的目标，实现直播效益最大化。

（一）直播脚本的定义与作用

旅游直播脚本是指使用特定的描述性语言，针对特定的某场直播编写的规划方案，以保证直播有序且高效地进行，并能达到预期的目标。遵循直播脚本进行直播能有效避免不必要的意外发生，如场控意外、长时间尴尬场等。一份清晰、详细、可执行的直播脚本是直播顺利进行并取得良好效果的有力保障。具体来说，直播脚本的作用主要体现在以下几个方面。

1. 提高直播筹备工作的效率

在直播前，直播运营团队需要做好充足的直播规划，不能临近开播才考虑直播主题如何设置、直播场景如何搭建、相关优惠活动如何设置、直播人员如何配置等问题，以免导致人员职责不清、相关细节考虑不周等问题。在开播前制作直播脚本，能够帮助参与直播的人员了解直播流程、明确个人职责，让每个人各司其职，从而保证直播筹备工作有条不紊地展开。

2. 帮助主播梳理直播流程

直播脚本能够帮助主播了解本场直播的主要内容，梳理直播流程，让主播清楚地知道在某个时间点应该做什么、说什么，以及哪些事项还没有完成等，减少主播在直播中无话可说、对活动规则解释不清楚等情况的发生。一份详细的直播脚本甚至在主播话术上都有技术性的提示，能够帮助主播保持语言上的吸引力，并游刃有余地与粉丝进行互动。

3. 控制直播预算

对于中小型企业来说，直播预算可能有限，可以在直播脚本中提前设计好自己能够承受的优惠券面额、红包金额、赠品支出等，从而控制好直播预算。

（二）整场直播活动脚本设计

一场直播通常会持续几个小时，在这几个小时里，主播先讲什么、什么时间互动、什么时间推荐商品、什么时间送福利，都需要提前规划好。整场直播活动脚本是对整场直播活动的内容与流程的规划与安排，重点是规划直播活动中的玩法和节奏。通常，整场直播活动脚本应该包括表 8-7 所示的几个要点。

微课：旅游直播
脚本策划

表 8-7 整场直播活动脚本的要点

脚本要点	具体说明
直播目标	明确直播要实现何种目标，是积累用户、提升用户进店率，还是宣传新品等
人员安排	明确参与直播人员的分工和职责
直播时间	规划好直播时间并严格执行。建议开播的时间要固定，养成用户按时观看直播的习惯。到了结束时间最好准时结束直播，如果商品没有介绍完可以留到下一场直播，以制造悬念
直播主题	从用户需求出发，明确直播的主题，避免直播内容枯燥无味
主播介绍	介绍主播的名称、身份等
直播流程	直播流程要写得非常具体，详细说明开场预热、品牌介绍、活动机制、商品介绍、用户互动、直播结束等各个环节的具体内容以及如何操作等问题

优秀的整场直播活动脚本一定要考虑到细节，让主播从上播到下播都有条不紊，让每个参与人员、道具都得到充分调配。表 8-8 为一份整场直播活动脚本的示例。

表 8-8 整场直播活动脚本示例

脚本要点		具体说明
直播目标		宣传旅游商品,提升销量,新增粉丝 600 个,实现直播销售额 200 000 元
人员安排		(1)场控负责检查直播现场环境,准备道具、设备; (2)主播负责讲解产品,互动和促单; (3)助播负责补充讲解、引导关注、购买演示、互动答疑、展示产品等; (4)运营负责选品、组品、赠品机制设定,流程策划、上架商品链接,设置库存,控制直播间评论,投放广告、监控数据、把控节奏; (5)后台客服负责修改商品价格,与用户进行沟通,及时转化订单
直播时间		2024 年 8 月 8 日 20:30 ~ 22:30
直播主题		暑假出行优惠大放送
直播流程	主播介绍	主播×××,助播×××,旅游达人×××
	开场预热	暖场互动,主播和助播就此次直播的旅游产品,特别是对主推旅游产品做简要说明
	品牌介绍	主播介绍旅游产品的品牌理念;助播在旁边适当补充内容,并引导用户关注店铺
	活动机制	开场 30 分钟后发布本场直播第一个优惠活动规则"关注有礼,赠送 5 元优惠券";之后每隔 30 分钟发布一个优惠活动(主播也可以自主调整发布优惠活动的时间点),包括半价限时抢购、点赞抽奖、趣味问答等
	商品介绍	(1)介绍旅游产品包含的线路、服务、优惠福利等; (2)从用户的角度出发,主播可以介绍已购用户的体验感受; (3)向用户介绍旅游商品的购买路径
	用户互动	回答用户的提问,引导用户点击关注和下单
	活动总结	再次强调品牌特色、旅游商品卖点及本场活动的优惠力度
	直播结束	感谢支持,引导用户点击关注,预告下次直播的内容

(三)直播活动单品脚本设计

单品脚本就是针对单个商品的脚本。在一场直播中,主播会向观众推荐多款商品,主播必须对每款商品的特点和营销手段有清晰的了解,才能更好地将商品的亮点和优惠活动传递给用户,刺激用户的购买欲。因此,为了帮助主播明确商品卖点,熟知每款商品的价格机制,直播运营团队最好为直播中的每款商品都准备一份对应的脚本。这样,既便于主播全方位地了解直播商品,也能有效地避免在人员对接过程中产生疑惑或问题。表 8-9 为某品牌旅游产品的单品脚本示例。

表 8-9 某品牌旅游产品的单品脚本示例

项目	宣传点	具体内容
品牌介绍	品牌理念	××品牌带你走遍大美中国,行走四方,用行走拓展生命的版图
商品卖点	旅游线路丰富多样	旅游产品套餐含云南丽江古城、大理古城、洱海、石林风景区、束河古镇、玉龙雪山、蓝月谷等丰富的优质景点
	优质服务	非遗传统妆造及服装、非遗漆扇制作体验、茶道体验、全程跟拍服务等
	价格优惠	今日下单,拍两大套餐享原两大一小套餐内容及服务
利益点	"618"特享提前优惠	今天在直播间购买此款旅游产品,享受与"618"活动相同的价格,但可以提前拿到使用,下单时备注主播名字即可
直播间注意事项		(1)在直播进行时,直播界面显示"关注店铺"挂件; (2)引导用户分享直播间,为主播点赞; (3)引导用户加入粉丝群

（四）脚本策划应规避的违禁词

若要做好旅游新媒体直播，就必须先要了解平台规则，特别是违禁词，出现一个都有可能让过去的努力付诸东流，轻则限流，严重的甚至会被永久封号。旅游新媒体直播脚本策划时应注意规避以下类别的违禁词。

微课：直播运营——
违禁词解读

1. 极限类用语

含有"最""首家""国家""世界""绝对""100%"等过于绝对化的词语表达。

2. 时限类用语

旅游直播限时须有具体时限，所有团购须标明具体活动日期，严禁使用"随时结束""仅此一次""随时涨价""马上降价""最后一波"等无法确定时限的词语。

3. 权威类用语

含有"国家××领导人""国家××机关推荐""质量免检""老字号""中国驰名商标""特供"及人民币图样的均为违禁权威词语。

4. 欺骗消费者类用语

严禁使用疑似欺骗消费者的词语，如"点击有惊喜""点击××词语获取""点击试穿""恭喜获奖""全民免单""领取奖品"等文案元素。

5. 医疗功效类用语

严禁使用"瘦身""美容养颜""活血""修复受损肌肤""杀菌""改善过敏现象"等医疗功效的相关用语。

6. 产品成分类用语

凡是涉及产品成分类的词，如"富含氨基酸"等表达，坚决不能出现在旅游直播间。

7. 迷信类用语

迷信违禁用语主要包含"带来好运气""增强第六感""化解小人""增加事业运""招财进宝""健康富贵""提升运气""有助事业""护身""平衡正负能量""消除精神压力""调和气压""逢凶化吉""时来运转""万事亨通""旺人""旺财""助吉避凶""转富招福"等。

📖 课堂讨论

某旅游主播在抖音直播时，提到"还没有付款的宝宝们抓紧时间付款，这是本场直播最后一波大福利啦，过会儿我们就踢掉名额让给我们想买的宝宝们啦！"是否存在违禁词违规，属于哪一类？

💬 分享点评

景区"禁直播"，该"断流"的何止此

走进景区，"长枪短炮"安营扎寨，直播乱象丛生。赏景的你，很可能正是直播间里被围观的对象。隐私被窥、赏景有利视角被占、直播噪声扰人心烦……当游览受到干扰、个人空间被"示众"，很多人对直播场景就心生反感。景区直播乱象就没治了吗？否！

近期，广州长隆野生动物世界的一则"温馨提示"，赢得了阵阵叫好。这则提示指出，未经许可，不得在园区进行任何商业性摄影、录音、录像或直播等活动。也就是说，以后进景区直播，首先要得到许可。这则禁令为何能够引起热议、赢得好评？这还得从一些直播场景"野蛮生长"，无底线蹭流量、无原则踩红线的说起。

流量即收益。直播业态的兴起，确实丰富了人们的生活，拓宽了经济维度。实体主动"触网"，嵌入直播业态，也成了其转型升级、做强自身的关键路径。直播带货、直播唱歌、直播助农……这些直播业态的兴起，带动了就业、促进了发展、丰富了精神世界，值得进一步做大。再看旅游场景，一些博主走遍祖国的大好河山，用直播方式向网友分享人文故事、地方美景、特色美食、生活小记，让网友足不出户便能领略丰富多彩的大千世界，自然是好事。博主赢得了粉丝，有了流量和经济收益，网友也大饱眼福，两全其美。

然而，直播业态迅速崛起，也让一些人动起歪脑筋，直播乱象随之多起来。有的直播喝酒，因饮酒过量而搭上性命；有的直播胡吃海塞，导致身体不适；有的因粉丝起哄，在户外挑战公序良俗，引发围观，扰乱秩序，带偏青少年。旅游景区的直播乱象同样"野蛮生长"。海滩十步一直播、男扮女装无底线博眼球、占用公共场所直播带货、强行跟拍骚扰游客……景区的直播乱象屡禁不止。景区直播管理难，根本在于有利可图。例如，2023年被环球影城叫停的跟拍摄影师，每小时能赚200元，月入可达3万元，盈利空间可见一斑。那些让游客生厌、影响景区秩序、破坏文明氛围的直播，应当坚决叫停。

事实上，早有地方对无底线直播说"不"。三亚严厉打击骚扰游客、低俗言语挑逗或骚扰类身体接触、未经同意强行跟踪拍摄路人等行为；颐和园、故宫博物院、中国国家博物馆等禁止在展厅内开展自媒体直播、录播活动；上海迪士尼乐园一直有禁止游客在园区内直播的规定……此次广州长隆野生动物世界禁止在景区进行商业直播等活动，意味着景区"禁播"序列进一步拉长。越来越多的景区亮明态度，对"扰民"的商业直播不再睁一只眼闭一只眼，有利于为游客创造一个更加良好的出游体验。

对景区直播喊打时，也不可"一刀切"。不可否认，在很多景区，有不少热衷为粉丝讲解景区特色、传播文化知识、介绍历史典故的优质博主。一个人、一部手机，随走随播，被称之为"云导游"。他们打破了地域、时空限制，让网友在直播间捕捉镜头里的精彩瞬间，感知"诗和远方"，提升网友的好感度，继而吸引线下客流，带火一个景，甚至是一座城。我们也看到，不少景区对那些传递正能量的主播是欢迎的。通过直播讲解、细节展现，或许能够催生一个"网红地"。2023年淄博烧烤"出圈"，就源于一则短视频的"破圈"。正在"火"起来的"网红"城市哈尔滨，同样离不开直播、短视频等流量的加持。

（资料来源：微信公众号，安徽时评，2024年1月9日）

点评：流量本无罪，可流量加入了人的不同行为，就有了好坏之分。传播正能量，流量向"善"，人人欢迎；反之，人人喊打。如果在景区以"语出惊人"博眼球、占用公共资源谋私利、骚扰游客赚流量，这样的流量当果断"断流"。

四、编辑旅游新媒体直播营销话术及文案

旅游新媒体直播营销宣传文案实质上就是直播营销内容和广告。如何通过直播营销宣传文案使直播效果最优化、让更多的用户知道并参与直播，是旅游品牌需要重视的问题。

（一）编辑旅游新媒体直播营销话术

针对某一具体旅游产品进行直播介绍时，话术大致按照以下流程进行设计。

微课：直播运营——话术设计

1. 吸引目标用户群体

"痛点"，就是潜在用户很在意，但无法解决或难以解决的问题。旅游直播在介绍旅游产品前，首先要利用潜在用户的"痛点"，提炼、积聚目标用户群体。

以云南大理丽江旅游景点套餐为例："想要看大理苍山洱海的风花雪月，游览丽江的玉龙雪山，却苦于不会进行旅游行程规划，担心常规的规划有太多套路的宝宝们赶紧看过来！"

2. 提炼卖点

卖点是指具备前所未有、别出心裁或与众不同的特色、特点，能打动用户的最强有力的消费理由。通俗来讲，提炼卖点就是潜在用户为什么要消费你的产品而不是其他竞争对手产品，即人无我有，人有我优。

一般要提炼三个左右的卖点，可围绕产品的特征、利益、前后端提炼，也可参照卖点提炼的 FAB 法则提炼。F（Feature，属性）是指旅游产品所具备的特有的资源和服务；A（Advantage，优势）是指旅游产品所具备的独特的竞争优势；B（Benefit，客户利益与价值）是指旅游产品如何满足目标市场的需求。

3. 线上线下比价

例如，"线下某旅行社此套餐价格是 ××，今天在我们直播间，只需要 ××"，这个价格一定要有优惠吸引力。

4. 上链接并引导下单

直播团队一起配合进行，尽量简短而铿锵有力，如"54321 上链接！"给直播间营造一种较紧张的抢购氛围。旅游产品链接上好后，直播团队一定要有引导下单的话术，如"链接已上好，点击小黄车 1 号链接即可购买，赶紧去拍"。

5. 逼单

逼单是指通过运营手段，把直播间在线人数拉高，同时又有很多人扣屏互动，营造直播间火热的感觉。这样可以让直播间留住更多的人气和流量，促进用户尽快下单购买，提高销售额。

例如，"主播 9 点准时下播吃夜宵去啦，今天在直播间下单了的宝宝们，主播向老板申请了额外福利，再赠送七天无理由退货福利，这可是我们线下哪里都没有的福利，还没确定的宝宝们，赶紧确定好哦！"

（二）编辑旅游新媒体直播营销文案

1. 设计旅游新媒体直播营销文案

旅游新媒体直播营销宣传文案是引导用户进入直播间的主要途径，也是用户了解直播详情的重要途径。因此，在编辑直播营销宣传文案时要有针对性。

（1）文案标题要有针对性。不同的直播内容有不同的主题，直播营销宣传文案的主题应为直播内容服务。为了让主题具有针对性，可以根据直播主体、目的、重要人物等设计营销宣传文案的主题，争取用最精练、直白的语言传递最多的信息。例如，新疆文旅官方账号"新疆是个好地方"将直播预告标题文案（图 8-1）设置为"5.19 中国旅游日"，主题针对直播内容设计，简单明了，能够让用户通过主题明白直播的内容。

（2）文案内容要有针对性。内容是直播营销宣传文案的核心，也是最能体现文案区别的地方，因此，在编辑文案内容时应针对此次直播内容进行设计。为了让正文内容具有针对性，可以在直播营销宣传文案中展现此次直播的特点、形式、嘉宾阵容等。例如，丽江古城博物院在抖音上发布的直播预告文案（图8-2），该文案围绕"5.19中国旅游日"主题设计，用文字"5月19日早上十点，中国旅游日来临之际，我们将开启木府首场直播，带您翻阅一部曾经在西南地区辉煌一时的大土司家族的兴衰史"介绍了直播的具体时间及内容，两者的巧妙结合，将此次直播的内容和主题展现得淋漓尽致。

图8-1　新疆文旅官方账号"新疆是个好地方"　　　　图8-2　丽江古城博物院官方账号
　　　　　直播预告文案　　　　　　　　　　　　　　　　　直播预告文案

2. 旅游新媒体直播营销宣传文案的编辑技巧

旅游新媒体直播营销宣传文案只有针对性还不够，还需要有"亮点"，能够吸引用户观看直播才算成功。下面介绍几种常见的、受欢迎的直播营销宣传文案的编辑技巧。

（1）借势。可以在旅游新媒体直播营销宣传文案中借势宣传，如借助名人的名气为直播造势，这种方法常见于品牌或知名主播的直播营销宣传文案中。对于影响力不够的个人、企业或品牌，可以在直播营销宣传文案中带上与名人或热点事件相关的话题提高影响力。例如，"敦煌夜市"账号在文案中通过增添"俞敏洪和东方甄选团队"等语言借势文旅"红人"宣传，如图8-3所示。

（2）抽奖。抽奖是编辑旅游新媒体直播营销宣传文案时常用的技巧，适用于任何个人、企业或品牌，但需要注意的是，要确保文案中的抽奖信息足够有吸引力，或满足大部分目标用户的需求。

图8-3　"敦煌夜市"账号直播预告文案

（3）价值包装。把用户能够获得的价值或利益告知用户远比直接呈现内容取得的营销效果要好。因此，可以在旅游新媒体直播营销宣传文案中对直播价值进行包装，让用户提前看到观看直播能够获得的利益，如"观看直播赠送同款食谱"等。一般来说，价值越大，用户观看直播的积极性越高，对直播的兴趣越浓厚。

（4）突出"亮点"。"亮点"本身就是直播的一大吸引力，因此，可以在旅游新媒体营销宣传文案中将"亮点"直接点明，精准地吸引目标用户。这一技巧适合有一定粉丝基础的营销者，如果粉丝基础不足，该技巧也可配合抽奖活动使用。但需要注意的是，"亮点"成了营销文案的重心，因此，"亮点"一定要突出且有足够的吸引力。

课堂讨论

一场专业的旅游新媒体直播话术设计大致包含哪几个环节？

五、进行旅游新媒体直播营销推广

（一）直播前预热

直播前预热是进行旅游新媒体直播营销推广的重要举措，没有预热的直播基本吸引不了多少用户。直播预热不仅可以扩大直播的声势、提前为直播引流，还可以达到提高个人、企业或品牌影响力的作用。

案例："严"字改变旅游直播生态

1. 直播预热方式

直播预热的方式很多，其具体形式和效果不同，以下介绍几种常见的直播预热方式。

（1）在个人简介中发布直播预告。可在开播前，提前将直播预告发布到个人简介中，包括直播时间、直播主题等，以便用户通过简介得知直播信息。个人简介中的直播预告通常以文字的形式出现，且篇幅较短，如"5月8日，13点直播，好物狂欢购"。这种预告方式适合有一定粉丝基础的个人。

（2）发布直播预告短视频。直播预告短视频是常用的预热方式，通过短视频的形式告知用户直播时间、直播主题和直播内容。针对已经成为粉丝的用户，可以直接发布纯直播预告短视频，简明扼要地传达直播的相关信息。例如，图8-4所示为"美丽远安"账号的直播预告短视频截图。若要吸引新用户，可以在预告短视频中告知本次直播的福利、设置悬念或植入预告。若要形成连锁营销效应，可在每次直播前后发布上次直播、本次直播中有趣的视频片段。

（3）站外直播预热。站外直播预热可在微博、微信、抖音、小红书等第三方平台上进行，通过第三方平台进行直播预热进一步扩大营销的范围，提高影响力，如在抖音发布直播预告文案。

图8-4　"美丽远安"账号直播预告文案

2. 直播预热策略

旅游直播预热还需要搭配一定的策略，以达到更佳的营销效果。以下介绍常见的几种直播预热策略。

（1）发放直播专享福利。在预告中提前告知用户在直播中会发放专享的福利，以吸引更多的用户观看直播。例如，在预告中告知用户赠品的数量、折扣的力度、福利的类型和获得条件等。

（2）限时营销。限时营销规定了用户能够享受福利的时间段，使用户产生一种紧迫感，从而刺激用户尽快采取相应的购买行动。在预告中提前告知福利享受的时间段可以引起用户对直播的重视。限时营销主要有两种方式：一种是只在一段固定的时间内给出相应的福利，时常配合直播平台的活动实施；另一种是普遍用于直播过程中，规定的时间较短，一般为几秒或十几秒，如直播过程中主播倒数10个数发放福利，营造紧迫感，让用户跟随主播的快节奏完成购买，增加销售额。

（3）限量营销。限量营销限制了用户可享受的福利数量、观看内容等，人为地制造紧缺感，如限制能享受福利的人数、产品数量等，提升福利的珍贵程度。在预告中将这些信息透露出来，不仅可以衬托出产品的稀有性和受欢迎程度，还能够让用户更加积极地参与直播。用户一旦在直播中获得福利就会产生一种满足和自豪感，进而会关注下一场直播。

（4）直播PK。直播PK是指不同直播间的主播约定在同一时间进行连线挑战的一种引流方式。在直播预热中，将直播PK的信息告诉双方的粉丝，不仅可以增加直播的趣味，还可以壮大声势。

在直播营销中，前三种直播营销技巧在直播带货营销中很常见，且效果显著；最后一种直播营销技巧常见于泛娱乐化的直播营销中。

（二）直播中引流推广

1. 合作引流

若只靠自身进行推广效果有限，可以通过与其他方如网络红人、艺人或头部主播合作的方式引流。

（1）与其他主播互动。可与其他主播进行合作、账号互推，在将自己的粉丝引导过去的同时获得合作方主播粉丝的关注。这样，借助两人的影响力能够将直播进一步推广出去。

（2）邀请领导参与直播。政府领导、企业领导参与直播本身就是一个很大的看点，特别是有知名度的领导。同时，他们也能为直播内容背书。这样，不仅能够提高直播的影响力，还能够拉近与用户之间的距离，增强用户的信任感。为推动本地经济复苏，各地区政府领导纷纷投身直播，宣传推广当地乡村特色农产品。例如，抖音博主"陈某某博士说茶"通过抖音直播销售湖南益阳安化黑茶，有力推动了安化的乡村振兴。

2. 付费推广

付费推广也是常用的旅游新媒体直播推广方式，不同平台的付费推广路径不同，可按需选择。

（1）淘宝。淘宝直播中的付费推广路径为"超级推荐"，以用户单击次数计费。在手机淘宝中找到"超级推荐"，选择其中的"直播推广"功能，即可将直播间推荐到"猜你喜欢""淘宝直播"等资源位。前者适合新主播引流；后者适合有粉丝基础的个人、企业或品牌引流。

（2）抖音。抖音直播中的付费推广路径为"DOU+投放"。直播前投放可选择页面中的"DOU+上热门"，如图8-5所示，根据直播实际需要，选择"组件点击""直播间人气""直播间涨粉""观众打赏""观众互动"等推广目的，直播中投放可选择"DOU+直播上热门"。

图8-5　直播前投放"DOU+上热门"界面

（3）快手。快手直播中的推广路径为小火苗图标。打开"直播"页面点击下方的小火苗进入"期望观看人数""每位观众推广费"设置页面，以人数计费。"期望观看人数"只是代表主播的期望值，非实际观看人数。快手直播推广采用网络广告每次单击的成本（Cost Per Click，CPC）的方式竞价，每位观众的推广费为1快币（0.1元），但CPC竞价的起拍价为2快币（0.2元），出价越高，观众进入直播间的速度越快，结算时以最终进入直播间的人数为准。

湖南张家界：8 家旅行社负责人及 26 名主播被约谈

为打好张家界市优化发展环境持久仗，持续推进全市"铁腕治旅"行动旅游营销秩序专项整治，2024 年 5 月 22 日，张家界市委网信办、永定区网信办联合市文化行政执法支队永定大队、永定区市场监督管理局集中约谈了 8 家旅行社负责人及 26 名主播。

会上，永定区网信办对"张家界×××旅行""张家界导游×××""旅行家×××直播中""导游×××""×××带你玩""优聚×××旅行""张家界×××旅行攻略""导游×××旅游接待中"等直播账号涉嫌存在无旅行社授权资质违规从事线上旅游招徕经营，"全国×××跟团"涉嫌发布虚假信息，"张家界品质游×××""×××带您去旅行""张家界导游×××"等直播账号涉嫌发布低价游信息进行了通报。永定区市场监管局就依法经营、诚信经营方面进行了提醒谈话，市文化行政执法支队永定大队重点结合正在办理的一例直播间虚假宣传案件进行了警示谈话。各旅行社负责人和主播表示要坚决拥护张家界市委、市政府"铁腕治旅"行动，迅速整改，坚决配合职能部门工作，共同维护好张家界旅游营销秩序。最后，张家界市委网信办鼓励大家要坚持正面导向，加强自律意识，共同维护张家界旅游良好形象。

下一步，张家界网信部门将进一步加大巡网力度，依法严厉打击涉旅违法营销行为，为深入推进张家界"铁腕治旅"行动旅游营销秩序专项整治打下坚实基础。

（资料来源：网信湖南，2024 年 5 月 25 日）

课堂讨论： 你认为旅游直播营销流程中，哪个流程是最重要的，为什么？

任务三　旅游新媒体直播营销技巧

一、打造个人 IP

打造个人 IP 是旅游直播营销中的常用技巧，有利于树立个人、企业或品牌的独立形象并彰显特色。个人 IP 代表个人、企业或品牌的形象、特点，其在市场上的影响力也体现了个人、企业或品牌的流量与商业价值。例如，与辉同行（北京）科技有限公司的法定代表人董宇辉，既代表着本人的形象和特点，也代表着公司的形象，影响着公司的市场价值。在旅游新媒体直播营销中，打造个人 IP 能够降低直播营销的成本、更容易获得用户的信任及更多的话语权。打造个人 IP 需要注意以下两个方面的内容。

（一）塑造个人形象

对旅游新媒体直播营销而言，个人 IP 打造的主角很多时候指的是主播。主播个人 IP 由主播的标签构成，包括个人形象、直播风格、价值体系和内容。通过这些方面塑造主播的个人形象，让用户知道"我是谁"。

1.个人形象

主播的个人着装要得体，符合个人气质和直播主题，且要与其他主播或嘉宾有区别。例如，某个弹奏古筝的抖音博主，在直播时会穿汉服、戴面纱，这样既优化了视觉效果，又能够营造出古风的氛围。此外，主播的妆容要干净，以淡妆为宜。

2. 直播风格

主播可以根据个人的性格、爱好、习惯确定直播风格，如性格活泼开朗的主播可将直播风格定为活泼型，点评犀利的主播可将直播风格定义为犀利型。确定直播风格有助于用户快速识别，吸引趣味相投的用户，也有利于主播和用户之间的交流。主播在直播的过程中要将直播风格放大，让用户一看到这类直播风格就想到自己。

3. 价值体系

价值体系即由主播的价值观构造出的体系，树立一套属于自己的、正确的价值体系有利于主播个人 IP 的塑造。在旅游新媒体直播营销的过程中，主播可以根据用户的定位，不断输出符合用户价值追求的信息，从而形成一套完整的体系，让用户在认同主播价值观的同时逐渐融入主播构建的价值体系。

4. 内容

内容是指主播在专业领域提供给用户的价值，包括产品的用途、美食攻略、风土人情展示等。这些内容可以帮助主播树立在专业领域方面的权威，是塑造个人形象非常重要的一部分。受欢迎的内容常常是用户感兴趣但又触及知识盲区的内容，因此，主播要对专业领域的知识非常熟悉。主播可根据用户的兴趣点，传递贴合个人形象的原创直播内容，如拥有丰富户外旅游知识的主播可以分享户外旅游的小技巧、值得游览的景点等。

（二）提升个人 IP 的吸引力

用户普遍愿意接受他人的善意、相信专业人士，因此，在打造个人 IP 的过程中可以针对这种心态采取相应的方法，以提升个人 IP 的吸引力。

1. 分享、创造价值

俗话说，给他人方便就是给自己方便，打造个人 IP 也是一样的。用户如果能通过主播持续获得价值，就更容易对主播产生信任。因此，主播可以在微博、B 站、小红书等新媒体平台上无偿分享一些实用的技巧、方法、见解等，为用户创造价值，以此提升个人 IP 的吸引力。用这种方法获取到的粉丝对主播的信任度较高，在美食、美妆等领域的直播营销中经常使用这种方法。

2. 提升知名度

知名度得到提升能够加深用户对个人 IP 的印象、增强用户的认同感。因此，可以通过与知名媒体合作、大 IP 带小 IP 等方式，较快地提升个人 IP 的知名度，从而达到提升个人 IP 吸引力的目的。

二、开展直播推广

旅游直播推广是旅游新媒体直播营销中非常重要的一步。好的旅游直播推广不仅可以为直播引流，还能扩大个人、企业或品牌的影响力，提高商业价值。配合新媒体直播营销的重要技巧，旅游新媒体直播推广将会开展得更顺利，可通过合作引流、付费推广等形式开展直播推广。

法律微课堂：
《网络主播行为规范》
给旅游直播行业戴上
"紧箍"

三、吸引和维护粉丝

旅游新媒体直播营销是为了吸引粉丝，获得流量，以实现最终的营销目的。吸引到粉丝之后，还要对粉丝进行维护，将其转化为忠实粉丝，并成为支撑个人、企业或品牌前进的动力。

（一）吸引粉丝

吸引粉丝最重要的便是取得粉丝的信任。只有产生了信任，粉丝才会积极参与直播的后续活动，促使营销目标达成。在获取粉丝信任的同时，主播还要注重提升自身魅力和拓宽推广渠道。

1. 获取粉丝信任

为获取粉丝信任，主播要坚持以下三个原则。

（1）诚实守信。主播在直播营销过程中所传递的信息应该真实有效，不具有欺骗性，且承诺粉丝的事情应尽力完成。

（2）准时。主播应在规定的时间直播，如宣传推广信息中的直播时间为下午 1 点，直播便应当在下午 1 点开播，若有特殊情况需更改时间，应提前告知粉丝。

（3）坚持。粉丝数量需要时间积累，因此，主播只有坚持直播才有可能吸引更多的粉丝。

2. 提升自身魅力

提升自身魅力可从两个方面进行：一是打造差异化；二是提升自身地位。无论是人格魅力的差异化还是内容的差异化，只要用户认识到主播的独特性，就可以对用户产生吸引力。有地位、代表性和影响力的个人、企业或品牌本身就是一种信任的象征，会让用户对其产生天然的好感。主播通过建立个人品牌、与行业大家合作、参加著名电视台的节目或举办的活动等方式都可以提升自身地位。

3. 多平台推广

多平台推广有利于增加曝光量，加深用户对自己的印象，例如，可同时在抖音、微博、微信等平台联合推广。

（二）维护粉丝

主播拥有粉丝之后，如果不能好好巩固粉丝对自身的信任，则会造成粉丝的流失。粉丝流失的常见原因有吸引力缺乏、情感疲倦、付出不对等、沟通无效等。因此，不妨从粉丝流失的原因入手，采取针对性的措施维护粉丝。

1. 吸引力缺乏

个人、企业或品牌可能会因为直播亮点不足、内容价值不高等造成直播缺乏吸引力。因此，如果发现了吸引力缺乏的问题，便需要更换亮点或内容（可将市场受欢迎的方面与个人、企业或品牌的定位相结合），或深入挖掘亮点中的某个独特的小点并将其放大。例如，某美食主播以自发性知觉经络反应（Autonomous Sensory Meridian Response，ASMR）吃播为直播特点，虽然刚开始吸引了不少粉丝，但是做 ASMR 吃播的主播很多，且该主播的吃播内容与其他主播的差别不大，因此，过了一段时间，粉丝流失了许多。为此，该主播决定更换内容，把探索当地有特色的美食店、穿插店老板或店内吃客的故事作为亮点，于是便取得了成功。

2. 情感疲倦

粉丝熟悉个人或企业与粉丝沟通的方式，以及直播风格、类型后，可能会产生情感疲倦，从而流失。因此，需要通过一些方式激活粉丝对其的新鲜感，如在特殊节日给予粉丝福利、举办粉丝见面会等。此外，主播也可以通过在直播过程中设置有特色的、有创意的环节给粉丝新鲜感，吸引粉丝的持续关注。例如，有些主播会邀请其他主播、知名人士共同直播，或者让自己的朋友、亲人、宠物等出镜。

3. 付出不对等

有来有往，双方的关系才能够良好地维持下去。若一味地让粉丝付出或粉丝感觉自己的付出大于个人、企业或品牌的付出，则容易让粉丝心灰意冷。企业可通过经常在微博或微信等平台与粉丝互动、无偿分享信息、让粉丝参与旅游直播营销策划、粉丝管理粉丝等方式避免出现付出不对等的情况。例如，某知名主播在直播间称花费了 20 多万元将 30 款防晒商品送到检测机构检测，且将拍摄的检测视频无偿展现给粉丝，此举赢得了众多粉丝的称赞，让粉丝感受到被重视，进一步巩固了粉丝对其的信任。

4.沟通无效

在与粉丝沟通的过程中，如果粉丝提出的问题得不到解决或未得到重视，则可能出现沟通无效的情况，长此以往，粉丝容易流失。因此，一方面要积极处理粉丝的各类投诉，包括在粉丝群、社交媒体平台的留言页面中出现的问题，以防事件扩大，造成不良的社会影响；另一方面，问题的处理进度和结果要及时反馈给粉丝，以体现对粉丝的重视，提高粉丝的忠诚度。

四、构建直播间场景

旅游直播示范：
石燕湖景区旅游直播
推广

在直播时，用户一眼就能看到直播间场景，从而产生对直播间的第一印象。直播间场景的好坏影响着用户观看直播的体验，关系着直播营销的效果。因此，构建一个舒适、整洁的直播间场景尤为重要。

（一）布置直播间背景

直播间背景依直播内容而定。长期在室内进行直播的个人或企业，直播场地较为固定，因此，直播间背景的变化不大，背景墙的布置、桌上物品的摆放等都相对固定。以室外直播为主的个人或企业，直播背景随直播内容经常变化，在布置直播间背景时要根据直播场地而定。

室内直播的背景墙风格通常偏简洁，以浅色、纯色为主，以便突显主播或主题。例如，在零食节直播活动中，某主播直播间的背景设置为零食车的形式，负责品尝零食的员工也换上围裙、戴上头巾，装扮成街上卖食物的老板，与零食节的主题进行了很好的匹配。布置时也可选取与主播风格或形象贴切的背景颜色，如主播形象偏甜美可爱，可选择淡粉色。背景墙可分为两种，一种是实体背景；另一种是虚拟背景。实体背景布置时可直接利用墙面本身的颜色或粘贴纸或重新搭建背景。虚拟背景布置时需准备蓝幕或绿幕（一般采用绿幕）作为直播的背景，通过计算机技术将绿幕替换成想要的背景即可。除此之外，桌上物品要摆放整齐。

室外直播间的布置分为两种，一种是直接以现场自然场景为直播间背景；另一种是搭建实体背景。前者的直播间背景以美观为主，尽量选择景色好、视觉效果好的自然场景，避开人多、车多的喧闹之地。例如，2020年"好物中国·心上吴中"首届吴中好物节金庭镇专场直播便以金庭镇的好山好水为直播间背景，吸引了20多万名粉丝在线观看。后者的直播背景布置要求与室内直播背景布置相同。

（二）设置直播间灯光

除背景外，灯光也是构成直播间场景的重要因素。好的灯光布置能有效提升主播整体形象，展现品牌和产品的高光亮点，不仅可以提升用户的视觉体验，还可以烘托直播间的状态与氛围。

在直播中，可综合运用并充分发挥好主光、辅助光、轮廓光、顶光、背景光五种灯光的作用与功效。不一定全部用上，根据直播间大小和直播需求而定。一般两盏或更多都可以，每种灯光都各有优点、缺点，往往需要配合和耐心调试，这样，才更加有利于打造出适合自己直播间的灯光效果。

一次酝酿已久的离开——董宇辉个人IP的价值狂飙

在这个瞬息万变的互联网时代，个人IP的力量正以前所未有的速度崛起。董宇辉是一位备受关注的网红，其 IP 估值约为 10 亿美金，这一数字显示了他在市场上的巨大商业价值。

个人 IP 的崛起：董宇辉的辉煌之路

董宇辉，一个出生于陕西省渭南市潼关县的普通青年，凭借着对英语的热爱和不懈的努力，从最初新东方的英语教研主管到高三英语名师，再到东方甄选直播间的主播。董宇辉的每一步都走得坚实而有力。特别是在直播带货领域，他以双语直播、吟诗作赋、段子鸡汤等独特方式迅速走红，成为业界的佼佼者。

董宇辉的成功，是个人 IP 价值狂飙的生动写照。在这个信息爆炸的时代，个人品牌的力量被无限放大。董宇辉凭借自己的才华和努力，成功塑造了一个积极向上、博学多才的公众形象，吸引了大量忠实粉丝。他的每一次直播，都不仅仅是商品的推销，更是文化的传播和情感的交流。这种深度互动的直播模式，让董宇辉的个人 IP 价值得到了极大的提升。

离职风波：个人 IP 与平台的博弈

董宇辉离职东方甄选这一事件不仅让业界人士感叹个人 IP 与平台之间的微妙关系，也引发了关于个人 IP 价值归属的深刻讨论。

董宇辉的离职，实际上是个人 IP 与平台之间博弈的结果。在直播带货领域，主播与平台之间的合作往往建立在利益共享的基础上。然而，随着主播个人影响力的不断提升，他们开始寻求更多的自主权和利益分配权。董宇辉的离职，或许正是他与团队，在权衡利弊后做出的选择。

个人 IP 的价值狂飙：从东方甄选到与辉同行

与辉同行（北京）科技有限公司的迅速成立，标志着董宇辉正式踏上了独立发展的道路。与此同时，他的新账号"与辉同行"也在抖音平台开通，并获得了大量粉丝的关注和支持。董宇辉的成功转型，再次证明了个人 IP 的巨大价值。他凭借着自己的影响力和粉丝基础，迅速在新的平台上站稳了脚跟。

与辉同行的成立，不仅为董宇辉提供了更广阔的发展空间，也为他实现个人品牌的深度挖掘和多元化发展提供了有力支撑。从东方甄选到与辉同行，董宇辉的个人 IP 价值实现了从量变到质变的飞跃。

个人 IP 与商业生态的共融共生

随着互联网的不断发展和技术的不断进步，个人 IP 在商业生态中的地位将越来越重要。未来，个人 IP 将与品牌、平台、供应链等各个环节形成更加紧密的合作关系。董宇辉的离职事件虽然引发了一定的波动和讨论，但从长远来看，本着"打不过就结拜"的江湖规矩，更多企业将更加重视与个人 IP 的合作共赢。

（资料来源：微信公众号，金色平庸，2024 年 7 月 26 日）

点评：董宇辉离职东方甄选的事件是个人 IP 价值狂飙的生动体现。在这个充满机遇和挑战的时代，每个拥有独特魅力和才华的个体都有可能成为下一个商业传奇。他的故事告诉我们：只要勇于追求梦想、不懈努力奋斗，个人 IP 的价值就一定能够得到最大化的实现和发挥。

 课堂讨论

请任意选择一场观看人数在 200 人以上的旅游直播，分析其直播营销运用的优质技巧。

项目总结

旅游新媒直播营销	旅游新媒体直播营销特点	营销效应显著性；用户群精准性；与用户的实时互动性；深入沟通，情感共鸣；产业化；多元化；专业化；模式化
	旅游新媒体直播营销优势	更低的营销成本；更广的营销范围；更直接的营销效果；更有效的营销反馈；更好的用户体验
	主流的旅游新媒体直播平台	头部直播平台（淘宝、抖音、视频号、快手）；腰部直播平台（哔哩哔哩、小红书）；专业类直播平台（游戏、教育）
	旅游新媒体直播营销流程	明确旅游新媒体直播营销目标；筹备旅游新媒体直播活动硬件；策划旅游新媒体直播营销脚本；编辑旅游新媒体直播营销话术及文案；进行旅游新媒体直播营销推广
	旅游新媒体直播营销话术流程	吸引目标用户群体；提炼卖点；线上线下比价；上链接并引导下单；逼单
	旅游新媒体直播脚本违禁词分类	极限类；时限类；权威类；欺骗消费者类；医疗功效类；产品成分类；迷信类
	旅游新媒体直播营销技巧	打造个人IP；开展直播推广；吸引和维护粉丝；构建直播间场景

 课堂实训

一、实训任务

策划旅游新媒体直播营销脚本

以小组为单位，根据本项目所学知识，针对某个景区的旅游产品，如湖南石燕湖景区2024玩水季学生日场（空漂＋地漂）套票，策划整场旅游直播营销脚本。

二、实训目标

根据旅游新媒体直播脚本设计要点，策划湖南石燕湖景区2024玩水季学生日场（空漂＋地漂）套票直播脚本，并注意规避违禁词。

三、操作思路

1.从直播目标、人员安排、直播时间、直播主题、主播介绍、直播流程等要点着手。

2.注意规避以下类别违禁词：极限类、时限类、权威类、欺骗消费者类、医疗功效类、产品成分类、迷信类。

同步测试

一、单项选择题

1. 下列属于旅游新媒体直播营销腰部直播平台的是（　　　）。
　　A. 淘宝　　　　　　　　B. 哔哩哔哩　　　　　　C. 抖音　　　　　　　　D. 视频号

2. 下列不属于旅游新媒体直播脚本违禁词的是（　　　）。
　　A. 权威类　　　　　　　B. 迷信类　　　　　　　C. 产品成分类　　　　　D. 下单类

3. 下列不属于旅游新媒体直播营销优势的是（　　　）。
　　A. 更低的营销成本　　　　　　　　　　　B. 更有效的营销反馈
　　C. 更优质的画面效果　　　　　　　　　　D. 更直接的营销效果

4. 下列不属于旅游新媒体直播营销话术设计流程的是（　　　）。
　　A. 逼单　　　　　　　　　　　　　　　　B. 提炼卖点
　　C. 上链接并引导下单　　　　　　　　　　D. 直播暖场

5. "最大"属于（　　　）违禁词。
　　A. 极限类　　　　　　　B. 时限类　　　　　　　C. 迷信类　　　　　　　D. 医疗功效类

二、多项选择题

1. 下列属于旅游新媒体直播营销违禁词的有（　　　）。
　　A. 极限类　　　　　　　　　　　　　　　B. 权威类
　　C. 欺骗消费者类　　　　　　　　　　　　D. 产品成分类

2. 下列属于头部旅游新媒体直播平台的有（　　　）。
　　A. 小红书　　　　　　　B. 淘宝　　　　　　　　C. 视频号　　　　　　　D. 抖音

3. 旅游新媒体直播营销的流程包括（　　　）。
　　A. 明确旅游新媒体直播营销目标　　　　　B. 策划旅游新媒体直播营销脚本
　　C. 编辑旅游新媒体直播营销话术及文案　　D. 进行旅游新媒体直播营销推广

4. 旅游新媒体直播营销的重要技巧有（　　　）。
　　A. 打造个人 IP　　　　　　　　　　　　　B. 开展直播推广
　　C. 吸引和维护粉丝　　　　　　　　　　　D. 构建直播间场景
　　E. 进行旅游直播营销数据分析

5. 下列属于旅游新媒体直播营销特点的有（　　　）。
　　A. 营销效应显著性　　　　　　　　　　　B. 用户群精准性
　　C. 与用户的实时互动性　　　　　　　　　D. 创新性

三、思考与练习

1. 介绍某个旅游产品时，直播营销话术大致包含哪几个流程？
2. 旅游新媒体直播营销的违禁词有哪几个类别？请分类阐述。
3. 旅游新媒体直播营销主流的平台有哪几类？每类具体包含哪几个平台？

学习评价

按照表 8-10 对本项目的学习过程进行考核与评价。

表 8-10　项目八 旅游新媒体直播营销学习评价表

评价指标		评价标准			评价方式		
		优	良	合格	自评（15%）	互评（15%）	教师评价（70%）
工作能力（45%）	分析能力（10%）	能熟练分析旅游新媒体直播营销的特点、优势及主流的旅游新媒体直播平台	能正确分析旅游新媒体直播营销的特点、优势及主流的旅游新媒体直播平台	能基本正确分析旅游新媒体直播营销的特点、优势及主流的旅游新媒体直播平台			
	实操能力（25%）	能熟练根据旅游新媒体直播脚本设计要点，合法合规地策划直播脚本，设计直播话术，并开展旅游直播	能较好地根据旅游新媒体直播脚本设计要点，合法合规地策划直播脚本，设计直播话术，并开展旅游直播	能根据旅游新媒体直播脚本设计要点，合法合规地策划直播脚本，设计直播话术，并开展旅游直播			
	合作能力（10%）	能与其他组员分工合作；能提出合理的见解和想法	能与其他组员分工合作；能提出一定的见解和想法	能与其他组员分工合作			
学习策略（10%）	学习方法（5%）	格式符合标准，内容完整，有详细记录和分析，并能提出一些新的建议	格式符合标准，内容完整，有一定的记录和分析	格式符合标准，内容较完整			
	自我分析（5%）	能主动倾听、尊重他人意见；能很好地表达自己的看法；能从小组的想法中提出更有效的解决方法	能倾听、尊重他人意见；能较好地表达自己的看法；能从小组的想法中提出可能的解决方法	能倾听他人意见；能表达自己的看法；偶尔能从小组的想法中提出自己的解决方法			
成果作品（45%）	作品规范性（15%）	作品完成完全合乎要求，非常规范	作品完成合乎要求，规范	作品完成基本合乎要求			
	作品创新性（15%）	作品具有很好的创新性	作品具有较好的创新性	作品具有一定的创新性			
	作品展示（15%）	逻辑性强、层次分明、思路清晰，整体形象大方、举止得体	思路较清晰，整体形象较大方、举止较得体	思路基本清晰，举止基本得体			

项目九　旅游新媒体营销数据分析

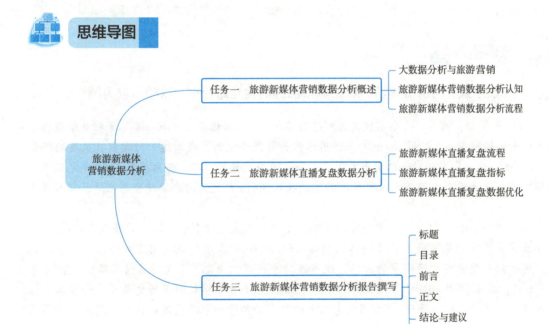

旅游新媒体营销数据分析

任务一　旅游新媒体营销数据分析概述
- 大数据分析与旅游营销
- 旅游新媒体营销数据分析认知
- 旅游新媒体营销数据分析流程

任务二　旅游新媒体直播复盘数据分析
- 旅游新媒体直播复盘流程
- 旅游新媒体直播复盘指标
- 旅游新媒体直播复盘数据优化

任务三　旅游新媒体营销数据分析报告撰写
- 标题
- 目录
- 前言
- 正文
- 结论与建议
- 附录

学习目标

◐ 知识目标

1. 理解旅游新媒体营销数据分析的意义。
2. 熟悉旅游新媒体营销数据分析工具的功能。
3. 掌握旅游新媒体营销数据分析流程。
4. 掌握旅游新媒体直播复盘流程及主要指标。
5. 掌握旅游新媒体营销数据分析报告的撰写框架。

⇒ 能力目标

1. 能够熟练运用旅游新媒体营销的各类工具进行数据分析。
2. 能够熟练按照旅游新媒体直播复盘流程，针对主要的四类指标进行直播复盘。
3. 能够撰写旅游新媒体营销数据分析报告。

⇒ 素养目标

1. 树立大数据时代"守信受益、失信受损"的价值信条，培养诚信品质，遵守秩序，尊重规则。
2. 树立数据隐私保护意识，坚守法律底线。
3. 提升市场意识、创新意识、协作意识及"顾客至上"的服务理念。

案例引入

数字媒介与具身体验：旅游城市品牌的构建路径——以哈尔滨为例

2024年年初，随着"哈尔滨宠游客到底有多拼""尔滨你真的太有心了"等相关话题的网络关注度持续攀升，"冰城"哈尔滨正凭借冰雪旅游强势破圈，成为这一时期最具热度的新晋"顶流网红"旅游城市。据哈尔滨市文化广电和旅游局大数据测算，哈尔滨市2024年元旦三天假期累计接待游客304.79万人次，实现旅游总收入59.14亿元，游客接待量与旅游总收入创历史新高。

2023年12月26日，对南方游客的爱称"南方小土豆"搜索量暴增，首登微博热搜，"南方小土豆勇闯哈尔滨"成为社交媒体上的热议话题……"尔滨"成为网友对哈尔滨的亲切称呼，通过拟人隐喻突出了城市的人格，城市品牌个性得到强化，引发游客情感共鸣。2024年1月5日，第40届中国·哈尔滨国际冰雪节开幕，百度搜索指数创下历史最高，哈尔滨网络关注度达到顶峰。这一阶段，"哈尔滨怎么火的"成为搜索增长率最高的话题，引起了业界的广泛关注。

哈尔滨的"走红"并非偶然。作为传统旅游城市，哈尔滨拥有优质的旅游资源禀赋，同时，利好的政策和市场环境进一步激发了资源优势，多元化的新媒体营销手段，促进哈尔滨旅游品牌广泛高速传播，持续吸引着大量旅游者前往体验。哈尔滨基于数字媒介对品牌构建的强大影响力，发展出数字媒介与旅游者具身体验良性互动、多元主体共建品牌的新媒体营销新路径新模式。在抖音、小红书、微博等社交媒体平台的推动下，哈尔滨、成都、西安、淄博等旅游城市或非传统旅游城市借助某些"爆点"出圈并成为"网红城市"，吸引了大量旅游者前往。网红经济赋予了城市空前的关注度，数字媒介成为传播城市形象、唱响旅游城市品牌新的重要途径。数字经济加速了信息源、传播媒介及传播主体多元化发展趋势，促进"人－媒介－城市"持续融合、嵌入。在热点事件层出不穷的数字经济时代，旅游城市不难利用绚丽而短暂的"爆点"和广泛传播的新媒体媒介，阶段性唱响城市品牌，暂时性释放网红经济效应。而如何适应数字经济发展趋势，有效地进行新媒体数据分析，并建立长效、可持续发展的新媒体营销机制成为新的研究热点。

（资料来源：微信公众号，中国社会科学研究院旅游研究中心，2024年6月14日）

启示

　　在数字营销及新媒体营销技术的驱动下，旅游城市品牌传播的载体快速向网络视频、社交媒体图文等演化，数字营销及新媒体营销技术改变了信息传递的单向性。旅游者通过社交媒体分享其在某个旅游城市的旅游经历和体验，收获媒介中其他用户的点赞、评论等互动，会推动旅游目的地热度快速提升。用户发布丰富的文字、图片和视频等内容构成了旅游城市品牌的感知要素，在数字媒介中的品牌感知形象会影响旅游者的意愿和偏好，并与旅游者建立前期的数字媒介互动，逐渐形成对旅游城市品牌的信任和情感联结。

　　成功的旅游城市品牌会有效地进行新媒体数据分析，并据此综合开展匹配的新媒体营销活动，在旅游者与城市之间形成一种情感联结，稳定地将该城市与某种认知、文化和情感等相匹配。

任务一　旅游新媒体营销数据分析概述

一、大数据分析与旅游营销

微课：大数据分析与旅游营销

"大数据"是在一定时间内，对巨大的数据群进行收集、分析，最终通过一定的转化方式，转化为具有参考依据的文字、图表等信息。利用大数据的驱动作用，能够解决较多技术性问题，对科学研究及企业发展具有重要的作用。大数据具有容量大、存储速度快的特点，能够将海量数据进行存储与关联分析。在现代旅游发展中，通过大数据技术的运用，能够探究到旅游行业存在的问题。在现代旅游行业中，数据的主要来源包括在线服务平台，如携程、飞猪、同程等，还包括网络社交平台发布的信息资源与企业智慧旅游设备收集的数据。通过对大数据进行分析，能够掌握现代旅游行业的发展趋势及运营情况，如旅游行业淡旺季时间、游客的消费能力及满意度等。根据大数据的分析，发现游客的需求，根据游客需求采取相应的措施提升竞争能力。大数据也是现代旅游管理部门提升企业管理能力的全新途径，企业基于大数据进行管理与决策。

在互联网及大数据快速发展的背景下，精准营销已经成为旅游业的一种新的营销模式。与此同时，随着数字技术的不断发展与变革，人们的生活方式和商业模式不断被改变，游客的消费习惯同样也被数字技术深刻地影响着，旅游的方式和选择也越发多元化，传统的营销方式已很难获取更多的流量且效率低下。因此，以游客为导向的创新型营销策略层出不穷，在大数据的基础上以数字化进行精准营销的营销模式成为当今的一大热点。

采用传统旅游营销模式进行旅游产品宣传时，无法有效预测关注宣传信息的游客数量，要得到旅游市场的反馈，进而调整并改进产品宣传策略，难度非常高。营销者在设计营销策略时，并不能对市场环境、目标及顾客实际需求深入了解，所制订的策略的科学性便会大打折扣。然而，大数据手段为旅游精准营销带来了创新发展的新机遇。

课堂讨论

你认为目前旅游新媒体营销与大数据存在必然联系吗？为什么？

二、旅游新媒体营销数据分析认知

（一）旅游新媒体营销数据分析意义

对旅游新媒体营销数据的分析有以下几个方面的意义。

1. 借助大数据可实现精准定位，明确市场目标

现在的游客广泛利用网络进行旅游信息的收集与决策，因此会产生大量的旅游数据。利用大数据技术对旅游数据进行挖掘、分析与处理，挖掘出有价值的信息，再进行进一步的细分，深入分析不同客源地、不同年龄结构、不同职业游客的偏好、规律性变化和兴趣点，并基

于数据开展有针对性的旅游营销活动，策划设计不同层次的旅游线路。旅游企业根据自己的优势，结合大数据的分析结果，实现精准定位，明确自己的市场目标，为游客提供更加精准化的旅游产品与服务。

2. 借助大数据为游客提供更加个性化的产品，实现定制服务

利用大数据对游客的旅游信息进行分析，挖掘海量数据背后的价值，对得出的数据进行归纳，对不同的游客进行分类，系统分析不同类别游客的出游行为、出游习惯、消费偏好等。根据这些信息为游客提供个性化的产品与服务，帮助游客快速决策，满足游客的个性化需求。例如，途牛网、穷游网、携程等平台利用大数据为游客提供定制场景服务，为游客提供单身、冒险、亲子、情侣等主题旅行。

3. 借助大数据可以与游客建立良好的关系，实现双赢

在目前旅游市场竞争更加激烈，旅游产品同质化现象越来越严重的情况下，与游客建立良好的客户关系十分重要。通过大数据分析，可以了解游客的消费信息，进而有针对性地设计或优化旅游产品与服务，与游客建立良好的销售关系，获得游客的忠诚度，将一次性游客转化为长期游客，从而使旅游产品获得更好的销售，提高产品的市场竞争力。

4. 借助大数据获取更全面的数据，降低销售成本

传统的旅游营销想要获得游客的信息或进行旅游产品和线路的开发，需要耗费大量的人力、物力、财力，且缺乏真实性。而大数据时代，获取游客的信息便利、全面、高效，信息的可信度也更高，可以节省大量的资金，降低成本。

黄山景区——首个"先游后付"景区

在旅游产品同质化现象严重的情况下，黄山景区利用大数据技术，获取并深度挖掘当下旅游消费者的消费信息大数据，了解到旅游消费者着重关注旅游过程的消费体验，尤其是购票后因个人或不可抗力等原因导致无法成行的情况下的退票体验。

黄山景区通过支付宝平台开启新一轮深度数字化实践，一年内"黄山"支付宝小程序用户数突破百万的基础上，结合大数据分析结果，决定与旅游消费者建立更加良好的关系，进一步提升用户体验和景区数字化服务深度，因此，通过芝麻信用的数字化能力，上线全国首个"先游后付"景区。

旅游消费者可在"黄山"支付宝小程序预订门票、索道票，并享受"先游后付"的数字化服务，先预订、使用后再扣款，不用不付，让行程安排更加灵活。除此之外，消费者还可以免押金预订和入住酒店，并可享受极速退房服务，减少手续办理环节。此外，还能享受"免押金租车"。以上服务的推出，免去了旅游消费者无法退费的后顾之忧，与旅游消费者建立起良好的销售关系，获得旅游消费者的忠诚度，将一次性旅游消费者转化为长期消费者，从而使产品获得了更好的销售，提高了产品的市场竞争力。

（资料来源：清研集团，2022 年 12 月 26 日）

点评： 大数据技术具有精准性、科学性等特点，为新时期旅游营销提供了新手段。充分发挥大数据价值，可以强化旅游营销效率。大数据时代，消费者的消费需求个性化、多元化且实时更新，通过打造极强的差异性迎合消费者的个性化需求，定位具有较强记忆点和专属的客户群体，更能有力提升旅游新媒体营销的效率与效果。

（二）旅游新媒体营销数据分析工具

1.公众号数据分析工具

（1）新榜。新榜（图9-1）是一个新媒体大数据平台，它提供了涵盖公众号、小红书、抖音等多平台的综合影响力榜单。它不仅能够帮助了解自身账号的表现，还能洞察行业趋势和竞争对手的动态。

微课：旅游新媒体
数据分析认知

使用新榜，运营者可以查看账号或同行收录账号的粉丝数、阅读数、点赞数、文章分析、公众号文章排行榜、关键词搜索趋势、公众号运营数据、地域分布、设备分布、年龄分布、性别分布等。

图9-1　新榜平台

（2）微信指数。微信指数是微信官方提供的一个小程序（图9-2），打开微信搜索"微信指数"就能查询使用。它能够反映某个词语在微信内的热度变化，对于一些热文或热点的关键词，使用微信指数查询是很有帮助的。

2.视频号数据分析工具

（1）新视。新视（图9-3）是专业的视频号数据分析平台，对外发布公众权威的视频号垂类榜单，不仅提供视频号及动态的搜索查找，还提供热门话题及优质脚本等全面数据服务，方便作者查看平台数据，进行运营调整。

（2）友望数据。友望数据（图9-4）是一个视频号数据分析平台，提供免费使用服务，涵盖了视频号全场景营销服务、找号投放、品牌营销、账号运营等多个方面的功能。它能够帮助用户快速找到目标账号、评估投放价值、优化营销策略、提升账号运营效果等。

3.抖音数据分析工具

（1）抖查查。抖查查（图9-5）致力于抖音视频各方面数据的监测与分析，让用户通过直白的数据图表总结出抖音热门视频的内容规律，助力于抖音账号的运营。目前，抖查查的主要功能包括创意洞察、抖音排行榜、数据分析三大板块，共九大功能。

图9-2　微信指数平台

图9-3　新视平台

图9-4　友望数据平台

　　抖查查对比抖音账号功能可以分析同行内容数据、粉丝数据及视频内容播放数据，作为制订运营战略的有效参数。只要输入播主抖音号/抖音主页链接/主播任意视频链接，就可以成功添加该主播，主播监测成功后可以查看该主播详细的粉丝与内容分析。

　　（2）飞瓜数据。飞瓜数据（图9-6）是一款短视频及直播数据查询、运营及广告投放效果监控的专业工具。它提供抖音、快手、B站等数据，包括热门视频、音乐、抖音排行榜、快手排行榜、电商数据、视频监控、商品监控等功能。

　　（3）新抖。新抖（图9-7）是新榜旗下的一个平台，以内容产业服务为主，数据资源库丰富准确。随着抖音的爆火，现在也开通了抖音号排行榜。在排行榜上，能查看到各个领域最靠前的抖音号，包括娱乐、才艺、萌宠、搞笑等多个领域。

　　新抖上的抖音号数据维度包括新增作品数、转发数、评论数、点赞数、新增粉丝数、累计粉丝数等指标。

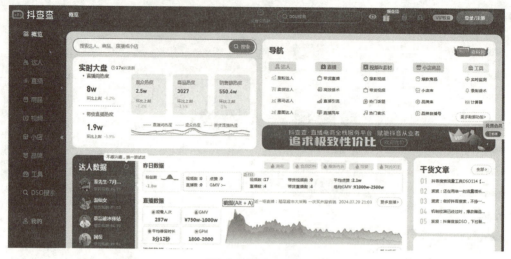

图 9-5　抖查查平台

图 9-6　飞瓜数据平台

图 9-7　新抖平台

（4）蝉妈妈。蝉妈妈（图 9-8）是一款抖音短视频、小红书数据分析工具，提供包括抖音达人、抖音商品、抖音品牌、抖音话题等在内的全面数据分析，用户可以快速了解抖音的热门内容和商品，把握市场趋势和用户喜好。同时，蝉妈妈还提供数据监测和预警功能，帮助用户及时发现异常数据表现，及时调整营销策略。

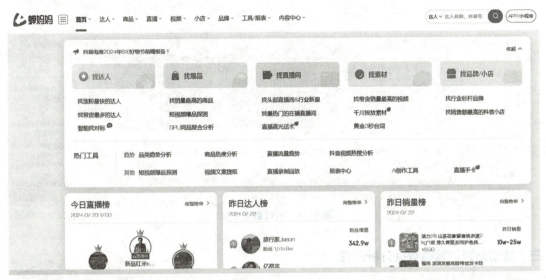

图9-8　蝉妈妈平台

4. 小红书数据分析工具

（1）小红书蒲公英。小红书蒲公英（图9-9）是小红书官方推出的一款社交媒体推广工具，主要用于品牌和优秀内容生产者之间的合作推广。它可以让品牌通过支付给内容生产者一定的推广费用，在内容中植入产品或服务，以扩大品牌影响力，提升品牌形象，并吸引潜在用户。

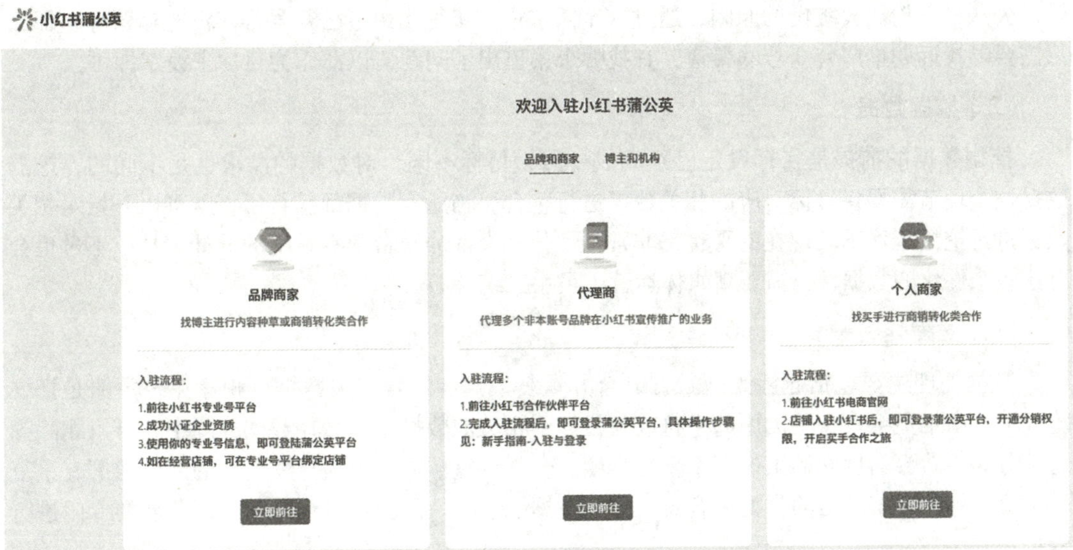

图9-9　小红书蒲公英平台

（2）新红数据。新红数据（图9-10）是一款小红书的数据分析工具，它为品牌和商家提供了一系列的数据分析与洞察，以帮助他们更好地了解小红书用户的需求和行为，优化营销策略。

图 9-10　新红数据平台

三、旅游新媒体营销数据分析流程

（一）目标设定

法律微课堂：
"3 人同时买机票 3 个价"，这是不是大数据杀熟

在进行数据分析前一定要先制订目标，也就是进行数据分析的原因，是想了解运营情况还是想了解销售情况。如果没有精确的目标设定，那么数据分析也会不精准。对于旅游企业来说，每天坚持分析新媒体数据，目标可设定为展示运营效果、预测市场趋势、优化企业竞争力、辅助运营决策等。

例如，想了解为什么最近公众号粉丝情况不太好，实际上要了解的是近期微信公众号涨粉比较缓慢的原因，通过这个需求进一步得出最近公众号推广没有运营好，那么只需要寻找近期推广公众号的渠道，查找哪个渠道出了问题，以此作为目标来设定即可。

（二）挖掘数据

挖掘数据的前提是目标设定已经完成。因为目标不同，对数据的需求也是不同的，挖掘数据这个环节需要将目标对应的相关数据进行整合，当所有数据都整合后，就可以开始对相关数据进行挖掘工作了。现在的平台都非常个性化，大部分平台都有系统的统计工具，不过也会有比较个性化的数据，仍需要新媒体运营人员手工统计。

（三）数据处理

数据处理主要包括删除无效数据、合并重复数据、组合相关数据。删除无效数据是指在统计过程中难免会有一些无用的字符或与目标不相关的数据，那么在数据处理中就可以删除掉这部分，不然会为后面的工作带来一定难度。合并重复数据是因为有些后台的部分数据有重复性，合并到一起统计出的数据更客观。原始数据中还有一部分是过程数据，因此需要专门进行数据组合。

（四）数据分析

经过处理后的数据就可以进行分析了，常见的数据分析类别主要有流量分析、销售分析、内容分析及执行分析。

（1）流量分析主要是针对网站流量进行分析，包括对跳出率、访问量、访问时间等数据进行分析，以评估网站运营的质量。

（2）销售分析主要包括对网上销售的数据进行分析，销售数据除了下单数量、二次购买率、支付比例等外，也包括网上预订线下支付的订单。

（3）内容分析就是指对各新媒体平台的内容数据进行统计分析，如微信公众号阅读量、微博粉丝数、头条号推荐量等。通过基础数据分析，可以及时地调整文章内容和标题。

（4）执行分析就是对日常运营人员的考核，对该运营人员的工作进行统计和评估，包括文章撰写速度、文章质量、软文发布频率等。

（五）数据总结

新媒体运营工作整体情况、同行业新媒体运营状态、行业新媒体运营数据都会影响到企业整体的营销计划。因此，在数据分析完毕后需要定期对数据进行总结，一方面方便内部沟通；另一方面也有助于未来系统地进行新媒体营销规划。

大数据创新应用典型案例｜"智慧崂山"全域旅游智慧管理信息平台

"智慧崂山"全域旅游智慧管理信息平台是山东省青岛市崂山区文旅行业特别是崂山景区的核心业务系统。该系统依托全网预约售票系统，实现"一端调控、一键预警、一码通行、一脸畅游"，进而实现"一码通游"，进一步便捷了优惠游客群体的使用体验。

▌**依托全网预约售票系统，实现"一端调控"**

崂山景区根据游览区分布和游客游览习惯，按照首发游览区的分类方式划分为四条线路，并合理调配整个景区旅游时空资源，游客通过各购票渠道和现场 LED 屏可以获取实时数据。在出发前须根据游览目的地和剩余的可预约量合理预约购买门票，精准规划路线，合理安排行程，避免游客扎堆出行。

▌**依托大数据"智慧大脑"平台，实现"一键预警"**

为平抑客流高峰，防止游客聚集，假日指挥部发挥信息化优势，实现景区旅游总览性、前瞻性、过程性全面掌控，通过大数据平台，对日接待量、瞬时承载量进行实时监测。通过大数据分析，持续监控各游览区的预约数量、入（在）园游客数量，结合历史数据分析、景区外旅游道路交通变化趋势等信息，对客流趋势进行预判，快速形成调控决策，提前干预，保持游客流量平稳，极大提升了游客的满意度、舒适度。

▌**依托全网售检票平台，实现"一码通行"**

依托景区全网售检票平台，实现了线上线下一体化融合，开通了微信公众号、二维码分销、微信小程序等官方多种售票渠道。平台设计具有开放式平台化互联网基因，实现了与美团、携程等 OTA 平台票务数据实时交换，取消了游客二次换票烦琐的中间环节，游客无论在崂山官方渠道还是在 OTA 平台购票后，仅需凭二代身份证或二维码即可经景区检票闸机验证通行。

▌**依托人脸识别系统，实现"一脸畅游"**

在崂山全景区推行刷脸入园模式，实现"一脸通游"。借助先进的智能 AI 与深度学习算法，相较之前指纹识别，人脸识别验证速度提升近两倍，识别率提升 20%。真正实现了无感无接触验票，极大提升了游客的旅游体验度。

（资料来源：微信公众号，青岛市大数据发展管理局，2021 年 12 月 31 日）

任务二　旅游新媒体直播复盘数据分析

一、旅游新媒体直播复盘流程

旅游新媒体直播复盘是对已结束的旅游直播进行重新审视，如做了什么、怎么做的、做得怎么样，从而总结出做得好与不好的地方。对于做得好的地方，继续保持；对于做得不好的地方，要及时分析出原因，得出能够处理问题的方案。

案例：数据分析能力将是未来职场人的分水岭

（一）确定直播数据分析目标

为了进行直播数据分析，首先必须弄清楚直播数据分析的目标。通常，直播数据分析具有以下几个主要目标。

（1）了解直播质量：通过数据分析，对标目标达成率；

（2）发现运营规律：通过总结规律使工作流程化；

（3）复制运营技巧：吸取成功经验进行复制，减少失误环节；

（4）减少失误环节：发现待改善的点，避免再次失误；

（5）控制运营成本：包括人员、活动、流量成本等。

（二）获取直播数据

开展直播数据分析首先要有足够多的有效数据，主播可以通过账号后台、平台提供的数据分析工具，以及第三方数据分析工具获取直播数据。

1. 账号后台

在主播账号后台，通常有直播数据统计，主播可以在直播过程中或直播结束后通过计算机端或移动端账号后台获得直播数据（图 9-11）。

2. 平台提供的数据分析工具

为了帮助主播更好地运营账号，直播平台提供了相关数据分析工具，这些工具能为主播提供直播的相关数据。主播可以使用这些工具了解自己账号的直播情况。

图 9-11　某直播账号后台数据

3. 第三方数据分析工具

市场上有很多专门为用户提供直播数据分析的第三方数据分析工具，运营者可以利用这些工具收集自己需要的数据。第三方数据分析工具有很多，下面主要介绍飞瓜数据和蝉妈妈这两款数据分析工具。

（1）飞瓜数据。飞瓜数据是一款短视频和直播电商服务平台，可以为抖音、快手和哔哩哔哩等平台上的短视频创作者与主播提供数据分析服务。以抖音直播为例，主播可以通过飞瓜数据查看抖音直播电商数据，并以此为依据进行数据分析。

抖音直播电商数据分析以"带货"为核心展开，其中涉及"人""货""场"这三个要素，也就是抖音直播的流量、商品和直播间。同一款商品在不同的直播间会有不同的转化率，要想知道同一款商品在哪些直播间更好卖，在哪些直播间不好卖，主播可以在飞瓜数据的"直播间搜索"菜单中搜索具体的商品细分品类。例如，"旅游"（图 9-12），查看具体哪些直播间在推广这类商品，并在直播详情页中查看这些直播间的推广策略、主推商品、推广效果等，最后进行总结，以作参考。

图 9-12　飞瓜平台数据分析（1）

主播在抖音直播时，要重点关注几个数据指标。这些数据指标是制定直播优化策略的关键，通过分析这些数据指标，主播可以在提升直播转化率时更加得心应手。

①直播销售额。直播销售额最能直观地体现出主播的直播带货能力，但需要对某一段时间内的数据走向进行综合分析。

飞瓜数据可以监测抖音直播账号近 30 天的直播带货数据（图 9-13），主播可以根据每场直播的预估销量和销售额判断某段时间内直播带货效果的稳定性。当发现数据有下滑趋势时，主播要及时找出原因，尽快调整直播运营策略，以提升直播带货销售额，保证直播带货效果的稳定性。

图 9-13　飞瓜平台数据分析（2）

②正在购买人数。直播时，用户如果对主播推荐的商品感兴趣，大多会单击购物车查看商品详情，而用户的这一操作可以体现在直播中的"正在购买人数"弹幕上。

主播可以单击飞瓜数据的"直播监控"选项按钮，查看直播间正在购买人数趋势图，清楚地了解哪款商品购买人数较多，从而找到推广重点。

③直播用户留存率。用户在直播间停留的时间越长，说明直播间的人气越高，商品或直播内容越有吸引力。随着直播间人气的不断提升，系统会把直播间推荐给更多的用户，这与抖音短视频的推荐机制很相似。因此，要想留住直播间的用户，提升直播用户留存率，主播就要多推荐物美价低的优质产品，同时，在直播间积极与用户互动，营造热闹的购物氛围。

④用户画像数据。直播带货要基于直播间用户的需求展开，而直播间用户的需求可以通过用户画像数据分析。直播间的用户画像数据主要包括年龄、性别、星座、地域等，只要掌握了这些数据，无论是选品，还是优化直播间，都可以迅速找到切入点。

⑤直播互动数据。直播互动数据的主要反映形式是弹幕词。主播通过弹幕词的分析可以看出用户都喜欢聊什么，对哪些商品的兴趣较大，从而发现用户的购买倾向和主要需求。这样下次直播时，主播就可以准备更多的相关话题，以活跃直播间的氛围，或者在直播中对用户感兴趣的产品持续推广。

（2）蝉妈妈。蝉妈妈基于强大的数据分析、品牌营销及服务能力，致力于帮助国内众多的达人、机构和商家提升效率，实现精准营销。蝉妈妈提供短视频、直播全网大数据开发平台，依托专业的数据挖掘与分析能力，构建多维数据算法模型，通过数据查询、商品分析、舆情洞察、用户画像研究、视频监控、数据研究、短视频小工具管理等服务，提供电商带货一站式解决方案。

以"直播榜"数据为例，蝉妈妈能够提供精准的直播间数据详情，包含直播间人数和人气趋势、送礼人数、商品销售额与销量等，具体还有"今日带货榜""带货达人榜""直播商品榜""抖音小店榜"等。

旅游主播可以重点参考这几类榜单，根据榜单的详细数据，可以清楚地知道在什么时间、选择什么旅游商品才能更有效地触达潜在用户。

①"今日带货榜"（图9-14）又可分为"带货小时榜""官方人气榜""直播风车榜"和"官方小时榜"四个细分榜单，主播可以在每个细分榜单下选择与自己相关的垂直领域，按照直播销售额、直播销量、带货热度、粉丝数等维度排序，查看相应的榜单。

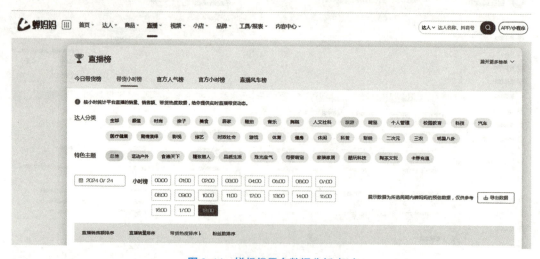

图9-14　蝉妈妈平台数据分析（1）

②"带货达人榜"主要反映的是昨日及以前的带货数据排行，主播可以查看"日榜""周榜"和"月榜"，并根据直播销售额、直播销量或销售客单价等维度排序。在"达人"详情页（图9-15）中，主播可以看到直播达人的各项直播数据。

图 9-15　蝉妈妈平台数据分析（2）

③"直播商品榜"（图 9-16）主要反映的是昨日及以前的商品销量、销售额排行，排序维度还包括成交价、佣金比例、关联直播等；主播还可以筛选电商平台，包括淘宝、天猫、京东、严选等。

直播数据分析是直播电商运营的重要工作之一。主播可以运用数据平台，根据数据分析，预测用户的购买需求，在激烈的直播带货竞争中快速和准确地抓住用户的注意力，提升其购买欲，从而构建自己的核心竞争力。

图 9-16　蝉妈妈平台数据分析（3）

（三）处理直播数据

处理直播数据是指将收集的数据进行排查、修正和加工，便于后续分析。通常，处理直播数据包括数据修正和数据计算两个环节。

1. 数据修正

无论是从主播账号后台抓取的数据、第三方数据分析工具上下载的数据，还是人工统计的数据，都有可能出现错误，因此需要对收集的数据进行排查，发现异常数据，要对其进行修正，以保证数据的准确性和有效性，从而确保数据分析结果的科学性和可参考性。

例如，在收集的原始数据中，某一天某款商品的"直播销量"为"0"，而通过查看店铺销售记录，证实当天该款商品在直播中是有销量的，所以"0"就是一个错误值，需要对其进行修正。

2. 数据计算

通过数据修正，确保了数据的准确性后，主播可以根据数据分析目标对数据进行计算，以获得更丰富的数据信息，激发改进思路。数据计算包括数据求和、平均数计算、比例计算、趋势分析等。为了提高工作效率，主播可以使用 Excel 的相关功能对数据进行计算。

（四）分析直播数据

在完成直播数据的获取与处理后，接下来就要分析直播数据了，目前最常用的分析方法是对比分析法和特殊事件分析法。

微课：旅游直播
数据分析

1. 对比分析法

对比分析法又称比较分析法，是将两个或两个以上的数据进行对比，并分析数据之间的差异，从而找到其背后隐藏的规律。在对比分析中，又包括同比分析、环比分析和定基比分析。

（1）同比分析：一般情况下是指今年第 n 月与去年第 n 月销售数据之比。

（2）环比分析：指报告期水平与其前一期水平之比。

（3）定基比分析：指报告期水平与某一固定时期水平之比。

通过对比分析，主播可以找出异常数据。异常数据并非表现差的数据，而是指偏离平均值较大的数据。例如，某主播每场直播的新增用户数大致在 50 ~ 100 人，但某一场直播的新增用户数达到 200 人，新增用户数与之前相比偏差较大，因此属于异常数据，主播需要对此数据进行仔细分析，查找出现异常数据的原因。

2. 特殊事件分析法

直播数据出现异常可能与某个特殊事件有关，如淘宝直播首页或频道改版、主播变更直播标签、主播变更开播时间段等。因此，主播在记录日常数据的同时，也要注意记录这些特殊事件，以便于在直播数据出现异常时，找到数据变化与特殊事件之间的关系。

二、旅游新媒体直播复盘指标

（一）人气指标

人气指标主要反映的是直播间流量，它包括直播时长、当场的访问量（Page View，PV）和独立访客（Unique Visitor，UV）、平均在线人数、累计观看人数、在线人数峰值、新增粉丝数。

1. 平均在线人数

如果把直播间比作品牌的"线上店铺"，那么平均在线人数就是店铺日常客流量的代表，它直接决定了品牌机构是否具有直播带货的变现能力。一个直播间平均在线人数达到 50 人，且保持稳定，就具备了基本的带货能力。

2. 累计观看人数

累计观看人数又称为场观，是衡量直播间流量的关键指标，同一个用户反复进出直播间，场观计 1。

3. 在线人数峰值

在线人数峰值在一定程度上体现了直播间的人气热度。在线人数峰值越高说明直播间的热度越高。

在复盘的过程中，要找到这个峰值数据，思考为什么会在这个点出现峰值，它是由哪些因素促成的，如果这些因素是积极、良好的，则可以继续保持。

如果看到前几场的峰值跟今天的峰值相差过大，就要思考是哪里出现了问题：是直播脚本出现了违规？是引流款商品单价过高？还是直播间场景的吸引力不够？针对这些问题，要在复盘中找出应对方案，然后在下一场直播中规避上述问题。

（二）互动指标

直播间人气旺不旺，内容好不好，这些都需要靠互动指标体现，它包括点赞率、评论率、增粉率、人均观看时长等数据。主播在复盘时需要重点关注"人均观看时长"和"增粉率"这两项数据。

1. 人均观看时长

人均观看时长反映直播间的留存效果，用户停留时间越长，直播间的人气也就越高，也反馈出直播间的产品吸引度、主播留人技巧、直播场景的呈现效果、选品组货的能力等。具体数据需要结合大数据分析。

2. 增粉率

增粉率作为互动指标的关键数据之一，能够直接反映出产品的拉新能力。增粉率的多少体现了直播间内容对用户有没有价值感，如干货价值或利益价值。

一般来说，直播间转粉率大于5%即优秀。如果转粉率低于3%，往往说明整场直播在引导关注这一块做得不足，不利于二次转化。

增粉率需要纵向对比。在连续几场直播后，直播间的增粉率如果出现较大波动，那么在复盘时，就需要思考"是不是没有做好引导用户关注？""福利策略是否符合直播节奏？""裂变玩法是不是执行到位？"这些问题都直接影响增粉率的提升。

（三）商品指标

商品指标方面，主要是指直播间观众对上架商品是否感兴趣，它具体有以下几个核心指标，分别是商品展示次数、商品点击次数、点击-成交转化率、SKU。

1. 商品展示次数

商品展示次数是指商品展示给用户的次数，它可以直观体现商品是否受欢迎，是否符合用户需求。商品展示次数与主播讲解、商品标题、封面、价格、详情页等因素都相关。

2. 商品点击次数

商品点击次数反映用户实际点击商品的次数。如果商品展示次数为1 000，商品点击为10，那说明主播的引导力和商品的吸引力都存在着一定问题，要考虑优化方案。

还有一种情况会出现这样的问题，那就是品牌账号的粉丝群体与直播间产品的消费群体不匹配，品牌就需要注意账号的日常运营工作。

3. 点击–成交转化率

点击-成交转化率按下式计算：

$$点击-成交转化率 = 下单成交人数 / 点击商品链接人数$$

此指标对于品牌机构来讲，要在15%左右，意味着如果100名用户点击了商品链接，需要有15名用户下单购买。

4. SKU

SKU（Stock Keeping Unit，最小存货单位）即管理商品的最小单元。例如，一个产品链接，点开下单的时候有多少可供选择的款式就有多少SKU。

（四）交易指标

交易指标最能反映直播间的变现能力，也就是直播间的成交转化。它包括成交人数、商品交易总额（GMV）、千次观看成交金额（GPM）、转化率、新老用户下单占比、独立访客

（UV）价值、客单价等。重点关注的数据有 GMV、千次观看成交金额、成交人数、客单价、转化率、独立访客（UV）价值。

1. 商品交易总额（GMV）

直播间总成交金额，代表本次直播一共达成的销售额。值得注意的是，如果在直播过程中，有人拍错退款了，此部分金额也是计入了 GMV 的。商品交易总额（GMV）按下式计算：

$$GMV = 在线人数 \times 转化率 \times 客单价$$

2. 千次观看成交金额

千次观看成交金额（Gross Merchandise Value per 1 000 Impressions，GPM），代表商品展现 1 000 次所产生的成交金额，具体计算公式为千次观看成交金额 = 成交额 / 展现量 ×1 000。GPM 体现了直播间的用户质量与价值，常用来衡量直播间的卖货能力。

3. 成交人数

成交人数是指用来评估品牌直播间的流量价值和潜在用户群的转化情况，它是影响直播间实际销售额的因素之一。

4. 客单价

客单价是指每位顾客平均购买商品的金额，反映直播间用户的购买水平、消费层级、选品策略、产品定价等，各个行业的客单价存在较大差异。其按下式计算：

$$客单价 = 销售总额（除去打折等优惠之后的金额）\div 顾客总数$$

5. 转化率

转化率用来评估直播的带货效率。其计算公式如下：

$$转化率指标 = 下单人数 / 总场观人数$$

6. 独立访客（UV）价值

独立访客（UV）价值按下式计算：

$$UV 价值 = 成交额 / 总场观$$

独立访客（UV）价值代表着每个用户对直播间的贡献值，UV 价值越高代表用户的购买能力越强，品牌可以用高利润的产品深挖用户的消费潜力，保证直播间的利润。

旅游私域直播需要重点关注 UV 价值，因为私域直播间的用户群体更为精准，想要私域直播的 UV 价值高，前期种子用户群的运营是重点。

除上述需要通过数据进行的复盘工作外，还有一些复盘工作在现场就可以开始。比如直播执行人员的分工问题、部门之间的协调沟通效率、直播间物料素材安排等，这些工作不能通过数据体现，但也需要及时总结，以此优化出更有效率的执行方案。

分享点评

网红郭某，凤凰古城 3 天直播，观看人次破亿，是否找到新方向？

网红郭某首次文旅巡演直播，选择了湖南湘西凤凰古城，不得不说是一个很明智的选择。凤凰古城的美景太吸引人了，2016 年曾经去过一次，那时就被凤凰古城的美景吸引了。

郭某这次湘西凤凰古城 3 天直播，总共直播 4 场，直播总时间近 7 个小时，涨粉 55 万多，目前郭某抖音账号总粉丝数 1 482.5 万。总体上看，这次湖南湘西凤凰古城的直播还是很成功的。利用 3 天时间近 7 个小时，达到了近 1 亿场观，涨粉 55 万多。而且在上午 10 点的三场直播基本都是百强榜第一、人气榜第一。唯独 2024 年 6 月 23 日晚上

9点的直播，百强榜第3，人气榜第2，这也说明晚上9点后听歌的不如玩游戏的以及直播PK的人气旺。

以下对网红郭某3天直播进行复盘。

1. 郭某流量进入平稳期

通过第三方数据跟踪网红郭某的直播，郭某的流量明显进入了平稳期，直播流量不如5月份爆火的时候。爆火的时候基本都是100万以上在线人数，现在基本保持在60万左右，场观也保持在1 800万左右。

直播场观全称为单场观看量，指的是单场直播的总观看人数。它是衡量一个直播成功与否的重要指标，反映了直播内容的吸引力和观众的兴趣程度。要提升直播场观，可以从以下两个方面进行优化：

（1）优化直播场景。确保直播场景与人设相匹配，提升场景的视觉效果，避免场景过于简陋或低档，以吸引更多的观众进入直播间。郭某的直播选择户外，所以户外的场景是至关重要的，郭某直播场景选择在湘西凤凰古城南华山神凤文化景区，并且场景也是精心布置的，效果还是不错的。

（2）提升主播状态。改善主播的表现，如提高讲话的音量和语速，增加激情，以提升观众的观看体验和互动意愿。

郭某的直播本来就是从户外直播玩起来的，这次直播的现场状态和表现也是很不错，尤其是现场的互动效果非常棒！直播间开启礼物打赏，直播间气氛也是非常好的。

场观受到直播内容质量、主播人气、推广力度等多个方面的影响。通过精心策划直播内容、增加与观众的互动、优化直播节奏、维护粉丝关系及进行数据分析，可以更好地提升直播间的自然流量和场观。

在单独的控场方面，郭某在直播间也明确表示有时候说错话，需要不断地提升和学习，主要是言语表达以及控场能力的提升。至于歌曲只要用自己的情感去唱，不断提高自己的专业水平就可以了，因为喜欢他唱歌的人永远喜欢，不喜欢的也不会因为你提升而喜欢。

2. 直播团队和直播预告

郭某现在的直播团队，表现非常专业，户外直播必须有专业的团队和设备支撑，这也是一项很大的投入。专业的声卡设备、专业的无人机直播、专业的摄像设备，直播的场景显得很高端大气。

在这次直播过程，设备出现了一些问题，还出现了空镜头，原因是一台显示屏摔坏了。从这方面看，郭某的直播团队还需要有一个专门的现场管控的岗位人员，专门负责现场设备及人员安排，避免因混乱导致设备耗损。

另外，直播预告视频还需要提升，但是这个难度不大，只要有专业的美工和剪辑师就可以实现。确定好直播时间和直播内容，像这种文旅直播预告都可以把直播时间和地点加入账号名称中。本次户外直播，郭某团队一共做了两个直播预告视频，一个是行万里路大山大河美丽的湘西凤凰县，再有一个就是预告2024年6月23日晚上9点直播视频。第一个发布的时间有点晚，第二个没有任何问题。

3. 直播的场景和内容

本次郭某的3天直播，直播场景和直播内容可圈可点。主线是主播唱歌，然后配合现场观众的互动氛围，以及景区节目穿插其中，还有风景切换配合的都是很不错。至于郭某唱歌到底好不好，完全按个人的喜好就行了。郭某在这方面能做的，就是不断地提升自己的专业水平，这其实对郭某是有挑战的。如果仅仅是那几首歌曲循环反复唱，就会造成粉丝的厌烦。

直播过程中推荐当地的特色产品，推荐景区景点，以及介绍山东菏泽特色等也是不错的安排。但是看郭某的直播，总觉得还是少了一些氛围。仔细考虑还是只郭某一个人唱歌比较单薄，没有多名歌手一起唱的氛围。

4. 郭某直播找到新的方向

通过观看郭某的 3 天直播，郭某团队找到了新的方向，也就是文旅直播，而且也确定了主题是行万里路，通过郭某的账号简介更改可以看到，专门接商务文旅业务了。在 2024 年 6 月 19 日郭某室内直播过程中，他表示要玩一个新花样，带着直播间上百万粉丝去看祖国的山山水水，在山川大河中，给大家唱歌，让他的歌曲融入当地的人文风景当中去，开创自己独特的歌唱文旅巡演。

这种方式也是机遇和风险共存。机遇就是借助流量可以实现商业变现，而不是仅仅依靠直播间的打赏。风险就是这一种新模式，必然会有潜在的风险，比如是否报备？是否影响周边生活？是否占用公共资源等。前段时间的董宇辉山西行，也是有媒体质疑是否报备、手续是否完整？也有游客反映影响正常游览，耍大牌等问题曝光。而郭某的文旅巡演估计也会有同样的问题存在。比如是否封场？比如蹭热度的其他网红群魔乱舞等情况如何处理？还有上升到道德层面是否带坏年轻人？

（资料来源：微信公众号，会运营，2024 年 6 月 24 日）

点评： 一场圆满的旅游直播，是直播场景、直播内容质量、主播人气、控场、推广力度等多方面因素的综合结果。

 **课堂讨论**

请谈谈你认为旅游直播复盘最看重的应当是哪类指标，为什么？

三、旅游新媒体直播复盘数据优化

旅游新媒体直播复盘数据优化包括商品及交易数据优化、互动及人气数据优化。

微课：企业导师
谈"旅游直播复盘"

（一）商品及交易数据优化

1. 如果商品曝光人数少

（1）避免直播违规；

（2）短视频引流；

（3）私域流量引流；

（4）付费流量引流。

2. 如果曝光进入率低

（1）优化直播间的场景，增加产品利益点贴片或活动福利贴片；

（2）优化直播间的画面，升级到画质更清晰的设备；

（3）打上精准的人群标签；

（4）调整主播实时状态，多通过抽奖、附带、赠品、秒杀、折扣、免单返现、拼团、粉丝团等形式进行互动，多讲爆款。

3. 如果曝光点击转化率低

（1）增加商品弹窗；

（2）优化主播的话术；

（3）优化商品的主图和标题。

4. 如果点击成交转化率低

（1）提升直播内容质量与垂直度；

（2）限时优惠，合理设置限时折扣或秒杀活动，创造购买紧迫感，促进即时转化；

（3）优化主播的讲解与催单话术，营造稀缺感，强调售后背书，打消用户的疑虑；

（4）用户评价展示，在直播中展示真实用户的好评和使用效果，增加产品的可信度和吸引力；

（5）强化直播间的促单氛围，中控、场控协助催单；

（6）明星代言；

（7）资质证书；

（8）检测报告；

（9）增加催单转化的道具和背景音乐。

5. 如果客单价低

（1）优化直播间陈列与商品展示效果，提升直播间内容视觉调性；

（2）搭配关联；

（3）满额或满件使用优惠券、立减、送赠、加购等；

（4）N件优惠（减送打折），如第二件半价、第三件0元的策略，这样能快速积累销量。

（二）互动及人气数据优化

1. 营造视觉场景

使用直观的福利信息展示，优化直播间场景布置，提升直播视觉效果，吸引更多的用户进入直播间互动。

2. 主播引导互动

主播自身需要时刻保持互动意识，注重引导互动。

话术是最直接的引导方式，通过给福利、称呼用户等方式，拉近与用户之间的距离，进行关注、评论的引导互动。

例如，"新进来的朋友给我们直播间点点赞，点赞量达到1万的时候，我们给大家发福利（红包）。"

3. 巧妙引导评论

通过提问引导互动，让用户说出自己想要的东西或价格。所有的提问应该是封闭式的提问，这样每个人都可以回答，开放式的问题用户不知如何回答。

例如，"屏幕前的宝宝们，你们想要主播试穿哪款？白色还是黑色？""单件上衣款和套装款你们更喜欢哪种？"

4. 开放话题讨论

（1）根据用户的普遍"痛点"，提出用户感兴趣的话题。

例如，"有没有宝宝想看大理苍山洱海的风花雪月，游览丽江的玉龙雪山，却苦于不会进行旅游行程规划，担心常规的规划有太多套路的，有的请扣1。"

（2）持续鼓励用户留言发弹幕，并进行回复，主播、场控持续关注弹幕并回复用户的评论，积极地互动。

例如，"直播间的宝宝们，想要看哪个城市的优惠旅游套餐，都可以直接留言打在公屏上，主播看到了马上就给你介绍，大家赶快一起来薅羊毛吧！"

5. 提升预热视频与直播内容的关联性

提升短视频内容质量，优化短视频种草效果，预热短视频与直播内容高度关联，减少因短视频内容与直播间内容不垂直导致的高跳失率。

6. 增强内容多样性

适时变换直播内容形式，如引入嘉宾访谈、现场小游戏等，保持新鲜感，能有效增进直播间的用户停留。

7. 建立情感链接

增强主播与用户之间的情感联系，通过故事讲述、互动问答等方式提升用户的参与感和忠诚度。

8. 关键词优化

确保直播间的标题、简介中包含目标用户可能搜索的关键词，提高自然推荐的准确性，有利于人气数据的提升。

9. 合作引流

与其他主播或关键意见领袖进行互推合作，共享流量资源，有利于优化人气数据。

10. 创意创新

持续测试不同的内容创意，寻找能引起广泛共鸣，给直播间带来更多人气的"爆款"元素。

GRAI 复盘法

GRAI 复盘法的复盘细节分为 G（Goal，目标定位）、R（Result，结果检验）、A（Analysis，原因分析）、I（Insight，规律总结）四步骤。

1. 目标定位

复盘时要问清楚，当初自己做这件事的目标是什么，对于比较复杂的事，还可以分解为几个小目标。

2. 结果检验

弄清楚目标之后，接着进行结果检验。结果检验是以目标为基础的，比较目前所做的与目标有何差距，列出做得好的地方与不足之处。

3. 原因分析

进行原因分析的时候，需要分主、客观因素，分析事情成功和失败的根本原因。

4. 规律总结

规律总结就是总结上面分析原因得出的结论，有什么规律，需要实施哪些新举措、继续哪些措施、停止哪些措施。

课堂讨论

请选取任一你喜欢的旅游达人的近期直播，运用 GRAI 复盘法进行简单复盘。

任务三　旅游新媒体营销数据分析报告撰写

旅游新媒体营销数据分析报告实质上是一种沟通与交流的形式，主要目的是将分析结果、可行性建议及其他有价值的信息传递给管理人员。它需要对数据进行适当包装，让阅读者能对结果做出正确的理解与判断，并可以据此做出有针对性、操作性、战略性的决策。

一般来说，数据分析报告有特定的框架，但这种结构框架也并非一成不变，根据不同的决策者、客户、数据分析目的，最后形成的数据分析报告框架可能不尽相同。常用的报告框架是"总—分—总"结构，包括开篇、正文和结尾三个部分。开篇包括标题、目录和前言（主要分析背景、目的与思路）；正文部分主要包括具体分析过程与结果；结尾部分包括结论、建议及附录。

一、标题

标题是报告的"文眼"，是全篇报告最浓缩的精华。标题要精简干练，根据版面要求在一两行内完成。标题是一种语言艺术，好的标题不仅可以简洁明了地展示数据分析的主题，让阅读者毫无偏差地理解这篇分析报告的主要目的，还能激发阅读者的阅读兴趣。标题常用的类型如下。

微课：数据分析
报告撰写

（一）解释基本观点

解释基本观点类标题使用观点句表示，点明数据分析报告的基本观点，如"不可忽视高价值客户的留存""××是新媒体营销业务的重要支柱"等。

（二）概括主要内容

概括主要内容类标题重在叙述数据反映的基本事实，概括分析报告的主要内容，让阅读者能更好地抓住报告的中心，如"公司销售额比去年增长 30%""2023 年公司业务运营情况良好"等。

（三）交代分析主题

交代分析主题类标题反映分析的对象、范围、时间、内容等情况，并不点明分析人员的看法和主张，如"发展公司业务的途径""2023 年运营分析""2023 年第四季度部门业务对比分析"等。

（四）提出问题

提出问题类标题以设问的方式提出报告所要分析的问题，引起阅读者的注意和思考，如"客户流失到哪里去了""公司收入下降的关键何在""3 000 万元的利润是怎样获得的"等。

二、目录

目录可以帮助阅读者方便快捷地找到所需的内容，因此要在目录中列出报告主要章节的名称。如果是在文本文档中撰写报告，还应当在章节名称后面加上相应的页码，对于比较重要的二级目录，也可以将其列出来。

从另一个角度来说，目录相当于数据分析报告的大纲，它可以体现出报告的分析思路，但也要注意目录不宜太过详细，太长的目录阅读起来冗长、耗时，重点也不突出。

三、前言

前言是旅游新媒体营销数据分析报告的重要组成部分，其内容是否正确对最终报告是否能解决业务问题、能否给决策者提供有效依据有非常重要的作用。前言主要包括分析背景、分析目的、分析思路三个方面。

分析背景即"为什么要开展此次分析？""有何意义？"分析目的即"通过此次分析要解决什么问题？""达到何种目的？"分析思路即"如何开展此次分析？""主要通过哪几个方面开展？"

四、正文

正文是旅游新媒体营销数据分析报告的核心，它全面系统地表述了数据分析的过程与结果。在撰写报告正文时，根据分析思路中确定的每项分析内容，利用各种数据分析方法，逐步展开分析，通过图表及文字相结合的方式，形成报告正文，方便阅读者理解。

一篇旅游新媒体营销数据分析报告只有想法和主张是不够的，必须经过严密的科学论证，才能确认观点的合理性和真实性，才能使他人信服。因此，报告正文部分的论证极为重要。数据分析报告正文部分最显著的特点：它是整个数据分析报告中最长的主体部分；包含所有数据分析的事实和观点；通过数据图表和相关的文字结合分析；各部分之间具有逻辑关系。

五、结论与建议

旅游新媒体营销数据分析报告的结尾是对整个报告结果的总结，是对报告观点的提炼与深化，是得出结论、提出建议、解决矛盾的关键所在，起着画龙点睛的作用。好的结尾可以帮助阅读者明确主旨，加深对数据分析结果的认知，引发业务思考。

（一）结论

结论是以数据分析为依据得出的分析结果，通常以总结性的文字说明。但结论并不是分析结果的简单重复，而是在结合实际业务的基础上，经过综合分析与逻辑推理形成的总体论点。结论是去粗取精、由表及里抽象出的共同的、本质的规律，它与正文紧密衔接，使数据分析报告首尾呼应。结论的措辞应注意严谨、准确、论点鲜明。

（二）建议

建议是根据数据分析结论对企业或业务等面临的问题提出的改进方法，主要侧重保持优势及弥补劣势等方面。由于分析人员所给出的建议是基于数据分析结果而得到的，有可能存在局限性，因此必须结合公司的具体业务或实际情况分析建议是否切实可行。

六、附录

附录用于提供正文中未阐述的相关资料，从而向阅读者提供一条深入旅游新媒体营销数据分析报告的途径。它主要包括报告中涉及的专业名词解释、计算方法、重要原始数据来源等内容。附录作为数据分析报告的补充，并不是必需的，应该根据实际情况决定是否需要在报告结尾处添加附录。

撰写旅游新媒体营销数据分析报告需要注意：结构合理、逻辑清晰；实事求是，反映真相；用词准确，避免含糊；篇幅适宜，简洁有效；结合业务，分析合理。

"淄博"现象专项观察报告（报告正文内容精选）

在过去的一个月中，淄博烧烤的相关话题霸屏网络，这些媒介话题里承载了多少受众的向往与想象？

根据2022年淄博市文旅局公开年报，2022年，淄博官方就着力融媒体，在抖音、快手等平台创新使用"淄博到底有多牛"主题形式，通过视频内容和文案策划，长效推广淄博的厚重历史、文化遗产和城市发展，共发布视频80余条，播放量超过千万次，点赞量20多万次。正是因为有提前的全平台矩阵式布局，在面临突如其来的巨大流量时，淄博官方才能接得稳、走得稳。淄博烧烤似乎正在跳出那些简单粗暴用油墨印刷上城市名称的竹筒奶茶、蓝底白字的"我在××很想你"的标牌这样的千篇一律的网红元素，逐渐形成了独特的城市文化景观。正如小红书的slogan"从标记我的生活"变成"找到你想要的生活"，淄博烧烤或许正蕴藏着万千参与者想要的生活：政通人和、物美价低、烟火繁花。淄博这座工业城市变成了"烧烤人文"的代表，折射了在智能化浪潮下消费者对原始社交的寄情"烧烤在路上，生活也就在路上"。

一、淄博烧烤现象成果总结

1. "淄博烧烤"话题成果总结

"淄博烧烤"带动旅游业发展，吸引游客合计超48万人次（淄博2022年城镇常住人口为352.37万人）；"淄博+烧烤"话题热度霸屏，作品发布高峰恰逢"五一"节假日前期，用户创作自发性强。

2. "淄博烧烤"话题发酵速度极快

"淄博烧烤"相关话题在各平台涨幅均破90%，抖音发布峰值7日内涨幅最高达到204%，可见抖音对于热点事件的发酵速度最快。

3. "淄博烧烤"时间线梳理

疫情解封后，大学生开始大规模组团出游，在拍成的视频吸引大量关注后，逐渐将"大学生组团吃淄博烧烤"的热度扩散到全国。

二、淄博烧烤与新世代（Z世代）

1. 重塑流媒体形象

"Z世代"是当前社会中一个具有重要影响力的群体。他们生活在一个从生产型社会向消费型社会转型的时期，这种转变带来了一系列新的消费特征。首先，内容社交平台对"Z世代"产生了巨大的影响力。他们通过社交媒体平台获取信息、分享观点和与他人互动，这成为他们获取消费信息和决策的重要途径。

2. 社交文化、圈层生活

"Z世代"是悦己型消费者，他们不再固执地注重个体或集体的区别，而是热衷于用共同爱好链接小部分相似的人，寻找个体需求与群体社交之间的平衡点，对品质和社会责任有着高度的关注。

三、淄博烧烤与新媒体

1. 流媒体多平台矩阵联动

各平台差异化内容最大化覆盖人群，如抖音爆款内容主要集中表现政通人和，展现淄博的速度和淄博人的热情。

2. 官方媒体快速反馈有助于正面形象推广

淄博本地账号配合烧烤节发布内容的发布量从 2023 年 4 月 25 日开始快速上涨，在 2023 年 4 月 28 日前后达到峰值，其中抖音内容发布量最多，几乎没有延迟时间。

四、淄博烧烤与新需求

1. 对政通人和生活的寄情

从政府到商家到本地老百姓的一系列行为向游客展现了一个热情好客、诚信经营、服务至上的形象，这也是淄博烧烤爆火以来除了美食本身外，各视频评论区讨论度最高的主题。

2. 有效满足参与者情感需求、互动性强

有效满足参与者情感需求并且具备高度互动性的话题更能吸引消费者。随着媒体市场竞争加剧，消费者对于活动的期望值也越来越高。他们不仅需要获得知识和经验，更需要享受互动式体验和情感感受。

五、淄博烧烤与新消费

1. 情绪价值驱动消费决策

消费决策通常受多种因素影响，其中情绪价值是重要的驱动力之一。人们在购买产品时往往会受到情感上的激励，如对品牌的好感、对产品的喜爱及对生活方式的认同等。这些情感因素会影响消费者的购买意愿和决策，也会影响他们的购买体验和对产品的满意度。

2. 从生产型社会到消费型社会的转型

在城市转型的进程中，新的"媒体—经济—社会范式"正在逐渐构建。媒体在其中扮演着连接经济和社会的桥梁与纽带的角色。新媒体矩阵平台通过为经济和社会提供信息与服务，促进经济的繁荣和社会的进步。新媒体平台通过传播经济活动的信息，推动市场的有效运作和资源的优化配置。

（资料来源：新榜，2023 年 5 月 18 日）

点评：一份旅游新媒体营销数据分析报告应当围绕报告目标，系统地反映存在的问题及原因，并进一步找出解决问题的方法。报告编制要力求真实，基础数据要真实完整，分析过程要有理有据，科学严谨，分析结果阐述需实事求是。

课堂讨论

你认为一份优质的旅游新媒体营销数据分析报告，其正文部分最需要侧重的关键内容是什么？

项目总结

旅游新媒体营销数据分析	旅游新媒体营销数据分析的意义	实现精准定位，明确市场目标；为游客提供更加个性化的产品，实现定制服务；与游客建立良好的关系，实现双赢；获取更全面的数据，降低销售成本
	旅游新媒体营销数据分析的工具	公众号数据分析工具：新榜、微信指数；视频号数据分析工具：新视、友望数据；抖音数据分析工具：抖查查、飞瓜数据、新抖、婵妈妈；小红书数据分析工具：小红书蒲公英、新红数据
	旅游新媒体营销数据分析的流程	目标设定；挖掘数据；数据处理；数据分析；数据总结
	旅游新媒体直播复盘流程	确定直播数据分析目标；获取直播数据；处理直播数据；分析直播数据
	旅游新媒体直播复盘指标	人气指标；互动指标；商品指标；交易指标
	旅游新媒体直播复盘数据优化	商品及交易数据优化；互动及人气数据优化
	旅游新媒体营销数据分析报告结构	标题；目录；前言；正文；结论与建议；附录

课堂实训

一、实训任务

进行旅游新媒体直播复盘数据分析

以小组为单位，针对任一旅游达人2024年单场直播，从人气指标、互动指标、商品指标、交易指标四个维度进行旅游新媒体直播复盘分析。

二、实训目标

按照旅游新媒体直播复盘流程，掌握从人气指标、互动指标、商品指标、交易指标四维度进行旅游直播复盘的技能。

三、操作思路

1.人气指标：直播时长、当场的PV和UV、累计观看人数、平均在线人数、在线人数峰值、新增粉丝数。

2.互动指标：点赞率、评论率、增粉率、人均观看时长。

3.商品指标：商品展示次数、商品点击次数、点击 – 成交转化率、SKU。

4.交易指标：成交人数、GMV、千次观看成交金额、转化率、新老用户下单占比、UV价值、客单价。

同步测试

一、单项选择题

1. 下列不是旅游新媒体直播复盘商品指标的是（　　　）。
   A. 商品展示次数　　　　　　　　　　B. 商品点击次数
   C. 点击 - 成交转化率　　　　　　　　D. 客单价

2. 下列不属于旅游新媒体直播复盘流程的是（　　　）。
   A. 确定直播数据分析目标　　　　　　B. 获取直播数据
   C. 篡改直播数据　　　　　　　　　　D. 分析直播数据

3. 如果旅游新媒体直播客单价低，不合适的优化举措是（　　　）。
   A. 搭配关联等
   B. 满额或满件使用优惠券、立减、送赠、加购
   C. N 件优惠（减送打折）
   D. 降低商品单价

4. 如果点击成交转化率低，不合适的优化举措是（　　　）。
   A. 优化主播的催单话术，营造稀缺感，强调售后背书，打消用户的疑虑
   B. 强化直播间的促单氛围，中控、场控协助催单
   C. 增加催单转化的道具和 BGM
   D. 分散性营销

5. 微信指数是（　　　）数据分析工具。
   A. 公众号　　　　B. 抖音　　　　C. 小红书　　　　D. 快手

二、多项选择题

1. 下列属于旅游新媒体营销数据分析意义的有（　　　）。
   A. 实现精准定位，明确市场目标　　　B. 为游客提供更加个性化的产品，实现定制服务
   C. 与游客建立良好的关系，实现双赢　D. 获取更全面的数据，降低销售成本

2. 下列属于旅游直播复盘交易指标的有（　　　）。
   A. 成交人数　　　B. GMV　　　　C. 转化率　　　　D. 客单价

3. 旅游新媒体营销数据分析的流程包括（　　　）。
   A. 目标设定　　　B. 挖掘数据　　　C. 数据处理　　　D. 数据分析
   E. 数据总结

4. 常见的抖音数据分析工具有（　　　）。
   A. 抖查查　　　　B. 飞瓜数据　　　C. 新红　　　　　D. 婵妈妈
   E. 蒲公英

5. 旅游直播复盘指标主要包括（　　　）。
   A. 人气指标　　　B. 互动指标　　　C. 商品指标　　　D. 交易指标

三、思考与练习

1. 一般来说，旅游新媒体营销数据分析报告主要包含哪几部分内容？
2. 旅游新媒体营销数据分析的工具有哪些？请分类阐述。
3. 旅游新媒体直播复盘指标主要有哪些分类？每类具体有哪些指标？

学习评价

按照表 9-1 对本项目的学习过程进行考核与评价。

表 9–1　项目九 旅游新媒体营销数据分析学习评价表

评价指标		评价标准			评价方式		
		优	良	合格	自评（15%）	互评（15%）	教师评价（70%）
工作能力（45%）	分析能力（10%）	能正确分析旅游新媒体直播复盘的人气指标、互动指标、商品指标、交易指标	能基本正确分析旅游新媒体直播复盘的人气指标、互动指标、商品指标、交易指标	能基本正确分析旅游新媒体直播复盘的人气、互动、商品、交易等大部分指标			
	实操能力（25%）	能够熟练按照旅游新媒体直播复盘流程，针对主要的四类指标进行直播复盘，并开展后续的直播数据优化举措，能正确撰写旅游新媒体营销数据分析报告	能按照旅游新媒体直播复盘流程，针对主要的四类指标进行直播复盘，能基本正确撰写旅游新媒体营销数据分析报告	能针对主要的四类指标进行直播复盘，能撰写旅游新媒体营销数据分析报告			
	合作能力（10%）	能与其他组员分工合作；能提出合理见解和想法	能与其他组员分工合作；能提出一定的见解和想法	能与其他组员分工合作			
学习策略（10%）	学习方法（5%）	格式符合标准，内容完整，有详细记录和分析，并能提出一些新的建议	格式符合标准，内容完整，有一定的记录和分析	格式符合标准，内容较完整			
	自我分析（5%）	能主动倾听、尊重他人意见；能很好地表达自己的看法；能从小组的想法中提出更有效的解决方法	能倾听、尊重他人意见；能较好地表达自己的看法；能从小组的想法中提出可能的解决方法	能倾听他人意见；能表达自己的看法；偶尔能从小组的想法中提出自己的解决方法			
成果作品（45%）	作品规范性（15%）	作品完成完全合乎要求，非常规范	作品完成合乎要求，规范	作品完成基本合乎要求			
	作品创新性（15%）	作品具有很好的创新性	作品具有较好的创新性	作品具有一定的创新性			
	作品展示（15%）	逻辑性强、层次分明、思路清晰，整体形象大方、举止得体	思路较清晰，整体形象较大方、举止较得体	思路基本清晰，举止基本得体			

参考文献

References

［1］ 李俊，伍欣.旅游新媒体运营［M］.北京：旅游教育出版社，2022.

［2］ 王丽丽.新媒体营销实务［M］.2版.北京：中国人民大学出版社，2023.

［3］ 林海.新媒体营销［M］.3版.北京：高等教育出版社，2024.

［4］ 徐慧剑，童红斌.直播运营［M］.北京：高等教育出版社，2024.

［5］ 武丹，冯弋江.新媒体运营［M］.北京：高等教育出版社，2024.

［6］ 辛丽如.直播文案写作［M］.北京：中国人民大学出版社，2022.

［7］ 肖凭.新媒体营销实务［M］.2版.北京：中国人民大学出版社，2021.

［8］ 蔡勤，李圆圆.直播营销［M］.3版.北京：人民邮电出版社，2024.

［9］ 邱枫.直播营销与推广［M］.北京：电子工业出版社，2022.

［10］ 白东蕊.新媒体营销与案例分析［M］.北京：人民邮电出版社，2022.

［11］ 王宸圆，胡海丽.直播销售［M］.北京：电子工业出版社，2023.

［12］ 叶小鱼，勾俊伟.新媒体文案创作与传播［M］.北京：人民邮电出版社，2017.